Philipp Felsch

Wie Nietzsche aus der Kälte kam

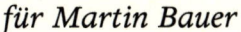

für Martin Bauer

«Ich kritzele auf meinen Wegen hier
und da etwas auf ein Blatt,
ich schreibe nichts am Schreibtisch,
Freunde entziffern meine Kritzeleien.»

Friedrich Nietzsche

«Nietzsche braucht keine Interpreten.»

Giorgio Colli

«Nietzsche ist eine Krankheit.»

Mazzino Montinari

Inhalt

VIIè COLLOQUE PHILOSOPHIQUE INTERNATIONAL DE ROYAUMONT

Nietzsche

(4 - 8 juillet 1964)

P R O G R A M M E

(susceptible de modifications)

Samedi 4 juillet

11 h 30	Séance d'ouverture Allocution de M. GUEROULT, président du Comité des Colloques philosophiques de Royaumont. Cocktail
14 h 30	M. BIRAULT "De la béatitude chez Nietzsche".
17 h	K. LOWITH "Nietzsche et sa tentative de récupération du monde".

Dimanche 5 juillet :

9 h 30	Table ronde : G. COLLI, M. MONTINARI (Etat des textes de Nietzsche).
11 h	Jean WAHL :"Ordres et désordre dans la pensée de Nietzsche".
15 h	Boris de SCHLOEZER : "Nietzsche et Dostoïevski".
16 h 30	Concert par le Quatuor Julliard : Mozart, Debussy, Schubert.

Lundi 6 juillet

Matin	Excursion - visite à Chantilly
14 h	La musique de Nietzsche. Exposé de M. GOLDBECK ; R.T.F. - auditions.
18 h	Table ronde : MM. GAEDE, REICHERT "L'influence littéraire de Nietzsche".

Die Spielverderber

Einleitung

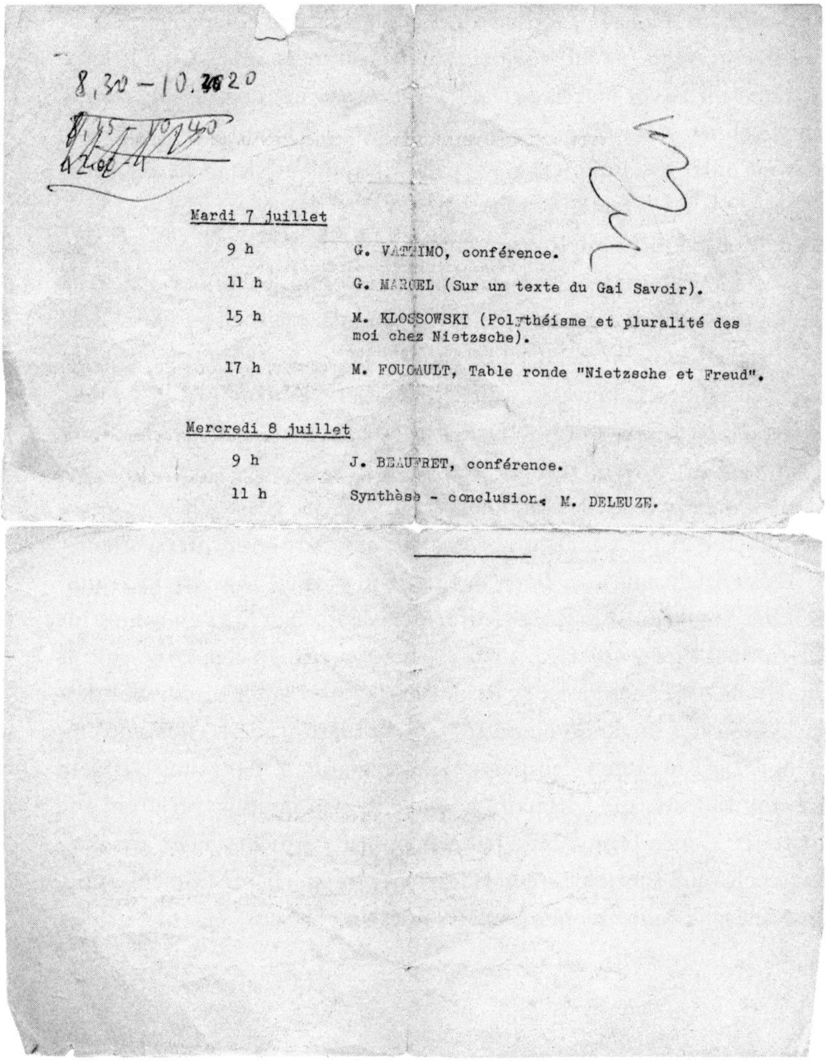

8,30 – 10.₃₀ 20

(handwritten scribbles)

Mardi 7 juillet

9 h	G. VATTIMO, conférence.
11 h	G. MARCEL (Sur un texte du Gai Savoir).
15 h	M. KLOSSOWSKI (Polythéisme et pluralité des moi chez Nietzsche).
17 h	M. FOUCAULT, Table ronde "Nietzsche et Freud".

Mercredi 8 juillet

9 h	J. BEAUFRET, conférence.
11 h	Synthèse - conclusion. M. DELEUZE.

In Royaumont, einer im Norden von Paris gelegenen ehemaligen Zisterzienserabtei, fand im Juli 1964 ein deutsch-französisches Gipfeltreffen statt. Im Jahr zuvor hatten de Gaulle und Adenauer den Elysée-Vertrag unterzeichnet. Als fühlten sie sich dem Geist des Freundschaftsabkommens verpflichtet, trafen sich jetzt die führenden Nietzsche-Exegeten der beiden Länder, um über die richtige Lesart von Nietzsche zu diskutieren. Im Rückblick gilt Royaumont als eines der Ereignisse, mit denen die Postmoderne in der französischen Philosophie begonnen hat. Dass ihre Tagung einmal als Keimzelle eines neuen Zeitgeistes gelten würde, war für die Teilnehmer allerdings nicht abzusehen. Nietzsche selbst hatte zeit seines Lebens als «unzeitgemäßer» Denker gelten wollen, doch erst in der zweiten Nachkriegszeit seit seinem Tod schien dieser Wunsch endlich in Erfüllung zu gehen. Zwar war er von Georges Bataille vom Vorwurf des Nationalsozialismus freigesprochen worden, zwar tauchte er bei Camus und Sartre als eine Art entfernter Vorläufer des Existentialismus auf. Doch das nächste große Ding war in Frankreich der Strukturalismus. In den beiden deutschen Staaten sah es für den Autor des *Zarathustra* noch schlechter aus. In der DDR galt er offiziell als «Wegbereiter des Faschismus», und auch in der Bundesrepublik war sein Renommee auf einem historischen Tiefstand angelangt. Darf man den Zeitdiagnostikern glauben, dann hatte er sein Stammpublikum, die sogenannte «Jugend von heute», verloren. Die skeptische Generation wusste mit seinem Pathos nichts mehr anzufangen. Noch 1968 schrieb Jürgen Habermas mit spürbarer Erleichterung, von Nietzsche gehe «nichts Ansteckendes» mehr aus.[1]

Vorangehende Doppelseite:
Die Konferenz von Royaumont — Querelle des anciens et des postmodernes

Es passt ins Bild, dass es sich bei der Mehrzahl der Vortragenden in Royaumont um Nietzsche-Veteranen aus der ersten Jahrhunderthälfte handelt: um Boris de Schlözer zum Beispiel, den dreiundachtzigjährigen Nachfahren des russischen Zweigs einer deutschen Adelsfamilie, der über die Verklärung des Bösen bei Nietzsche und Dostojewski spricht. Oder um Jean Wahl, den jüdischen Sorbonne-Professor, der unter deutscher Besatzung interniert worden war und der als Ehrenvorsitzender der Societé française d'études nietzschéennes in Royaumont die Rolle eines aufgeräumten Frühstücksdirektors spielt. Oder um Karl Löwith, der die deutsche Nietzsche-Begeisterung der ersten Jahrhunderthälfte wie kein anderer zu verkörpern vermag, denn schließlich hatte er sie am eigenen Leib erlebt: Von der Jugendbewegung über die Weltkriegseuphorie und das Studium bei Heidegger bis zu dem Tag, an dem die nationalsozialistischen Rassengesetze seiner akademischen Karriere in Deutschland ein Ende bereitet hatten, war Nietzsche der Leitstern seiner eigenen radikalen Denkbewegungen gewesen. Ohne diesen «letzten deutschen Philosophen», hat Löwith später in seiner im japanischen Exil verfassten Autobiografie geschrieben, lasse sich die «deutsche Entwicklung» nicht verstehen – und in einer Wendung, die an die Stimmungslage mancher heutiger Geisteswissenschaftler erinnert, fügte er reumütig hinzu, er habe fahrlässig «mitdestruiert».[2]

In Royaumont hatte sich der einstige Avantgardist in einen weißhaarigen Stoiker verwandelt, den an Nietzsche nicht mehr die Theorie des Willens zur Macht, sondern der Gedanke der ewigen Wiederkehr faszinierte. Löwith plädiert dafür, aus der fatalen Bewegung der Moderne auszusteigen und zu einer antiken Gelassenheit zurückzufinden, die den Menschen als Teil des ewig unveränderlichen Kosmos ansieht.[3]

Nichts könnte den französischen Jung-Nietzscheanern, die die andere Hälfte der Konferenzteilnehmer ausmachen, ferner als dieser vornehm distanzierte Konservatismus liegen. Während Löwith die Bilanz einer epochalen Ernüchterung präsentiert, spielen sie bereits die Motive einer kommenden Philosophie der Überschreitung durch.

Für Gilles Deleuze, Attaché de recherches am Centre national de la recherche scientifique und Veranstalter des Colloquiums, bedeutet die ewige Wiederkehr keineswegs eine Besinnung auf die Kontemplation des immer gleichen Kosmos, sondern ein dionysisches Prinzip der Unruhe, das garantiert, dass die Welt niemals mit sich identisch bleibt.[4]

Zu den jungen Franzosen gehört auch Michel Foucault, dem damals genau wie Deleuze noch kein großer Ruf vorauseilt. Dass sein Vortrag über «Nietzsche, Freud, Marx» als einziger bis heute gelesen wird, dürfte daran liegen, dass er eine Beobachterperspektive zweiter Ordnung einnimmt. Anstatt den Interpretationen der Nietzsche-Exegeten nämlich eine weitere hinzuzufügen, macht er die Interpretation als solche zu seinem Gegenstand. Bis ins 19. Jahrhundert, so Foucaults These, seien die Verfahren der Textexegese durch die regulative Idee einer authentischen Quelle begrenzt gewesen. Erst Nietzsche (und Marx und Freud) hätten der Hermeneutik mit ihren Schriften diesen beruhigenden Boden entzogen. Indem er die Idee des Urtextes durch einen Abgrund ineinander geschachtelter Auslegungen ersetzte, habe insbesondere Nietzsche das Geschäft der Interpretation für seine Nachfolger zu einer unendlichen, durch keine ursprüngliche Wahrheit mehr gedeckten Aufgabe gemacht.[5]

Die Geburt der Tragödie, Nietzsches erstes, 1872 erschienenes Buch, das zugleich den Anfang vom Ende seiner akademischen Karriere einläutete, hat eine ungewöhnliche Dramaturgie: Man muss erst zwölf Kapitel lang die Dialektik des Apollinischen und Dionysischen verfolgen, bevor – auf der Hälfte der Schrift – endlich Sokrates, der eigentliche Protagonist, die Bühne der Darstellung betritt. Oder genauer: Er betritt nicht die Bühne, auf der der Gott des Traumes und der Gott des Rausches ihre spannungsreiche Vereinigung in Form der antiken Tragödie zelebrieren, sondern sitzt unauffällig im Zuschauerraum, von wo aus er zusammen mit seinem Gesinnungsgenossen, dem Dichter Euripides, das Geschehen voller Zweifel beäugt. Die Weltanschauung, die der Tragödie zugrunde liegt, bleibt ihm unverständlich. Im Gegensatz zu den übrigen Anwesenden verkörpert Sokrates nämlich den «theoretischen Optimismus», das Ethos aufklärerischer Wissenschaft, die Überzeugung, es sei möglich, «die wahre Erkenntniss vom Schein und vom Irrthum zu sondern» und dem Schicksal der tragischen Helden durch existentielles Besserwissen zu entrinnen. Das wahre Drama, das Nietzsche in der zweiten Hälfte seines Buches entfaltet, ist nicht das zwischen dionysischem und apollinischem, sondern zwischen dionysischem und sokratischem Prinzip.[6]

Mit der gleichen Skepsis und der gleichen Unauffälligkeit wie Sokrates und Euripides müssen Giorgio Colli und Mazzino Montinari unter den in Royaumont versammelten Philosophen gesessen haben. In den Diskussionsprotokollen des Kongresses haben sie so gut wie keine Spuren hinterlassen. Abgesehen von dem kurzen Referat, das Montinari am Morgen des zweiten Tages hielt, ist von ihnen keine Rückfrage, keine Hypothese, keine noch so geringfügige Bemerkung überliefert. Dabei hätten sie spätestens nach Foucaults Vortrag über die unreglementierte Interpretation eigentlich unbedingt ihren Widerspruch einlegen müssen. Doch wie ihre Korrespondenz im Vorfeld der Konferenz verrät, fühlen sie sich unter den Nietzsche-Experten fehl am Platz. Colli, der mit Mitte vierzig als Privatdozent an der Universität Pisa antike Philosophie unterrichtet, macht um akademische Veranstaltungen normalerweise einen großen Bogen, und Montinari, der sich in seiner Zeit als Funktionär der Kommunistischen Partei Italiens daran gewöhnt hat, die Welt in Freunde und Feinde einzuteilen, befürchtet, die «hohen Tiere der westlichen Nietzscheologie» wollten ein Exempel an ihnen statuieren. Schon im Bus von Paris nach Royaumont müssen sie durch Zufall mit anhören, wie ein französischer Professor von einem italienischen Kollegen wissen will, wer die beiden unbekannten Italiener seien, deren Namen im Programm auftauchen. Sie gehören in keines der auf der Konferenz vertretenen Lager; sie fühlen sich weder den deutschen Apollinikern noch den französischen Dionysikern zugehörig; und in den Kaffeepausen, die bei solchen Veranstaltungen unvermeidlich sind, stehen sie sicher meistens alleine herum. «Die Vielen und mit ihnen die besten Einzelnen hatten nur ein misstrauisches Lächeln für ihn», heißt es bei Nietzsche über den

Zweifler Euripides, und so ähnlich mag es den beiden Italienern ergangen sein.[7] In den Augen der Nietzscheologen spielen sie nämlich eine unrühmliche Rolle: Sie sind als Spielverderber nach Royaumont gekommen.

Dazu muss man wissen, dass der deutsch-französische Gedankenaustausch mit einer Hypothek belastet ist. Durch die Veröffentlichungen des Darmstädter Philosophieprofessors Karl Schlechta und des französischen Germanisten Richard Roos war in den späten 1950er Jahren in beiden Ländern kurz nacheinander bekannt geworden, dass die einschlägigen Nietzsche-Editionen, die das Weimarer Nietzsche-Archiv unter Federführung von Elisabeth Förster-Nietzsche herausgegeben hatte, postume Eingriffe und Manipulationen, ja sogar Fälschungen enthielten. Seitdem gab es keine gesicherte Textgrundlage mehr.[8]

Die Literatur über den wohl berühmtesten Skandal der neueren Philosophiegeschichte füllt mittlerweile selbst eine kleine Bibliothek. Erich Podach, einer der vielen Nietzsche-Forscher, die sich damals in die Debatte einschalteten, schrieb, Nietzsche sei die «nach Leben und Werk am stärksten verfälschte Erscheinung der neueren Literatur- und Geistesgeschichte». Und obwohl man an dieser Behauptung mit guten Gründen zweifeln kann, ist es richtig, dass es kaum einen zweiten literarisch-philosophischen Erbfall geben dürfte, in dem dieser Verdacht eine so zentrale Rolle spielt.[9]

Aus Gründen, über die immer wieder spekuliert worden ist, erlitt Nietzsche Anfang 1889 in Turin einen geistigen Zusammenbruch und verbrachte die folgende Dekade bis zu seinem Tod im Jahr 1900 größtenteils in der Obhut seiner Mutter und seiner Schwester, denen zusammen mit der Vormundschaft auch die Verfügungsgewalt über sein veröffentlichtes und unveröffentlichtes Werk zufiel. Zwar ist das Bild der geldgierigen, von den antisemitischen Obsessionen ihres verstorbenen Mannes beherrschten Schwester, die aus der Prominenz ihres geisteskranken Bruders Profit in eigener Sache schlägt, inzwischen einer differenzierteren Einschätzung gewichen. Immerhin gebührt Elisabeth, die sich als weibliche Nachlassverwalterin von Anfang an einem besonderen Misstrauen ausgesetzt sah, das Verdienst, Nietzsches verstreuten Hinterlassenschaften bis zum letzten von seiner Hand beschriebenen Zettel nachgejagt zu sein und seine Botschaft, wie der Georgeaner Rudolf Pannwitz 1957 im *Merkur* schrieb, «im fruchtbaren Moment in die Welt geschleudert» zu haben. Dass sie dabei vor strategischen Lügen nicht zurückschreckte, dass sie die kriminelle Energie besaß, Dokumente zu unterschlagen, zu verändern und zu fälschen, und dass sie ihren Bruder der völkischen Rechten und den Nationalsozialisten andiente, bleibt aber genauso wahr. Unter der Regie der Schwester wurden nicht weniger als vier verschiedene Gesamtausgaben in Angriff genommen. Sie entfaltete selbst eine einflussreiche Publikationstätigkeit, baute das Weimarer Nietzsche-Archiv zu einer nationalen Pilgerstätte aus und trug maßgeblich dazu bei, ihren Bruder in jene Ikone mit Schnurrbart zu verwandeln, die er – neben allem anderen – bis heute ist.[10]

Elisabeths Kampagne beruhte maßgeblich darauf, dass sie sich 1896 die Urheberrechte an Nietzsches Nachlass gesichert hatte. Mit ihrer Methode, Schnipsel und Teaser in Zeitschriften zu platzieren, hielt sie das Interesse der rasch wachsenden Nietzsche-Gemeinde wach. Mit der Publikation des *Willens zur Macht* präsentierte sie 1901, im Jahr nach Nietzsches Tod, das vermeintliche Hauptwerk, auf das die Anhänger seit langem gewartet hatten. Ihre Anstrengungen liefen darauf hinaus, den Glauben an eine esoterische, die zu Lebzeiten veröffentlichten Schriften an Bedeutung überragende Überlieferung zu schüren – einen Glauben, der den Enthüllungen Schlechtas und Roos' zufolge als Legende anzusehen war.[11]

Während der *Spiegel* der Affäre einen zehnseitigen Kultur-Aufmacher widmete, wischte die Mehrzahl der Philosophen sie wie eine lästige Störung weg. Heidegger, der als Berater des Nietzsche-Archivs in den 1930er Jahren selbst in die Vorbereitungen zu einer historisch-kritischen Gesamtausgabe involviert gewesen war, erklärte, *Der Wille zur Macht* bleibe für ihn nach wie vor die maßgebliche Referenz. Auch Schlechta, der die Aphorismen des inkriminierten Buches in korrigierter, chronologischer Reihenfolge herausgegeben hatte, sprach sich gegen die Notwendigkeit einer vollkommen neuen Ausgabe aus. Überdies erschienen diesbezügliche Gedankenspiele den meisten Beteiligten sowieso rein hypothetisch, da, wie der bereits zitierte Rudolf Pannwitz geschrieben hatte, Nietzsches Nachlass «in der Ostzone», also in der DDR, dem Zugriff aller wohlmeinenden Nietzsche-Freunde bis auf Weiteres entzogen sei.[12]

Montinari ist der einzige Konferenzteilnehmer, der aus der «Ostzone» anreist. Als ihn die Einladung von Deleuze erreicht, steht er im Begriff, seinen Wohnsitz nach Weimar zu verlegen. Wer damals aus der Toskana in die DDR übersiedelt, muss gute Gründe haben. In Montinaris Fall datieren diese Gründe auf einen Apriltag des Jahres 1961 zurück. Während unter manchen westdeutschen Nietzscheanern noch immer das Gerücht kursiert, Nietzsches Nachlass sei nach dem Krieg auf einen sowjetischen LKW verladen worden und in Moskauer Katakomben gelandet, betritt Montinari, der aus seiner Zeit als Parteifunktionär noch über gute Kontakte in die DDR verfügt, an diesem Tag – vier Monate vor Bau der Berliner Mauer – das Goethe- und Schiller-Archiv in Weimar, um Nietzsches Handschriften einzusehen. Ist es übertrieben zu behaupten, dass er über dieses Erlebnis nie hinweggekommen ist? «Diese Reise nach Weimar ist vielleicht das wichtigste Ereignis meines Lebens», schreibt er wenige Tage später an Colli. «Ich war auf eine ganz eigene, unaussprechliche Weise bewegt, als ich zum ersten Mal ein Manuskript von Nietzsche in den Händen hielt.»[13]

Nietzsche selbst war aus Thüringen über Zwischenstationen in der Schweiz und in Frankreich nach Italien geflüchtet. Im Bann von Nietzsches Handschriften geht Montinari den umgekehrten Weg. Eigentlich hatte er in Weimar nur die Textgrundlage für eine zusammen mit Colli geplante italienische Übersetzung prüfen wollen, doch nach seiner Rückkehr treffen sie die Entscheidung, eine neue deutschsprachige Gesamtausgabe von Nietzsches veröffentlichten und unveröffentlichten Schriften zu edieren. Während Colli seine publizistischen Kontakte nutzt, um Geldgeber und Verleger aufzutreiben, beginnt Montinari, vor Ort in Weimar Nietzsches Nachlass zu entziffern – eine Aufgabe, die ihn bis ans Ende seines Lebens beschäftigen wird. Er wolle «langsam, tief, rück- und vorsichtig, mit Hintergedanken, mit offen gelassenen Thüren, mit zarten Fingern und Augen» gelesen werden, hatte Nietzsche in der Vorrede zur *Morgenröthe* geschrieben. In Montinari findet er seinen absoluten Leser. «Er ist wohl der einzige unter den Lebenden, der jede hinterlassene Zeile, jeden bewahrten Brief im Original gelesen hat», schreibt Frank Schirrmacher, der Literaturchef der *FAZ*, 1986 kurz vor Montinaris Tod.[14]

Am Anfang dieses Buches steht ein Erstaunen, das dem des französischen Professors im Bus nach Royaumont nicht unähnlich ist: Wer waren die beiden italienischen Dilettanten, und wie kamen sie dazu, die Schriften von Nietzsche zu edieren? Woher die Hingabe an das Werk eines Philosophen, der – zumal für Linke – in den 1960er Jahren noch ein Repräsentant des Bösen war? In vielerlei Hinsicht bilden Colli und Montinari ein unwahrscheinliches Paar: ein bürgerlicher Privatgelehrter mit gräkophilen Obsessionen und ein zwölf Jahre jüngerer abtrünniger Kader der Kommunistischen Partei mit proletarischem Familienhintergrund. Ihre Bekanntschaft reicht bis in die 1940er Jahre in der toskanischen Kleinstadt Lucca zurück, wo Colli Montinaris Philosophielehrer im Gymnasium gewesen war. «Der eine schweigsam, aristokratisch, in den Glorienschein einer fernen Vergangenheit entrückt, der andere lebendig, mitreißend, empathisch, der Gegenwart und ihrer Veränderung zugewandt», hat Antonio Gnoli geschrieben, der den beiden in der Tageszeitung *La Repubblica* eine Reihe von einfühlsamen Porträts gewidmet hat.[15]

Nicht einmal in ihrer Begeisterung für Nietzsche stimmen sie miteinander überein. Während Colli in Nietzsche einen modernen Mystiker erblickt, der ihm die Flucht in ein imaginäres Griechenland ermöglicht, sieht Montinari ihn als radikalen Aufklärer, als Verfechter unscheinbarer, mit strenger Methode gefundener Erkenntnisse an. In seinen Briefen kann man die allmähliche Verwandlung eines kommunistischen Intellektuellen in einen Philologen verfolgen. Verleiht ihm die Buchstabentreue nach dem Verlust seiner politischen Überzeu-

Die Philologen bei der Arbeit. Colli und Montinari, 1970er Jahre

gungen letzten Halt? «Aller Luxus fließt an ihm ab, er will nur arbeiten», berichtet der Informelle Mitarbeiter des Ministeriums für Staats-
sicherheit, der Montinari im Goethe- und Schiller-Archiv observiert.
Inmitten der kulturellen und politischen Beschleunigung der 1960er
Jahre ermöglicht die Windstille hinter der Mauer überhaupt erst den
langen Atem für das epische Entzifferungsprojekt. Weimar kommt
Montinari wie «aus der Zeit» gefallen vor. Ausgerechnet hier, in einer
bildungsbürgerlichen Enklave des real existierenden Sozialismus, findet der Renegat sein persönliches Posthistoire. Eine einzige Seite aus
Nietzsches Notizbüchern zu transkribieren, kann Tage dauern. Nach
Schließung des Lesesaals versenkt sich Montinari autodidaktisch in
die theoretischen und technischen Details der Editionsphilologie. Mit
der Zeit gelangt er zu der für den Umgang mit heiligen Schriften
charakteristischen Überzeugung, dass «kein Bild, kein Wort, nicht
einmal ein Interpunktionszeichen anstelle eines anderen» in Nietz-

sches Texten beliebig seien. Er will die weltanschaulichen Auseinandersetzungen ignorieren und zum «echten Nietzsche» zurück. Ihn
treibe, schreibt er Colli, eine «wütende Leidenschaft für die Wahrheit» an.[16]

Mit diesem Pathos – und voller Vorbehalte gegenüber den inter-
pretationsfreudigen Philosophen – fahren Colli und Montinari 1964
nach Royaumont. Kein Wunder, dass die Begegnung von wechselseitigem Misstrauen geprägt ist: Während die «hohen Tiere der westlichen
Nietzscheologie» um die richtige Deutung ringen, erheben die beiden
Italiener den Anspruch, den authentischen Nietzsche zu repräsentieren. Colli, der seine Texte so lesen möchte, wie man einer «unbekannten Musik» zuhört, vertritt die Meinung, wer Nietzsche zu interpretieren versuche, tue ihm schon das erste Unrecht an. Ohne akademischen
Titel oder einschlägige Publikationen, aber mit der Autorität seiner
Kenntnisse aus erster Hand ausgestattet, malt Montinari in seinem
Referat die Mängel der existierenden Ausgaben aus. Er geht so weit,
bis zur Klärung der strittigen philologischen Fragen ein Moratorium
der Interpretation zu empfehlen. Stattdessen aber ruft Michel Foucault
zur wilden Exegese auf. Wenn nämlich kein verbindliches Fundament
in Form eines Urtextes mehr existiert, dann bleibt keine Alternative,
als sich in immer neuen Lesarten zu ergehen. «Die einzige Anerkennung, die man einem Denken wie dem Nietzsches bezeugen kann,
besteht darin, daß man es benutzt, verzerrt, mißhandelt und zum
Schreien bringt», erklärt er einige Jahre später. «Ob einem die Kommentatoren Treue bestätigen oder nicht, ist völlig uninteressant.»[17]

Hier hört man den Sound der französischen Theorie, deren globaler
Erfolgsgeschichte der Autor Nietzsche seine bis heute anhaltende
Renaissance verdankt: als Theoretiker der Überschreitung, als Wegbereiter «absoluter Decodierung» und aller Arten von Dekonstruktion. Den Absichten Collis und Montinaris hätte nichts fremder als
dieser französische Nietzsche sein können. Mit ihrem Buchstaben-
gehorsam, ihrem philologischen Ethos und ihrem Glauben an die
Wahrheit muten sie neben Foucault und Deleuze wie Figuren aus

einer fernen Vergangenheit an. Mit ihrem Anspruch, den definitiven Nietzsche zu repräsentieren, ragt ihre Edition wie ein Atavismus in die Theorielandschaft des späten 20. Jahrhunderts hinein. Schon Heidegger, der ihre *Kritische Gesamtausgabe* verächtlich als Nietzsches «kommunistische Edition» bezeichnet haben soll, sah in der Philologie den Geist des 19. Jahrhunderts am Werk. Er verspüre «ein Grauen vor dieser Vollständigkeit und Wühlerei», hatte er in den 1930er Jahren geschrieben, bevor er sich aus dem Beirat der historisch-kritischen Ausgabe zurückgezogen hatte – nicht ohne hinzuzufügen, Nietzsche selbst hätte vermutlich noch «ein weit größeres» gehabt.[18]

Zum Affekt gegen die Philologie dürfte im deutschen Sprachraum tatsächlich niemand stärker als Nietzsche beigetragen haben, der innerhalb weniger Jahre vom vielversprechenden Talent zum Abtrünnigen seines Faches, der Altphilologie, geworden war. Schon als junger Basler Professor hatte er es nicht lassen können, sich über die Geistlosigkeit seiner Kollegen zu mokieren: «Texte verbessern ist eine unterhaltende Arbeit für Gelehrte, aber man sollte es für keine zu wichtige Sache ansehen», liest man in den Aufzeichnungen zu der nie erschienenen fünften Unzeitgemäßen Betrachtung, für die der Titel *Wir Philologen* vorgesehen war. Auch später, nach dem Ende seiner akademischen Karriere, ließ ihn die Hassliebe zu seiner Disziplin nicht los: Philologie, das war «Kauzwissenschaft», «Ameisenarbeit» und «geistiger Mittelstand». In seiner Autobiografie *Ecce homo* schrieb er, der «Krimskrams verstaubter Gelehrsamkeit» habe in seinem Leben zehn Jahre lang für intellektuellen Stillstand gesorgt.[19] Heute, wo die Disziplin allenfalls noch einen Platz am Rand der Geisteswissenschaften behauptet und aus dem einstigen Vorzeige- ein Orchideenfach geworden ist, wirkt die Energie, die Nietzsche in seine Fehde investierte, seltsam übermotiviert. Im Zuge ihres epochalen Bedeutungsverlusts scheint der Philologie allen zwischenzeitlichen Rettungsversuchen zum Trotz wenig mehr als ihr schlechter Ruf geblieben zu sein.[20]

Warum also die Geschichte von Colli und Montinari erzählen, die, um noch einmal Nietzsche zu zitieren, mitten in den «Staub bibliografischer Quisquilien» führt? Wer einen der Kommentarbände der *Kritischen Gesamtausgabe* aufschlägt, betritt eine Wüste philologischer Genauigkeit, in der Varianten und Vorstufen angegeben, Zitate und Quellen identifiziert und minutiöse Beschreibungen von Nietzsches Manuskripten ausgebreitet werden. «Die aggressive Intelligenz Nietzsches wahrgenommen mit den Mitteln der ödesten Pedanterie», hat Schirrmacher über das Unternehmen der beiden Italiener geschrieben.[21] Stellt es, bei aller bewunderungswürdigen Akribie, nicht einen Verrat an Nietzsches Denken dar?

Es ist viel über die Ironie geschrieben worden, die darin liegt, dass ausgerechnet der Philologie-Verächter Nietzsche zum Gegenstand einer derart exzessiven Philologie geworden ist. Die Umstände seiner Überlieferungsgeschichte und der aphoristische, von Widersprüchen und permanenten Revisionen geprägte Charakter seiner Schriften haben ihn auf der einen Seite zum Proteus unter den modernen Philosophen gemacht. Es fiele schwer, in der Geschichte des europäischen Denkens ein zweites Œuvre zu finden, das sich als derart anschlussfähig für alle erdenklichen Interpretationen erwies: Rechte und Linke, Enthusiasten und Skeptiker, Diktatoren und Demokraten haben sich auf Nietzsche berufen, und keiner von ihnen tat sich schwer damit, für seine Deutung die passenden Textstellen zu präsentieren. Vielleicht weil er selbst die widerstreitenden Tendenzen seines Zeitalters ausagiert hat, spielte Nietzsche die Rolle einer Leinwand, auf die sich das gesamte Spektrum der Ideen des 20. Jahrhunderts projizieren ließ.[22]

Die Promiskuität seiner Schriften hat auf der anderen Seite aber immer wieder Anlass zu dem gegeben, was man als «philologischen Vorbehalt» bezeichnen kann: Für jede kühne Deutung, für jede Behauptung, die eigentliche Bedeutung seines Denkens zu explizieren, findet sich das umgekehrte Versprechen, den «echten», authentischen, von allen nachträglichen «Legenden» befreiten Nietzsche zu rekonstruieren, indem man seinen verschütteten, verkannten oder verleugneten Urtext offenlegt. Dem Dickicht der Interpretationen steht daher eine beinah ebenso unübersichtliche Fülle von Editionen gegenüber, anhand derer sich Nietzsches Wirkungsgeschichte periodisieren lässt. Fast hat man den Eindruck, er habe jedes Mal neu ediert werden müssen, um neu interpretiert werden zu können – und umgekehrt.[23]

So dominierte der *Wille zur Macht*, das von der Schwester kompilierte Hauptwerk und Prunkstück der von ihr verantworteten Ausgaben, die Nietzscheologie der ersten Jahrhunderthälfte, die auf der Suche nach dem zentralen Gedanken, dem systematischen Zusammenhang, der philosophischen Essenz seiner Aphoristik war. Bei Alfred Baeumler wurde Nietzsche zum Apologeten der Macht, bei Karl Löwith zum Verweigerer der linearen Zeitordnung der Moderne, während Heidegger ihm die letzte Hauptrolle im Drama abendländischer Seinsvergessenheit übertrug. Es war Jürgen Habermas, der 1968 auf die Paradoxie hinwies, dass nur ein unsystematisches Denken die notwendige Flexibilität besitze, um für derart unterschiedliche systematische Entwürfe anschlussfähig zu sein.[24]

Habermas' Urteil fällt mit dem Take-off der zweiten, von Paris ausgehenden Welle der Nietzsche-Begeisterung zusammen, deren Perspektive auf Nietzsches Schriften eine diametral entgegengesetzte war. In den Versuchen, sein Œuvre auf den Begriff zu bringen, hatte sich immer auch das Bedürfnis artikuliert, den Weltanschauungsschriftsteller zu einem ernstzunehmenden Philosophen aufzuwerten. Dagegen machen Nietzsches französische Interpreten von Deleuze bis Derrida gerade in der aphoristischen Fragmentierung, im Fehlen der Zentralperspektive, in der Transgression der Ordnung des philosophischen Diskurses die eigentliche Sprengkraft seines Denkens aus. Mit dieser theoretischen geht eine philologische Revision einher: Die Textgrundlage für den französischen Nietzsche gibt die parallel erscheinende Ausgabe von Colli und Montinari ab. Während der 1970er Jahre liest sich die poststrukturalistische Nietzsche-Debatte bisweilen wie ein Kommentar zu ihrem Editionsprojekt. Trotz gegenläufiger Absichten und wechselseitiger Animositäten konvergieren italienische Philologie und französische Theorie in einer gemeinsamen intellektuellen Sensibilität. «Philologie ist verschworen mit dem Mythos: sie

versperrt den Ausgang», hat Theodor W. Adorno über die Vergeblichkeit notiert, die darin liege, gegenüber missliebigen Deutungen auf
dem nackten Buchstaben zu beharren. Diese Erkenntnis bleibt auch
Colli und Montinari nicht erspart. «Man kann heute sagen», schreibt
Montinari, nachdem er während der «autonomen» Unruhen von 1977
auf den Mauern der Florentiner Universität den ersten Zarathustra-
Graffitis begegnet ist, «dass sich um Nietzsche ein neuer Mythos bil-
det, der Elemente der konservativen Ideologie mit solchen der linken
Theorie zusammenwirkt. Zu dieser Wiederkehr hat unsere Ausgabe
wesentlich beigetragen.»[25]

Wer die Geschichte dieser Wiederkehr und dieser Ausgabe erzählen will, hat einen unschätzbaren Vorteil in der Hand: Er kann sich
auf den Briefwechsel zwischen Colli und Montinari stützen, der sich,
von kürzeren und längeren Pausen unterbrochen, über vier Jahrzehnte von den 1940er bis in die 1970er Jahre erstreckt: Dokument
einer erotisch aufgeladenen Lehrer-Schüler-Beziehung, Bildungsroman
zweier italienischer Intellektueller und intimes Journal eines Editions-
projektes. Im Spiegel dieser Korrespondenz verliert die «Ameisenarbeit» der Editionsphilologie jede technische Routine und wird zu
einer Angelegenheit von existentieller und politischer Relevanz. Anhand seiner Biografie lasse sich ein Großteil der Nachkriegsgeschichte
Italiens rekonstruieren, hat Adriano Sofri, der Gründer von Lotta
Continua, nach Montinaris Tod bemerkt.[26] Doch nicht nur Italiens:
Mit der *Kritischen Gesamtausgabe* kommt zugleich ein Kapitel aus der
Ideengeschichte des Kalten Krieges in den Blick. Gestützt auf die
intimen Einblicke, die Collis und Montinaris Briefe ermöglichen, verfolgt dieses Buch ein vielleicht allzu ehrgeiziges Vorhaben: die Deckel
ihrer Edition ein zweites Mal, aber diesmal mit dem Ziel zu öffnen, die
affektiven, intellektuellen und politischen Energien aus vier Jahrzehnten zu befreien, die in ihren nüchternen Anmerkungsapparaten
gespeichert sind.

FRIEDRICH NIETZSCHE
GESAMMELTE WERKE

MUSARIONAUSGABE

ACHTZEHNTER BAND

DER WILLE ZUR MACHT

ERSTES UND ZWEITES BUCH

1884–1888

MUSARION VERLAG MÜNCHEN

1. Jenseits der Gotenlinie

Lucca 1943/44

FRIEDRICH NIETZSCHE
GESAMMELTE WERKE

ACHTZEHNTER BAND

DER WILLE ZUR MACHT

VERSUCH EINER UMWERTHUNG ALLER WERTHE

ERSTES UND ZWEITES BUCH

PLÄNE UND ENTWÜRFE

MUSARION VERLAG MÜNCHEN

Zum sechzigsten Geburtstag schenkte Hitler Mussolini eine in blaues Schweinsleder gebundene Nietzsche-Gesamtausgabe. «Adolf Hitler seinem lieben Benito Mussolini» lautete die handschriftliche Widmung des Führers im ersten Band. Die Büchersendung gelangte rechtzeitig zum 29. Juli 1943 über die Alpen, doch Generalfeldmarschall Kesselring, der in Frascati bei Rom stationierte Oberbefehlshaber Süd beim italienischen Oberkommando, sah sich außerstande, sie persönlich zu überreichen, denn alle Versuche, den Duce ausfindig zu machen, schlugen fehl. Eine Gruppe von Verschwörern aus dem faschistischen Großrat hatte ihn vier Tage vor seinem Geburtstag abgesetzt und unter dem Vorwand, für seine Sicherheit zu sorgen, an einen unbekannten Ort gebracht.[1]

Erst im August fanden deutsche Nachrichtendienstler heraus, dass Mussolini auf der Insel Ponza im Tyrrhenischen Meer festgehalten wurde. Begleitet von einem Schreiben Kesselrings, der ihm «ein wenig Freude» wünschte, hatte ihm die neue italienische Regierung das Geschenk des Führers hinterhergeschickt. Mussolinis notorisch unzuverlässigen Erinnerungen zufolge hat Nietzsche die Tage seiner Gefangenschaft tatsächlich erträglicher gemacht. Ob er sich in die Anfänge seiner politischen Karriere zurückversetzt fühlte, als er eigens Deutsch gelernt hatte, um Nietzsche im Original zu lesen? Ob ihn Nietzsches Maxime «Lebe gefährlich!» tröstete, die in den 1920er Jahren die Losung seiner jungen Bewegung gewesen war? Um seine Befreiung durch die Deutschen zu verhindern, wurde der Duce von Versteck zu Versteck gebracht. Erst als ihn die Frondeure in die Abruzzen

Vorangehende Doppelseite:
Die Musarion-Prachtausgabe – vermutlich auch Druckvorlage für Hitlers
Geburtstagsgeschenk

verlegten, blieb die Nietzsche-Ausgabe auf der nördlich von Sardinien gelegenen Insel La Maddalena zurück. Im September, als Hitler Italien besetzen ließ, soll ein Wehrmachtskommando damit beauftragt worden sein, die Bände zurückzuerobern, doch es heißt, unter Verweis auf die zu erwartenden Verluste habe der verantwortliche Offizier die Rücknahme des Befehls erwirkt. Eine Nietzsche-Prachtedition aus Mussolinis Handbibliothek mit Hitler-Widmung: Für Nietzsches politische Kompromittierung gäbe es kaum einen schlagenderen Beweis. Doch die Spuren der Ausgabe verlieren sich auf La Maddalena. Über ihren weiteren Verbleib ist nichts bekannt.[2]

Die Auserwählten

Auch Giorgio Colli empfiehlt seinen Schülern, Nietzsche auf Deutsch zu lesen – zumindest denjenigen von ihnen, mit denen er sich außerhalb des Unterrichts trifft. Im Herbst 1942 als Lehrer für Philosophie und Griechisch ans Ginnasio N. Machiavelli nach Lucca gekommen, hatte er nicht lange gebraucht, um einen Kreis von Anhängern um sich zu scharen. Zu Beginn des Schuljahres hatte er die Schüler mit der Behauptung überrascht, es komme in der Philosophie weder darauf an, mit abstrakten Begriffen zu jonglieren, noch die Gedankensysteme der Klassiker auswendig zu lernen – und wie zum Beweis für diese Überzeugung legt er eine aufreizende Nonchalance gegenüber dem offiziellen Lehrplan an den Tag.[3]

Dazu muss man wissen, dass der Philosophieunterricht im faschistischen Italien keine Nebensache ist. Der Duce, ein ehemaliger Journalist, hat selbst ein Faible für intellektuelle Spekulationen. Seinen entscheidenden Prestigegewinn hat das Fach aber dem Philosophieprofessor Giovanni Gentile zu verdanken, der, nachdem er Anfang der 1920er Jahre vom bürgerlich-liberalen ins faschistische Lager übergelaufen und dafür von Mussolini mit dem Posten des Erziehungsministers belohnt worden war, die Gelegenheit ergriffen hatte, die historisch-literarischen gegenüber den naturwissenschaftlichen Disziplinen zu stärken und einen ganz auf das Profil seines eigenen Denkens zugeschnittenen Philosophieunterricht als neues Hauptfach einzuführen. Gentile vertritt einen von Hegel und Fichte inspirierten Idealismus, dem zufolge die Realität aus nichts als dem «puren Akt» des Denkens besteht. Er versteht die Welt als Prozess eines sukzessive zu sich selbst kommenden und dabei das Schöne, Wahre und Gute realisierenden Bewusstseins und überträgt dem Philosophieunterricht die Aufgabe, den Schülern diesen Fortschritt der Vernunft von ihren Anfängen bei den Griechen bis zu ihrer politischen Realisierung im «ethischen Staat» des Faschismus in seiner erstaunlichen Stringenz vor Augen zu führen.[4]

Giorgio Colli erklärt Hegel dagegen zum Anathema – eine Kampfansage, mit der er sich zwischen alle Stühle setzt, denn der Hegelianismus oder *storicismo*, wie man in Italien sagt, beschränkt sich nicht auf Gentiles regimetreue Variante. Auch Benedetto Croce, Gentiles Gegenspieler und Stimme des antifaschistischen Italien, propagiert die große Erzählung vom welthistorischen Fortschritt der Vernunft – auch wenn dieser Prozess in seiner Version nicht auf Mussolini, sondern auf einen liberalen Staat hinausläuft. Zwischen Gentile und Croce gibt es kein Entkommen – mit ihren an Hegel angelehnten Systemen stecken die beiden verfeindeten Dioskuren den Raum des Denkbaren ab. Der Preußische Staatsrat Carl Schmitt, der 1936 nach Rom reiste, um im italienisch-deutschen Kulturinstitut über den «totalen Staat» zu referieren, war über die soliden Hegel-Kenntnisse seiner Gastgeber erstaunt. Selbst der Duce habe ihm bei seiner Audienz versichert, überzeugter Hegelianer zu sein. Mussolinis Begeisterung für Nietzsche war lange abgekühlt. Man könnte auf die Idee kommen, Hitler habe sieben Jahre später das falsche Geschenk gewählt.[5]

Colli hätte dieser Vermutung ohne Zweifel zugestimmt. Während der *storicismo* das falsche Ganze repräsentiert, stellt Nietzsches Denken für ihn den Ausweg dar. Benedetto Croce zufolge ist die Geschichte der «letzte religiöse Glaube», der dem modernen Menschen geblieben ist. «Wer sein Herz dem historischen Fühlen nicht verschließt», hatte er geschrieben, der sei «nicht mehr allein», sondern mit den «Geistern, die vor ihm auf Erden gewirkt haben», ja «mit dem Leben des All» vereint. Derlei Auffassungen hatte Nietzsche schon ein halbes Jahrhundert zuvor bekämpft. Mit Vorliebe zitiert Colli aus der zweiten Unzeitgemäßen Betrachtung *Vom Nutzen und Nachtheil der Historie für das Leben*, Nietzsches Polemik gegen den Historismus, in der er dem Kult der historischen Bildung bescheinigt hatte, Symptom einer absterbenden Kultur zu sein. Obwohl als Abrechnung mit dem geschichtsversessenen Klima im Zweiten Deutschen Kaiserreich geschrieben, trifft der Text den italienischen Zeitgeist der 1940er Jahre auf den Punkt. Ist es gerechtfertigt, von kulturellem Rückstand zu sprechen? Karl Eugen Gass, einem Schüler des Bonner Romanisten Ernst Robert Curtius, der in den späten 1930er Jahren an der Scuola Normale Superiore in Pisa studiert und über diese Zeit ein Tagebuch voller interessanter Beobachtungen hinterlassen hat, kommen die Professoren und Studenten der Elitehochschule jedenfalls wie «Nachzügler» aus dem 19. Jahrhundert vor. Während an den deutschen Universitäten längst die illusionslose Existenzphilosophie Heideggers vorherrsche, sei der Glaube der Italiener an den Sieg der fortschrittlichen Vernunft ungebrochen.[6]

Dass Colli den Idealismus bekämpft, liegt aber nicht daran, dass er ihn für rückständig hielte. Im Gegenteil: Im Anspruch, zeitgemäß zu sein, äußert sich für ihn das eigentliche Problem. In ihren Anfängen bei den Griechen, erklärt er seinen Schülern, sei die Philosophie eine Reflexion über das richtige Leben gewesen. In ihrer Hybris, die Gesetze der Geschichte durchschauen zu können, hätten sich die modernen Philosophen dagegen von diesem Erbe abgewandt. Es sei an der Zeit, das Denken zu seiner alten, praktischen Bestimmung zurückzuführen. «Wie sollen wir leben?», fragt er, lässt die Stille im Klassenzimmer wirken und sieht die Schüler durch seine dicken Brillengläser an. Luigi Imbasciati, der zu den mittelmäßigen Schülern gehörte, erinnert sich: «Er kam mir nicht wie einer von den anderen Lehrern, sondern wie ein großer Intellektueller vor.»[7]

Dieser Eindruck dürfte durch die Tatsache verstärkt worden sein, dass Colli sich nicht darum scherte, die Klasse beim Stand ihrer Kenntnisse abzuholen. Von Anfang an richtet sich sein Interesse vor allem auf Einzelne, für seine Ideen besonders Empfängliche, mit denen er sich nach der Schule verabredet. Spaziergänge auf den Mauern von Lucca; Gespräche über Philosophie, Musik und erste Liebeserfahrungen; gemeinsame Sitzungen, die sich bis in den Abend ziehen: Für seine «Auserwählten», wie sie genannt werden, öffnet sich durch die Begegnung mit dem kaum mehr als zehn Jahre Älteren eine neue Welt. Colli verheißt ein höheres, «dionysisches» Wissen, das nur Eingeweihten zugänglich ist. Was das bedeutet, darüber müssen schon die Mitschüler gerätselt haben, denn sich auf Andeutungen zu beschränken und eine vielsagende Verschwiegenheit zu kultivieren, macht − wie in inspirierten Gemeinschaften üblich − den halben Reiz der Sache aus. «Die Wahrheit vor den vielen verborgen halten», hat Colli später, nach dem Krieg, notiert. «Die wenigen mit Hilfe dieser List gewinnen. Weder zu Verdächtigungen noch zu Verurteilungen Anlass geben. Begnügen wir uns damit, mit dem Geheimnis die Neugier zu erregen.» Zu seinen Lieblingsreferenzen gehört Platons sogenannter *Siebter Brief*, in dem der Philosoph davor gewarnt hatte, die Wahrheit aufzuschreiben, um sie vor vulgären Missverständnissen zu schützen. Auch Colli selbst betrachtet Bücher als eine Art Erkenntnishindernis. Der erste Schritt seiner Initiation besteht in der Einsicht in die Mangelhaftigkeit der «toten Zeichen», die unweigerliche «Verfälschung» und «Mumifizierung», denen jede echte Erkenntnis im Zuge ihrer Verschriftlichung ausgesetzt sei.[8]

Man würde kaum vermuten, dass er für diese Ansicht − abgesehen von Platon − ausgerechnet den Vielschreiber Nietzsche ins Feld führt, der sich in seinen Briefen laufend über die Qualität seiner Tinte und seiner Federn auslässt. In der Literatenexistenz, die Nietzsche nach dem Ende seiner akademischen Karriere geführt hatte, offenbart sich für Colli aber ein tragischer Selbstwiderspruch. Als erleuchteter, ja tief religiöser Denker habe Nietzsche um die Vergeblichkeit seiner schriftstellerischen Ambitionen gewusst. «Das Beste und Wesentliche läßt sich nur von Mensch zu Mensch mittheilen, es kann und soll nicht ‹public› sein», heißt es in einem Brief an seinen Freund Franz Overbeck. Solche Sätze sprechen Colli aus der Seele. Die Wahrheit, erklärt er, gehe nur aus dem lebendigen Gespräch einer Gruppe von Menschen hervor: «Wenn man die Weisheit zum Ziel hat, kann man alle Bücher wegwerfen.»[9] Kein Wunder, dass er seinen Schülern nicht wie ein gewöhnlicher Lehrer vorkommt.

Standardsituationen der Nietzsche-Rezeption

Fast scheint er es Nietzsche zu verübeln, am Ende doch nur ein *homme de lettres* gewesen zu sein. «Nach dem *Zarathustra*», notiert er, «hätte er sich darauf konzentrieren sollen, eine Gruppe um sich zu versammeln und eine konkrete kulturelle Aktion in Angriff zu nehmen.» Was Nietzsche versäumte, will Colli mit seinen Auserwählten in die Tat umsetzen. Anstatt als Leser imaginiert er sich als Nachfolger, dazu berufen, «etwas in seiner Richtung zu unternehmen». Mit diesem Anspruch steht er nicht alleine da. Der Nietzscheanismus der ersten Jahrhunderthälfte ist voll von charismatischen Führern und inspirierten Zirkeln, die an der Fleischwerdung seiner prophetischen Worte laborieren.[10]

Nietzsche selbst hatte den staatlichen Bildungsanstalten seiner Zeit eine klare Absage erteilt. Während er mit zunehmendem Widerwillen sein Pensum als Hochschullehrer erfüllte, schwebte ihm längst ein innigeres Verhältnis zu seinen Studenten vor. In seiner dritten Unzeitgemäßen Betrachtung *Schopenhauer als Erzieher*, dem ersten seiner Werke, das Colli und Montinari später ins Italienische übersetzten, hat er das Idealbild eines charismatischen Lehrers gezeichnet, der seine Schüler weniger durch sein Wissen als durch sein Beispiel zum Bruch mit dem *juste milieu* ihres Zeitalters inspiriert. In seinen unveröffentlichten Aufzeichnungen aus dieser Zeit träumt er wahlweise von einer «Gesellschaft der Unzeitgemässen» oder einem «Kloster für freiere Geister». Wie aus einem Brief an seinen Studienfreund Erwin Rohde hervorgeht, legte er sogar einen Teil seines Professorengehalts für die Gründung ihrer «neuen griechischen Akademie» zurück: «Wir sind dann unsere gegenseitigen Lehrer», schreibt er, «unsre Bücher sind nur noch Angelhaken, um jemand wieder für unsre klösterlich-künstlerische Genossenschaft zu gewinnen. Wir leben, arbeiten, genießen für einander – vielleicht daß dies die einzige Art ist, wie wir für das Ganze arbeiten sollen.»[11]

Es gehört zu Nietzsches Tragik, dass es ihm nie gelungen ist, den Traum vom pädagogischen Kloster in die Tat umzusetzen. Für seine selbsterklärten Nachfolger ging aus diesem Unvermögen allerdings eine Handlungsanweisung hervor. Auch der Dichter Stefan George inszenierte sich als Erbe, dem es oblag, die gescheiterte Mission zu Ende zu führen. Zwar habe Nietzsche «die wesentlichen grossen dinge» verstanden, schrieb er an Gundolf, aber der «plastische gott» habe ihm gemangelt – die Fähigkeit, seine Lehre im Schutzraum einer innig verbundenen Gemeinschaft zu praktizieren. Bekanntlich entwickelte George selbst auf diesem Gebiet ein besonderes Talent. Sein Kreis ist der berühmteste Fall einer von Nietzsche inspirierten Vereinigung mit allerhöchsten pädagogisch-politischen Bestrebungen. Für Colli, der die Publikationen des Kreises mit Interesse zur Kenntnis nimmt, stellt George eine wichtige Inspirationsquelle dar. Die Identifikation mit Nietzsche, der Drang zur Tat, die Einweihungsrituale – sie könnten direkt vom Meister übernommen sein. Man wüsste gern, ob das auch für Collis «dionysisches» Geheimnis gilt. In antike Kostüme gekleidet, hatten die Schwabinger «Kosmiker», denen George sich zusammen mit Ludwig Klages um die Jahrhundertwende angeschlossen hatte, versucht, die dionysische Ekstase durch monotone, «dumpf-nasale» Gesänge herbeizuführen.[12]

Historisch näher liegt die Pariser Geheimgesellschaft Acéphale, die Georges Bataille und Pierre Klossowski in den späten 1930er Jahren als Kampfbund gegen den Faschismus gegründet hatten. Anstatt die Kräfte der aufgeklärten Vernunft zu aktivieren, setzten die Verschwörer darauf, die Reaktion mit ihren eigenen Waffen zu schlagen

und einen antifaschistischen Gegenmythos zu kreieren. Als Gewährsmann ihrer neuen Mythologie hatten sie – natürlich – Nietzsche vorgesehen. Auch Bataille lag es fern, Nietzsche wie einen philosophischen Klassiker zu interpretieren; auch er plädierte dafür, in seinem
Namen zu agieren. «Ich bin der einzige», schrieb er, «der sich nicht
als Ausleger Nietzsches, sondern als derselbe wie er präsentiert.» Zu
den rituellen Praktiken gehörte eine mit Blut besiegelte Initiationszeremonie, ein Schweigegelübde gegenüber Dritten und das Gebot,
sich abwechselnd in Askese und Ekstase zu üben. Bei Neumond fand
sich die Gruppe zu Füßen einer vom Blitz gespaltenen Eiche im Bois
de Boulogne zusammen, um dionysische Riten zu begehen. In einer
dieser Nächte soll Bataille seine Mitverschwörer sogar darum gebeten
haben, an ihm ein Menschenopfer zu vollziehen.[13]

Verführung der Jugend

Man kann nicht behaupten, dass Collis Charisma auf Anhieb ins Auge
springt. Mit schwerer Brille, Pullunder und Krawatte macht er auf
späteren Fotografien den Eindruck eines typischen italienischen Akademikers. Beim jungen Colli kommt etwas zugleich Durchdringendes
und Verschlossenes dazu. Man kann sich ausmalen, wie er seinen
Blick über die Reihen seiner Schüler schweifen lässt, um nach geeigneten Kandidaten Ausschau zu halten. In seinen Aufzeichnungen aus
den 1930er Jahren maßt er sich an, in das «Innere der Menschen»
blicken und die «Edelsten» unter ihnen aufspüren zu können, um sie
den herrschenden Meinungen zu entfremden und in ein tiefes, ihr
Leben für immer veränderndes Wissen zu initiieren.[14]
Man muss sich Colli als Menschenfänger vorstellen. Auch später,
als er das Ginnasio Machiavelli verlassen hatte und als Lehrbeauftragter an der Universität Pisa unterrichtete, scharte er stets einen Kreis
von Studenten um sich, deren Bewunderung er huldvoll entgegennahm. «Bescheidenheit ist keine Tugend», hält er als persönliches

Giorgio Colli, 1942

Credo fest. Im Jahr 1917 in eine großbürgerliche Turiner Familie geboren, entstammte Colli einem Milieu, das nach dem Zweiten Weltkrieg im kulturellen Leben Italiens tonangebend werden sollte. Bis ihn die Faschisten wegen seiner antifaschistischen Gesinnung 1931 in den vorzeitigen Ruhestand versetzten, war sein Vater Geschäftsführer der liberalen Tageszeitung *La Stampa* gewesen. Den Eltern seiner Mutter gehörte ein großes Hotel in der Turiner Innenstadt. Colli ging auf dasselbe Gymnasium wie Leone Ginzburg und Cesare Pavese, die Anfang der 1930er Jahre zusammen mit Giulio Einaudi einen antifaschistischen Verlag gründeten, der aus der italienischen Geistesgeschichte des 20. Jahrhunderts nicht mehr wegzudenken ist. 1935 – Colli machte gerade Abitur – wurde Pavese verhaftet und in die süditalienische Verbannung geschickt. Rein theoretisch hätte Colli als introvertierter Nerd am Rande von Natalia Ginzburgs autobiografischem Roman *Familienlexikon* vorkommen können, in dem die Autorin das intellektuelle Milieu Turins unter Mussolini geschildert hat.[15]

Rein theoretisch – denn abgesehen davon, dass er knapp zehn Jahre jünger war, trennte Colli von Ginzburgs Freunden ein Bildungserlebnis, das für seine intellektuelle Biografie von überragender Bedeutung ist. Anna Maria Colli verdanken wir die Episode von Collis Krankheit, die den Achtzehnjährigen zu einer langen Bettruhe zwang. Als er nach seiner Genesung auf unsicheren Beinen durch das frühlingshafte Turin spaziert, wird er sich in Form einer plötzlichen Erleuchtung seiner Berufung zum Philosophen bewusst. Man kann nur darüber spekulieren, ob er an diesem Tag auch an der Stelle auf der Via Po vorbeikommt, an der Nietzsches philosophische Karriere im Januar 1889 geendet hatte. Fakt ist, dass Colli noch während seiner Schulzeit sein Altgriechisch perfektioniert, nebenher Deutsch lernt und sämtliche Dialoge Platons im Original liest – und dass im selben Zug wie seine Gräkophilie seine lebenslange Begeisterung für Nietzsche beginnt.[16]

Cesare Pavese hat in seinen Memoiren geschildert, wie ihm die amerikanische Literatur in den Jahren des Faschismus zu einem «idealen Vaterland» wurde.[17] Giorgio Colli machte eine ähnliche Erfahrung, doch statt der modernen USA wurde das antike Griechenland zu seinem inneren Exil. Wo Pavese Walt Whitman und *Moby Dick* entdeckte, stieß er auf Platon und Empedokles. Und während Pavese sich mit der literarischen Moderne identifizierte, zog Colli sich in ein griechisches Paralleluniversum zurück.

Genau genommen muss man von einem griechisch-deutschen Paralleluniversum sprechen, denn die Griechen, für die Colli sich begeisterte, waren Ausgeburt einer deutschen Phantasie. Seitdem der sachsen-anhaltinische Italienreisende Johann Joachim Winckelmann im 18. Jahrhundert die «edle Einfalt» und «stille Größe» der Hellenen entdeckt hatte, hatten sich vor allem deutsche Dichter und Denker in ein imaginäres Griechenland zurückgeträumt. In der *Geburt der Tragödie* hatte Nietzsche eine fremdartige «dionysische» Kultur beschworen, deren leuchtendes Gegenbild er der erschöpften modernen Zivilisation entgegenhielt. «Ich wüsste nicht, was die classische Philologie in unserer Zeit für einen Sinn hätte, wenn nicht den, in ihr unzeitgemäss – das heisst gegen die Zeit und dadurch auf die Zeit und hoffentlich zu Gunsten einer kommenden Zeit – zu wirken», schrieb er zwei Jahre später im Vorwort zu seiner dritten Unzeitgemäßen Betrachtung.

Im Grunde waren Nietzsches Griechen die Chiffre für ein kulturelles Umerziehungsprogramm. Die große Erneuerung, von der er träumte, fiel mit der Rückkehr zu einer «tragischen» Weltanschauung zusammen. «Wir werden von Tag zu Tage griechischer», notierte er noch Mitte der 1880er Jahre. «Hierin liegt (und lag von jeher) meine Hoffnung für das deutsche Wesen!» Eine Hoffnung, die Nietzsche mit weitreichenden pädagogischen Phantasien verband. Obwohl er zunächst vor allem auf die kulturrevolutionäre Wirkung von Richard Wagners Musikdrama setzte, machte er sich auch auf eigene Faust daran, unter seinen Basler Studenten empfängliche Schüler zu finden. Lou Andreas-Salomé, seiner ersten Biografin, zufolge besaß er ein außergewöhnliches Talent dafür, «junge Geister an sich zu fesseln». «Es wird irgendwann einmal gar keinen Gedanken geben als Erziehung», liest man in seinen unveröffentlichten Aufzeichnungen aus dieser Zeit. Umso schlimmer, dass seine pädagogische Utopie nie wirklich in Erfüllung ging. Man versteht, warum sein Leben spätestens seit dem Ende seiner akademischen Karriere von «Schülerpanik» überschattet war.[18]

Nach Abschluss seines Jura- und Philosophiestudiums will Colli eigentlich an der Universität bleiben, aber anders als Nietzsche, der mit Mitte zwanzig Professor geworden war, sieht er sich gezwungen, als Lehrer in die Provinz zu gehen. Wahrscheinlich hat er das Gefühl, unter seinen Möglichkeiten zu bleiben, doch muss die neue Aufgabe zugleich auch seinen Ambitionen entgegengekommen sein. Vielleicht ist das Gymnasium in der toskanischen Kleinstadt genau der richtige Ort, um ein «Kloster der freien Geister» zu gründen. Inspiriert von seiner Nietzsche-Lektüre und erfüllt von gräkophilen Phantasien erfindet sich Colli 1942 als charismatischer Pädagoge neu.

Es geht ihm nicht darum, den vorgeschriebenen Schulstoff zu vermitteln, es geht ihm darum, «das Leben auf griechische Weise von vorne anzufangen». Welchen Fünfzehnjährigen mit geistigen Interessen hätte diese Aussicht nicht verlocken können? Umso mehr, als es für den Bewusstseinswandel, den Colli in Aussicht stellt, nicht nur auf das richtige Denken, sondern auch auf erotische und musikalische Erfahrungen ankommt. Genauso wichtig wie die Nietzsche- und Schopenhauer-Lektüren sind die Abende, an denen der Lehrer seine Zöglinge um sein Grammophon versammelt, um ihnen Beethoven-Symphonien vorzuspielen. Nur Beethoven, so hat es Colli später formuliert, könne eine intuitive Ahnung davon vermitteln, «daß dieses Leben es gerade in seiner erschütternden Vehemenz, in seiner Schrecklichkeit gelebt zu werden verdient». Die Griechen als Blüte menschlicher Kultur und die Musik als Erfahrung, die an das Unaussprechliche zu rühren vermag: Ob sich die Schüler bewusst sind, wie tief ihr Lehrer sie in die Mythologie jenes Landes entführt, das Lucca im Herbst 1943 von seinen Truppen besetzen lässt?[19]

Auch in erotischer Hinsicht orientiert sich Colli am deutschen, philhellenischen Modell: Seine Erziehungsideen sind vom Platonismus der deutschen Reformpädagogik inspiriert. Linda Bimbi, eine der Auserwählten, die später als politische Aktivistin nach Brasilien ging, hat sich an die szenische Lesung von Platons *Symposion* erinnert.[20] Der Dialog handelt von einem Festmahl im Haus des preisgekrönten athenischen Dramatikers Agathon, bei dem die Gäste darum wetteifern, wer die beste Lobrede auf Eros, den Gott der Liebe, halten kann. Pausanias, Agathons junger Geliebter, extemporiert über die Vorzüge der Knabenliebe; der Komödiendichter Aristophanes erzählt den berühmten Mythos von den zweigeteilten Menschen; nur Sokrates verzichtet darauf, eine festliche Rede zu halten, und gibt stattdessen die Lehre der Priesterin Diotima wieder, der zufolge sich in der Liebe das unstillbare Verlangen der Sterblichen äußert, durch Vereinigung und Zeugung an der Unsterblichkeit der Götter zu partizipieren.

Als der betrunkene Alkibiades auftaucht, artet der Abend in ein Besäufnis aus. Aufgefordert, ebenfalls eine Lobeshymne auf Eros beizusteuern, lässt Alkibiades stattdessen seiner Enttäuschung über Sokrates freien Lauf, der zwar die Gesellschaft schöner Jünglinge suche – keinesfalls zufällig sitzt er an diesem Abend neben dem Gastgeber Agathon –, Alkibiades' eigenen Verführungsversuchen in der Vergangenheit aber stets widerstanden hat. Danach erleidet der Dialog eine Art Filmriss, und wir finden uns unvermittelt am Ende der Party wieder. Nur Sokrates, der schöne Agathon und Aristophanes können sich noch aufrecht halten und diskutieren darüber, welche der Gattungen, die sie sozusagen von Berufs wegen repräsentieren – Tragödie, Komödie oder Philosophie –, den anderen überlegen ist. Nachdem Sokrates im Morgengrauen auch seine letzten beiden Gesprächspartner unter den Tisch getrunken hat, bricht er auf, nimmt ein Bad und geht wie immer seinem Tagwerk nach.

Man kann sich ausrechnen, wer bei den szenischen Lesungen des *Symposions* welchen Part übernimmt. Die Rollen der rivalisierenden Günstlinge Agathon und Alkibiades bleiben Collis Lieblingsschülern vorbehalten, während der Lehrer, den Linda Bimbi halb ironisch als «unseren Sokrates» bezeichnet, es sich mit Sicherheit nicht nehmen lässt, Platons von allen begehrtes, im Jahr 399 vor Christus wegen «Verführung der Jugend» hingerichtetes Idol zu spielen.[21]

Im *Symposion* geht es darum, wie man als ungeladener Gast am besten auf einem Fest aufläuft, welche Mittel es gegen Schluckauf gibt und ob es Sinn hat, gegen einen Kater anzutrinken. Was den Dialog, mit dem Platon seinerzeit die sokratische Philosophie eingeführt hatte, in Collis Augen aber zur Pflichtlektüre macht, ist die Tatsache, dass er in Erinnerung ruft, was dieses Denken einmal gewesen ist: Nicht nur in Sokrates' dialektischer Finesse, sondern auch in seiner Trinkfestigkeit drücke sich einerseits der Triumph der Philosophie über Rhetorik und Dichtung aus. Die Initiation in die Mysterien der Liebe habe Sokrates aber andererseits der Seherin Diotima zu verdanken. Während die Philosophie also ihre Überlegenheit über Tragödie und Komödie zelebriere, gestehe sie zugleich ihre Abhängigkeit von den Quellen eines esoterischen Wissens ein.[22]

In Platons Biografie, erklärt Colli, markiere der Dialog einen entscheidenden Wendepunkt: Genau wie die älteren griechischen Weisen habe auch er zunächst eine mystische Initiation durchlaufen, deren tiefere Wahrheit sich nicht in Sprache ausdrücken ließ. Doch mit dem *Symposion* sei er in die kommunikative Gemeinschaft der Polis zurückgekehrt, um sich der Erziehung der Jugend zu widmen – zugleich die Geburtsstunde der neuen Figur des Philosophen. An dieser Stelle kommt Colli auf Sokrates' Rede über den Eros zurück. Es gehöre zu den schlimmsten Verirrungen der Moderne, die Liebe auf den Geschlechtstrieb verengt zu haben, handele es sich in Wirklichkeit doch um das universelle Verlangen der Sterblichen, mittels Zeugung und Fortpflanzung ihrer Endlichkeit zu entrinnen. Und die höchste Form dieser «Hervorbringung im Schönen» sei das Verlangen, die Tugenden der «Besonnenheit» und «Gerechtigkeit» zu zeugen, in Platons Worten: sich in den «schönen Seelen» und «schönen Körpern» von Schülern fortzupflanzen.[23]

Das blaue Licht

«Carissimo pedagogo – liebster Pädagoge», beginnen die Briefe, die Mazzino Montinari zwischen Herbst 1943 und Frühjahr 1944 an Colli schreibt, wenn der Lehrer sich bei seiner Familie im Piemont aufhält. Es sind die Briefe eines Fünfzehnjährigen, der keinen Hehl aus seinen starken Gefühlen macht. «Wie ich wünsche, dass Du hier wärst!» – «Komm, komm zurück nach Lucca!» – «Ich denke jeden Tag mindestens vier oder fünf Mal an Dich!»: So weit der Grundton dieser leider nur einseitig überlieferten Korrespondenz. Von spielerischer Koketterie bis zu offen eingestandener Sehnsucht zieht Montinari alle Register. Mal fürchtet er, der Lehrer könne den Bombardierungen von Turin zum Opfer gefallen sein. Mal verfolgt ihn die Idee, Colli habe sich in seiner Heimatstadt einen anderen Lieblingsschüler zugelegt. «Sieh Dich vor! Ich wäre furchtbar eifersüchtig … und nachtragend! Aber ich bin mir sicher, dass das nicht wahr ist, und verscheuche diesen hässlichen Gedanken.»[24]

Montinaris Briefe sind mit «pais», der altgriechischen Bezeichnung für Schüler, unterzeichnet. Im Winter 1943/44 spielt er längst seine Rolle in Collis platonischer Erziehungsphantasie. Aus ihrem grä-

Mazzino Montinari, 1946

kophilen Rollenspiel sind die beiden nie wieder herausgekommen: Noch zwanzig Jahre später, als er Colli von seinen Fortschritten im Weimarer Nietzsche-Archiv berichtet, nimmt Montinari den Tonfall eines Schülers an, der die Bestätigung seines Lehrers sucht oder dessen Tadel fürchtet. «Wenn Du mich fallen lassen würdest, würde ich mich auf einen Schlag nicht mehr geliebt fühlen», schreibt er im Frühjahr 1968. «Ein Alkibiades ohne Sokrates.»[25]

Wie aus den Briefen des jungen Montinari hervorgeht, hört er Brahms und Beethoven, liest Kant und Nietzsche, und um sein Griechisch zu verbessern, übersetzt er Platons *Gorgias*. «Wenn die Bombenangriffe nicht wären, hätte ich schon viel mehr geschafft.» Er möchte die Philosophie «in ihrer vollen etymologischen Bedeutung» leben. «Damit meine ich, permanent nach Weisheit zu streben, in jedem Aspekt meines äußeren und, was noch viel wichtiger ist, meines inneren Lebens. – Kommt Dir das richtig vor?» Collis Antwort ist zwar leider nicht erhalten, doch steht außer Frage, dass ihm das Bekenntnis seines Schülers entgegenkommt. «Mazzino ist jetzt mein neuer *pais*», schreibt er seiner Frau, «und dazu ein besonders guter. Er ist der erste philosophische Mensch, der mir begegnet – philosophisch auf meine Art.»[26]

In Reminiszenzen an Montinari ist oft von seiner «Radikalität» die Rede – bei einem Gelehrten, der sein halbes Leben damit verbrachte, einen Nachlass zu entziffern, und der friedlich zwischen seinen Büchern starb, ist nicht auf Anhieb einzusehen, was das bedeuten soll. Man muss seine Briefe lesen, wenn man dem Enthusiasmus auf die Spur kommen will, der seiner Philologie zugrunde liegt. Seine ehemaligen Mitschüler erinnern sich an seine Religiosität, seinen moralischen Rigorismus und sein Sinnbedürfnis, das ihn innerhalb weniger Jahre ein Sammelsurium von Weltanschauungen – «vom Atheismus über religiöse Krisen bis zum Kommunismus» – ausprobieren lässt. Bevor er Colli kennenlernte, hatte er mit dem Gedanken gespielt, zu den Dominikanern zu gehen, doch der neue Lehrer lenkt seine existentielle Suche in eine neue Bahn.[27]

In einem Brief vom Dezember 1943 kommt Montinari auf eine erst kurz zurückliegende Nacht zu sprechen, in der sie «besessen von Dionysos» Seite an Seite unter einem «blauen Licht» gesessen hätten, während das «matte Licht» seines Glaubens erloschen sei. Wie auch immer man sich die Szene vorzustellen hat: Offenbar gelingt es Colli, einen Proselyten für seine griechischen Götter zu gewinnen. In einem Brief an seine Frau kommentiert er das Ereignis aus seiner Sicht: «Mazzino enttäuscht mich nicht. Es ist mir schon gelungen, ihn von der Idee abzubringen, er wäre zum Mönch berufen. Ich habe ihm das Dionysische beigebracht. Jetzt befindet er sich in der enthusiastischen Phase.» Was keine Übertreibung darstellt: Den Erinnerungen seiner Freunde zufolge zelebriert Montinari seinen neuen Glauben, indem er ein Kruzifix auf beiden Seiten in der Pfanne brät.[28]

Man kann sich ausmalen, welche Gerüchte in Lucca über den neuen Philosophielehrer kursieren, der das Curriculum ignoriert, mit seinen Schülern privat verkehrt und sie der Kirche abspenstig macht. Linda Bimbi hat sich an das Kopfschütteln ihrer Eltern erinnert, wenn sie nach einem ihrer Symposien spätnachts nach Hause kam. Die deutsche Besatzung und der Krieg sorgen dafür, dass die Schuldisziplin verwildert und die Jugend sich selbst überlassen bleibt – für Collis pädagogische Ambitionen eine günstige Ausgangssituation. Dass er seine Schüler aus dem Dämmer des Katholizismus ins Licht eines imaginären Griechentums führt, ist zweifellos ein Befreiungsakt. Auch dass er sie ermutigt, offen mit ihm über ihre Liebesangelegenheiten zu reden, ist eine Geste, die man sich in einer Stadt wie Lucca in den 1940er Jahren kaum progressiv genug vorstellen kann. Doch was ist mit dem gräkophilen Rollenspiel, dem Kult der platonischen Erotik, der Apologie der Homosexualität? Was mit den raunenden Initiationsritualen, Montinaris offenkundiger Verliebtheit und Collis offenkundigen Autoritätsgelüsten? Sich einem «Führer» unterzuordnen, «der uns Respekt und Bewunderung einflößt», hat Colli später in seiner Einleitung zur italienischen Ausgabe von Nietzsches *Schopenhauer als Erzieher* geschrieben, sei der erste Schritt zur Entfaltung der eigenen Persönlichkeit. Genau wie in anderen erleuchteten Zirkeln gehört auch in Lucca die Rivalität um die Gunst des Führers zu diesem Spiel. Montinaris Rivale ist der zwei Jahre ältere Angelo Pasquinelli, der noch vor ihm die Position des ersten *pais* besetzt. Auch Pasquinelli quält sich durch Platon im Original, versucht, dionysisch zu empfinden und ein guter Philosoph zu sein. Und obwohl die Handschrift in seinen Briefen schon etwas reifer wirkt, himmelt er den Lehrer genauso an.[29]

Nach Lage der Dinge würde man unter Collis Zöglingen eigentlich keine Mädchen vermuten, ging die Mischung aus Griechenlandbegeisterung, Geheimniskrämerei und Meister-Schüler-Emphase in der ersten Hälfte des 20. Jahrhunderts zumindest in deutschen Konventikeln doch meist mit deren Ausschluss einher. Im Fall der «Auserwählten» liegen die Dinge aber anders. Wie aus der überlieferten Korrespondenz hervorgeht, scheint Colli seine *paides* sogar ermutigt zu haben, ihre Mitschülerinnen mitzubringen. Jedenfalls lässt sich Pasquinelli von seinen dionysischen Gefühlen nicht daran hindern, ihn über die Fortschritte seiner Beziehung zu der von allen begehrten

Nietzsches erste italienische Gesamtausgabe erschien in den späten 1920er Jahren in der Casa editrice Monanni. Der Verlag war eigentlich auf anarchistische Literatur spezialisiert.

Gigliola Gianfrancesco auf dem Laufenden zu halten und sie, vielleicht auf Collis Rat hin, einer entscheidenden Prüfung zu unterziehen. «Ich habe ihr den *Zarathustra* zu lesen gegeben: Das ist die Feuerprobe. Glaubst Du, dass sie sie bestehen wird?»[30] Offenbar zeigt sich Gianfrancesco der Aufgabe gewachsen, denn wenig später gehört sie als festes Mitglied zu Collis Kreis.

«Die Familie erklärt in Italien alles, sie rechtfertigt alles, und sie bedeutet alles», hat Leonardo Sciascia in seiner Untersuchung über die Entführung von Aldo Moro geschrieben. Man könnte seine Diagnose versuchsweise auf die Auserwählten übertragen: Vielleicht ist es weniger ein geschlechterpolitisches Anliegen als der sprichwörtliche italienische Familiensinn, der den Auswüchsen des Männerbündischen in Collis Zirkel einen Riegel vorschiebt. Mit der Zeit verwandelt sich die anfängliche Gemeinschaft der *paides* jedenfalls in eine Agglomeration von Paaren, also zukünftigen Familien. Als nach dem Krieg Collis Frau mit der kleinen gemeinsamen Tochter nach Lucca nachkommt, wird auch sie in die Gruppe eingemeindet, wodurch die Zusammenkünfte eine zusätzlich familiäre Note bekommen, da Anna Maria die Funktion der gastgebenden Hausfrau übernimmt. Selbst das Dionysische hat in Italien kulinarischen Charakter. Doch trotz der klassischen Rollenverteilung sollte man den emanzipatorischen Effekt von Collis Koedukation nicht unterschätzen: Wie sich Clara Valenziano, die später zur Gründungsredaktion der kommunistischen Tageszeitung *il manifesto* gehörte, erinnert, herrscht ungeachtet der homoerotischen Atmosphäre unter den Auserwählten ein Klima intellektueller Gleichberechtigung.[31]

Die prägende Zeit dauert nur wenige Monate – doch sie lässt bei allen Beteiligten einen tiefen Eindruck zurück. Wie tief, das geht aus einem Brief hervor, den Montinari 1981, zwei Jahre nach Collis Tod, an dessen Witwe schreibt. Als Professor in Florenz, als international renommierter Nietzsche-Kenner und Fellow des Wissenschaftskollegs in West-Berlin steht Montinari damals im Zenit seines akademischen Erfolgs. Doch nach wie vor wird er von alten Dämonen heimgesucht. «Mein vergangenes und gegenwärtiges Leben ist verkehrt», schreibt er, «alles löst sich auf und lässt ein Gefühl des Scheiterns zurück.» Wenn da der wiederkehrende Traum nicht wäre, in dem die schöne Gigliola Gianfrancesco die Hauptrolle spielt. «Gigliola und Du, Ihr seid das lebendige Symbol von etwas Starkem, Archaischem, Jugendlichem, von den göttlichen Augenblicken, die wir damals in der kurzen Zeit erlebt haben, als wir alle zusammen waren: Giorgio, Angelo, Du, Gigliola und ich. Nie wieder habe ich vergleichbare Momente innerer Erfüllung erlebt wie jene, in denen ich mit Giorgio zusammen war und ihn reden hörte. Und zu Giorgio gehörtest damals schon Du,

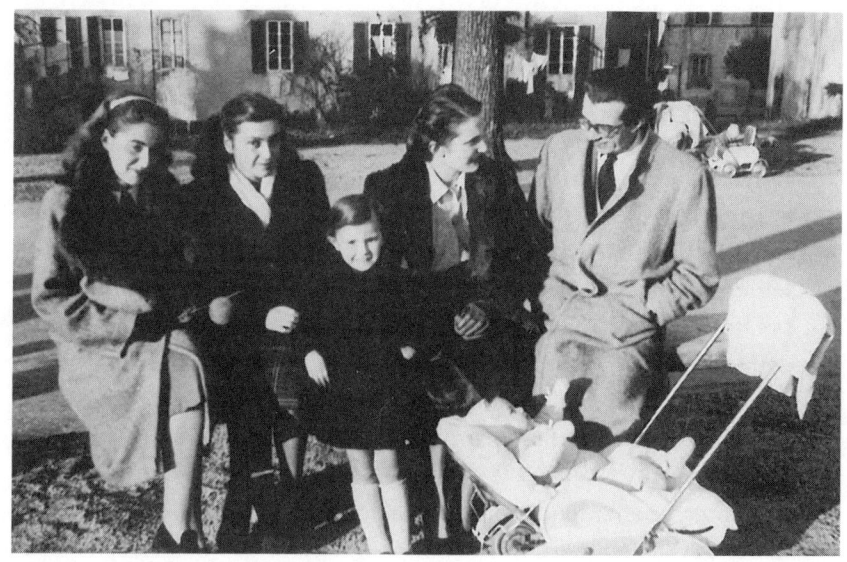

Der Kreis und die Familie: Gigliola Gianfrancesco, Clara Valenziano, Anna Maria und Giorgio Colli (von links). Vorne: Chiara und Enrico Colli. Lucca, 1947

mit Deiner Begeisterung und Deiner Intensität. Der Höhepunkt und das Ende dieser archaischen Zeit waren die Monate zwischen Dezember 1943 und April 1944, als ich 16 wurde und Giorgio Lucca verlassen musste. – Danach begann das ‹normale› Leben mit vielen schönen und manchen schlechten Momenten, aber in dieser Zeit hat für mich alles angefangen. Damals hat Giorgio meinem Leben für immer sein Siegel aufgedrückt.»[32]

Magie der Buchstaben

Wo er sich befinde, da sei Griechenland, soll Stefan George seinen Jüngern bedeutet haben. Es ist nicht auszuschließen, dass sich Colli in ähnlicher Weise geäußert hat. Auch seine Devise lautet, «das Leben auf griechische Weise von vorne anzufangen», und auch er ist sich seiner charismatischen Wirkung auf seine Anhänger voll bewusst. Doch obwohl er durchaus eine poetische Ader hat, muss man sich Colli weniger als inspirierten Dichter denn als introvertierten Forschertypen vorstellen. Um das Vergangene zu vergegenwärtigen, setzt er nicht auf lyrische Beschwörungen, sondern auf die Mittel strenger Gelehrsamkeit.[33]

Unter den Texten, die er in den späten 1930er Jahren, in der Zeit seiner erwachenden Griechenlandbegeisterung, geschrieben hatte, findet sich eine Art intellektueller Selbstvergewisserung, die mit dem Titel «Il filologo» – «Der Philologe» – überschrieben ist. Die Wahl leuchtet ein – schließlich war die Philologie die Disziplin, die seit dem 19. Jahrhundert die offizielle Pflege des Philhellenismus übernommen hatte. In der Generation nach Winckelmann hatte sich der gräkophile Zeitgeist in Deutschland im höheren Schulunterricht und in den Altertumswissenschaften etabliert. Der Preis für den institutionellen Erfolg lautete Akademisierung. In der zweiten Jahrhunderthälfte drohte die Griechenlandbegeisterung, die einen Hölderlin noch in lyrische Höchstform versetzt hatte, in philologischer Scholastik zu erstarren. Genau aus diesem Grund, um dem Genre neues Leben einzuhauchen, hatte der Altphilologe Nietzsche für *seine* Gräkophilie eine neue Tonlage erfunden. Mit seinen dionysischen Griechen, denen die Fühlung mit dem wilden Herzen der Welt noch nicht abhanden gekommen war, hatte er Winckelmanns klassizistischen Hellenen, deren souveräne Ausgeglichenheit in Wirklichkeit die Tugenden des deutschen Bildungsbürgertums verkörperte, die denkbar schärfste Antithese entgegengesetzt. Der Bruch mit seiner Disziplin war unvermeidlich gewesen. Der Kollege Ulrich von Wilamowitz-Moellendorff hatte

Nietzsche sogar unumwunden aufgefordert, seine Professur nieder-
zulegen: «Steige er herab vom Katheder, auf welchem er Wissenschaft
lehren soll; sammle er Tiger und Panther zu seinen Knien, aber nicht
Deutschlands philologische Jugend, die in der Askese selbstverläug-
nender Arbeit lernen soll, überall allein die Wahrheit zu suchen.»[34]

Für Collis Vorbild Nietzsche hatte der Philologe den Ausbund
geistiger Mediokrität verkörpert. Und dennoch, erinnerte sich Montinari später, habe Colli ihn und seine Mitschüler «durch die Stoppel-
felder der Philologie» geführt und – völlig unüblich für die Schule –
mit diffizilen Überlieferungsproblemen der Dialoge Platons, der
Fragmente der Vorsokratiker und des Nietzsche-Nachlasses vertraut
gemacht. Wie aus Collis Manuskript über den Philologen hervorgeht,
frönt er der Gelehrsamkeit aber nicht um ihrer selbst willen, sondern
lediglich als Mittel zu einem höheren Zweck. Für Philologie als Wissenschaft, für die Verabsolutierung von Fußnoten und Apparaten
kann er sich ebenso wenig wie Nietzsche erwärmen.[35] Doch genau
wie für Nietzsche ist der Philologe für ihn kein Antiquar, dem es obliegt, die antike Überlieferung zu restaurieren, sondern ein Vermitt-
ler oder besser: ein Prophet, der eine fremde Kultur zu neuem Leben
erweckt.

An den Griechen fasziniert Colli all das, was seiner eigenen myst-
agogischen Ader entgegenkommt: die Rituale der Initiation und der
Prophetie sowie die Tradition einer esoterischen Weisheit, die er als
verschüttete Quelle der Philosophie ansieht. Sein «filologo» verkörpert die in der Moderne verloren gegangene Haltung, «die Welt als
Geheimnis zu interpretieren»; er liest den Kosmos als einen Wald von
Zeichen oder, wie Colli schreibt, als «Ausdruck», der auf «einen roten
Faden am Grund der Dinge» schließen lässt. Der «Weg der Philologie»,
den Colli gemeinsam mit seinen Schülern gehen will, ist, mit anderen
Worten, eine Magie der Buchstaben, eine philologische Mystik, die
durch den Schleier der Worte zum unsagbaren, «dionysischen» Kern
der Welt vordringt.[36]

Es ist an der Zeit, auf das Arkanum zurückzukommen, in das die
Auserwählten ihre Zusammenkünfte hüllen. Verglichen mit den sexu-

ellen Eskapaden des George-Zirkels oder den Batailleschen Riten im Bois de Boulogne nimmt es sich beinah erschreckend harmlos aus. Aus Lucca sind weder rituelle Gesänge überliefert, noch ist bekannt, dass Colli versucht hätte, seine *paides* dazu zu überreden, an ihm ein Menschenopfer zu vollziehen. Und selbst in der Frage, wie viel bei ihren Symposien getrunken wurde, fehlt eine zuverlässige Erinnerung. Wir müssen davon ausgehen, dass das Mysterium, das der Lehrer mit seinen Schülern zelebriert, aus nichts weiter als der gemeinsamen Lektüre besteht. In seinem Nachwort zur italienischen Ausgabe der *Geburt der Tragödie* hat Colli später von einer «Ekstase» gesprochen, «die sich ganz aus den typographischen Zeichen zu erheben und sich in ihnen zu verzehren scheint». Er möchte so tief in Nietzsches Schrift eindringen, bis sie den Blick auf die dahinterliegende, zu Buchstaben geronnene Epiphanie der tragischen Weltanschauung freigibt – eine Praxis der Textversenkung, die darauf hinausläuft, ein vergangenes Erlebnis zu beschwören. Auch für diese Art von inspirierter Lektüre ließen sich, von den Zirkeln der Frühromantik bis zu den «Sprechsälen» der Jugendbewegung, besonders in der deutschen Kulturgeschichte Vorläufer identifizieren. Die Reanimierung von Texten stellt das eigentliche Betriebsgeheimnis der Auserwählten dar.[37]

Von daher leuchtet es ein, dass sich Colli besonders zu Schriften hingezogen fühlt, deren Schriftlichkeit, wie man sagen könnte, nur schwach ausgeprägt ist. Zu seinen griechischen Lieblingsautoren gehören, neben Platon, die Vorsokratiker, deren gesamte Überlieferung aus nicht mehr als wenigen schwer verständlichen Fragmenten besteht. Und als Nietzsche-Leser hegt er eine besondere Vorliebe für das zu Lebzeiten unveröffentlichte Material, ist er doch der Meinung, seine tiefsten Intuitionen habe der mystische Denker Nietzsche an der «Grenze des Unausdrückbaren» nur seinen Notizbüchern anvertraut.[38]

In einem Porträt für das Nachrichtenmagazin *Panorama* hat Adriano Sofri Colli als einen Denker voller Selbstwidersprüche charakterisiert. In Collis philologischer Mystik liegt tatsächlich eine tiefe Ironie: Auf der einen Seite hält er seine Schüler dazu an, das Bücherwissen zu überwinden. Die Philosophie, die er ihnen vorlebt, soll nicht weniger als Initiation in eine mündliche Denk- und Lebensweise sein. Doch gerade indem er versucht, die in den Schriften der für ihn relevanten Philosophen sedimentierten ekstatischen Erfahrungen zu wiederholen, treibt er seine Schüler in eine das übliche Maß bei weitem überschreitende philologische Genauigkeit hinein – ein Paradox, von dem auch seine eigene intellektuelle Existenz gekennzeichnet ist. «Welchen Sinn hat es, auf die dionysische Bejahung hinzuweisen, auf den Wahnsinn, das Spiel gegen jede Abstraktion und Mumifizierung und darüber das Leben im Schreiben zu verzehren?», hat Colli in Bezug auf sein Alter Ego Nietzsche gefragt. Doch so sehr er sich selbst danach sehnt, eine Tat zu vollbringen, «die über Papier und Tintenfaß hinausgeht», so wenig gelingt es ihm seinerseits, der «Dürftigkeit des literarischen Tuns» zu entkommen.[39]

Hinter Collis *bookishness* verbirgt sich ein kulturelles Muster: Der Schritt aus der Idealwelt der Kultur in die politische Praxis war den Gräkophilen schon immer schwergefallen. Auf der Suche nach politischer Größe hatte das neuzeitliche Europa immer eher nach Rom geblickt. Sich mit den von den Römern unterworfenen Griechen zu identifizieren, machte dagegen nur Sinn, wenn man sich einreden wollte, dass nicht die Niederungen der Politik, sondern die Höhenkämme der Kultur das für den Menschen eigentlich Maßgebliche seien. Während sich das Bürgertum in Frankreich politische Mitspracherechte erkämpfte, mussten sich die deutschen Intellektuellen mit ihrer anhaltenden Ohnmacht arrangieren. Um ihre Not in eine Tugend zu verwandeln, verfielen sie darauf, sich als spätgeborene Nachfolger der vermeintlich apolitischen, aber gerade deshalb kulturell umso überlegeneren Griechen zu imaginieren. Literarisch und philosophisch mag dieses Selbstbild eine beeindruckende Produktivität entfesselt haben. Politik, sofern sie für die Dichter und Denker überhaupt eine Rolle spielte, bekam dadurch aber einen weltfremden, idealistischen Ton.[40]

Noch Nietzsche, der sich als «letzten antipolitischen Deutschen» bezeichnet hat, legte, was die Politik betrifft, die Reflexe eines philhellenischen deutschen Pastorensohnes an den Tag. Kurz vor seinem geistigen Zusammenbruch begann er zwar, von «grosser Politik» zu orakeln und Briefe zu verschicken, in denen er seine verstreuten Anhänger dazu aufforderte, sich für ein kommendes, alle Erwartungen übersteigendes Ereignis bereitzuhalten. Doch unter «grosser Politik» wollte Nietzsche gerade keine Politik im herkömmlichen Sinn, sondern eine die Grundfesten der europäischen Zivilisation erschütternde Kulturrevolution verstanden wissen. Weil er für die nähere Zukunft in ihren Ausmaßen nie für möglich gehaltene «Geisterkriege» voraussagte, haben viele seiner Leser in ihm den dunklen Propheten, wenn nicht gar einen der Anstifter des Ersten Weltkriegs gesehen.[41]

Nicht im Traum wäre Colli auf die Idee gekommen, Nietzsche als Kriegstreiber zu betrachten, schätzte er doch gerade seinen vornehmen Abstand zur Politik. «Nietzsche ist der Antipolitische par excellence», erklärt er seinen Schülern. «Seine Lehre will die totale Distanz des Menschen von den sozialen und politischen Interessen.» Wie bei vielem, was Colli über Nietzsche sagt, drängt sich freilich auch hier der Verdacht auf, dass er im Grunde sich selber meint. Montinari war jedenfalls der Ansicht, sein Lehrer sei «noch klassischer, noch griechischer» als Nietzsche selbst gewesen; während dieser zumindest gegen Ende seines Lebens die Politik entdeckte, habe Colli die Sphäre des menschlichen Zusammenlebens komplett ignoriert.[42]

Aus seiner Abscheu vor dem Faschismus macht der Lehrer allerdings kein Geheimnis. Wenn er die Noblesse der alten Griechen mit der Vulgarität der Römer kontrastiert, ist damit natürlich auch Mussolinis lärmender Rom-Kult gemeint; wenn er behauptet, Nietzsche sei «durch den Schmutz gezogen» worden, erübrigt sich die Frage, auf wen sich die Anspielung bezieht. Ähnlich wie sein Vater, der ehemalige Geschäftsführer von *La Stampa*, neigt Colli zu liberalen Überzeugungen, doch ihn als Liberalen zu bezeichnen, trifft bestenfalls die halbe Wahrheit, denn im Unterschied zu den bürgerlichen Antifaschisten ergibt sich aus seinem Liberalismus keinerlei politische Agenda. Die Freiheit des Individuums, an die er glaubt, ist die Freiheit *von* der Politik. Im Februar 1943, als die Nachricht von der Niederlage der 6. Deutschen Armee in Stalingrad nach Lucca gelangt, beschwört

Colli seine *paides*, bei Platon und Beethoven zu bleiben. Da sich das Leben in seiner Heillosigkeit nur ästhetisch rechtfertigen lasse, seien solche äußeren Ereignisse belanglos. «Es geht nicht darum, die Welt der Geschichte zu ändern», hat er später geschrieben. «Wenig zählen angesichts dessen, was ein paar Menschen zu denken und einander zu sagen vermögen, die Veränderungen der Gesellschaften und Staaten. Was für ein schmutziges Geschäft ist doch die Politik.»[43]

Die Schule der höheren Ignoranz

Doch spätestens an dieser Stelle stoßen wir auf Collis zweiten, im Kontext der Zeit womöglich noch tieferen Selbstwiderspruch. Denn genau wie er seine Auserwählten – trotz seiner Aversion gegen Bücher – zu frühreifen Philologen macht, so trägt seine unpolitische Lehre zu ihrer Politisierung bei. Unter den Schülern des Ginnasio Machiavelli, die in den Sog der Politik geraten, fallen jedenfalls unverhältnismäßig viele *paides* auf. Natürlich liegt das auch daran, dass Colli sich für seine Schule der höheren Ignoranz einen ungünstigen Zeitpunkt ausgesucht hat: Im Sommer 1943 wird Italien zum Kriegsschauplatz. Die Ereignisse, die sich ab Juli überstürzen, lassen sich nicht mehr als irrelevant abtun: Am 10. des Monats landen die Amerikaner in Sizilien; zwei Wochen später wird der Duce abgesetzt. Nachdem die neue Regierung unter General Badoglio am 8. September offiziell kapituliert und das Bündnis mit Hitler damit de facto verlassen hat, wird Italien in der «Operation Achse» von der Wehrmacht besetzt. Der Krieg, den die Mehrheit der Italiener, abgesehen von den alliierten Bombardierungen, bis dato vor allem aus der Zeitung kennt, sucht sie plötzlich auf ihrem eigenen Territorium heim. Das gilt besonders für die Toskana, wo am Südrand des Apennin, wenige Kilometer nördlich von Lucca, die sogenannte Gotenstellung, die neuralgische deutsche Verteidigungslinie, verläuft, an der sich das Vordringen der alliierten Armeen von Süden am besten aufhalten lässt.[44]

Während die feindlichen Armeen im Verlauf des Spätsommers ihre Stellungen beziehen, setzt der Kollaps des faschistischen Regimes auch innerhalb der italienischen Bevölkerung lange unter Verschluss gehaltene politische Energien frei. Im September formieren sich die ersten antifaschistischen Partisanenverbände. Doch nachdem Mussolini, der von den Deutschen befreit und in Salò am Gardasee installiert wird, am 23. des Monats die Repubblica Sociale Italiana ausruft, erlebt auch der Faschismus in Norditalien eine konvulsivische Wiedergeburt. Neue Truppenteile, neue Polizeieinheiten und eine neue Guarda Nazionale werden ausgehoben. Daneben entstehen irreguläre Schwarze Brigaden, die die Partisanen bekämpfen. Der Konflikt, den die internationalen Mächte auf italienischem Boden ausfechten, zerfasert in einen blutigen Bürgerkrieg. Die Rekrutierungswellen, die das Land in den folgenden Monaten durchlaufen, lassen den wehrfähigen Italienern keine andere Wahl, als sich entweder einem der neuen faschistischen Kampfverbände oder der Resistenza anzuschließen – oder ihr Heil in Versteck und Flucht zu suchen.

Die überlieferte Korrespondenz vermittelt eine Ahnung davon, wie der Krieg ins Leben von Collis *paides* einbricht. Angelo Pasquinelli ist der Erste, der sich unter den gegebenen Umständen nicht länger auf sein Griechisch konzentrieren kann. Der Begeisterung für Nietzsche und Gigliola Gianfrancesco zum Trotz gerät er zu Beginn der Sommerferien in eine persönliche Krise, die ihm die Schule, die Freundschaft und selbst Collis Initiationsprogramm sinnlos erscheinen lässt. «Es ist traurig! Ich habe auf nichts mehr Lust, am allerwenigsten, zu lesen. Wenn ich an meine Zukunft denke und versuche, mir mein Leben vorzustellen, tappe ich in totaler Finsternis.» Kurz darauf spielt sich der Staatsstreich ab. In den Briefen, die er nach diesem Ereignis schreibt, wirkt Pasquinelli wie ausgewechselt. Statt Platon und Nietzsche liest er Marx und den italienischen Marxisten Labriola; statt Ratlosigkeit artikuliert er Entschlossenheit: «Ich habe mich entschieden, der Realität ins Auge zu blicken, welche immer sie auch sei; ich will mich weder selbst belügen noch mit Gefühlsausbrüchen beruhigen. Sobald Sie zurückkommen, werde ich

Ihnen alles erklären.» Dass er gegenüber Colli vom vertrauten «Du» zum «Sie» zurückkehrt, lässt auf ein plötzliches Distanzbedürfnis schließen. Gut möglich, dass Pasquinelli im proletarischen Viareggio, wo er Familie hat, in Berührung mit der Resistenza gekommen ist. Statt im Herbst in die Schule zurückzukehren, schließt er sich den Partisanen an.[45]

Erst jetzt rückt Montinari zu Collis Lieblingsschüler auf. Die Nacht der «dionysischen Besessenheit», in der ihn der Lehrer vom Glauben abbringt, muss sich kurz nach Pasquinellis Untertauchen ereignet haben. Auch in Montinaris Briefen werden «wichtige Entscheidungen» angedeutet, doch scheint er vor allem entschlossen, sich «von der Welt zurückzuziehen» und ein guter, das heißt ein stoischer Philosoph zu sein. Was ihn beschäftigt, ist der Fortschritt seiner *Gorgias*-Übersetzung. Zugleich verraten seine Briefe, dass auch er den Zeitläufen nicht unbeteiligt gegenübersteht. «Mein Gehirn befindet sich in permanentem Aufruhr», lässt er Colli im November wissen. Er hoffe, keine «Dummheiten» zu begehen.[46]

Luigi Imbasciati, dem bereits erwähnten Mitschüler, der Colli als «großen Intellektuellen» bewundert, verdanken wir die Schilderung der Ereignisse, die Montinari mit diesem Vorsatz brechen lassen. Bei einem Propaganda-Abend der faschistischen Jugendorganisation Gioventù Italiana del Littorio kommt es Mitte Dezember zum Eklat, als sich die anwesenden Gymnasiasten weigern, das abschließende «Vincere» mitzusingen. Es hilft nichts, dass die Veranstalter erst damit drohen, niemanden aus dem Saal zu lassen, und die Schüler anschließend zwischen Reihen von Soldaten mit aufgepflanzten Bajonetten auf die Straße schicken. Im Hochgefühl ihres Triumphes tauchen einige von ihnen am nächsten Morgen Risorgimento-Lieder singend im Machiavelli-Gymnasium auf, um ihre Mitschüler für einen spontanen antifaschistischen Umzug zu gewinnen. Wie sich Imbasciati erinnert, machen die Behörden Montinari kurze Zeit später als Rädelsführer aus. Er wird verhaftet, verhört und von Milizionären der Guarda Nazionale zusammengeschlagen, bevor man ihn nach Hause lässt. Einige Wochen später erteilt ihm der Capo della Provincia, der die Ermittlungen leitet, zusammen mit den übrigen Aufrührern, zu denen weitere *paides* gehören, Schulverweis.[47]

In einem seiner zwischen Festnahme und Suspendierung verfassten Briefe schildert Montinari seine Gemütslage. Er erkenne sich selbst nicht wieder, schreibt er, der Aufruhr in seinem Kopf habe sich gelegt. «Ich verspüre das Bedürfnis, allein zu sein und in Ruhe nachzudenken.» Als habe ihn der Akt der Rebellion in einen Zustand innerer Klarheit versetzt. Doch anders als bei Pasquinelli geht sein politisches Erwachen nicht mit einer Distanzierung vom Lehrer einher. Im Gegenteil: Noch ernsthafter als zuvor möchte er sich dem Griechischen widmen, noch härter als bislang daran arbeiten, ein guter *pais* zu sein. Er ist gewillt, eine dionysische Existenz zu führen; Philosophie, Musik und Liebe sollen die Richtgrößen seines zukünftigen Lebens sein.[48]

Zu den Erfahrungen des 20. Jahrhunderts gehört, dass Kultivierung und Geist keinerlei politischen oder moralischen Eigenwert besitzen. Einer kritischen Geschichtsschreibung zufolge ging aus dem hohen Ton der Gräkophilie sogar der Ungeist des Nationalsozialismus hervor. Doch die Überhöhung einer idealen kulturellen Sphäre zum Ursprung allen Übels zu machen, bedeutet lediglich, das alte Pathos der Dichter und Denker in sein Gegenteil zu verkehren. Wie nicht zuletzt die Geschichte des George-Kreises zeigt, hat der Glaube an ein ideales Gemeinwesen manche seiner Anhänger durchaus zu politischem Widerstand inspiriert. Offenbar ging auch von Collis Unterweisungen eine solche Wirkung aus. Linda Bimbi hat ihn als «stillschweigenden Lehrmeister des Antifaschismus» bezeichnet. Wie die Reaktionsformen seiner Schüler zeigen, kann sich die Verachtung des Politischen, zumal in einer seit zwei Jahrzehnten dauerpolitisierten Gesellschaft, selbst als politischer Akt erweisen – ein Zusammenhang, dessen sich auch Colli zumindest im Rückblick bewusst gewesen zu sein scheint. «Das Geheimnis ist die Erfindung einer schrecklichen Waffe gegen den Staat», hat er 1957 über die Absichten hinter seiner arkanen Gruppenbildung notiert. In *Kritik und Krise*, seiner zur selben Zeit entstandenen Dissertation über die indirekte Politisierung in den europäischen Freimaurerlogen, kam der deutsche Historiker Reinhart Koselleck zu einem ähnlichen Schluss. Auch Montinari bestand später darauf, von Colli nicht nur die Begeisterung für Nietzsche und die Griechen, sondern auch die «Opposition gegen den Faschismus» gelernt zu haben. Weit davon entfernt, voneinander getrennte oder gar widersprüchliche Sphären zu bilden, verschmelzen Kultur und Politik in den Monaten zwischen Dezember 1943 und April 1944 zu einem einzigen Erlebniszusammenhang.[49]

Was damals im Einzelnen geschah, lässt sich im Rückblick nicht mehr rekonstruieren. Ohne Zweifel bekommen die Treffen der Auserwählten durch den Ausschluss von der Schule noch zusätzlich gesteigerte Bedeutung, verleiht der Ausnahmezustand Collis Ideen von der Autonomie des Individuums unmittelbare Evidenz. Ab Anfang 1944 dienen die Zusammenkünfte nicht mehr nur der gemeinsamen *Zarathustra*-Lektüre, sondern auch der Vorbereitung dessen, was in der italienischen Geschichtsschreibung als «ziviler Widerstand» bezeichnet wird. Über die Aktionen der *paides* ist jedoch nichts Genaueres bekannt. Wir wissen lediglich, dass Montinari zeitweilig gezwungen ist, sich auf dem Dachboden des Teatro del Giglio zu verstecken, dass er den Faschisten trotz allem wieder in die Hände fällt – und dass er im Gefängnis die «unverantwortliche Euphorie» des Heldentums erfährt. Im Gespräch mit Frank Schirrmacher hat er Jahrzehnte später das Erlebnis jener «unüberbietbaren» geistigen Freiheit geschildert, die Colli als Ziel seiner dionysischen Exerzitien propagiert. Um seine Schergen zu provozieren, bittet er sie, ihm ein Exemplar von Platons *Politeia* in die Zelle zu schicken. «Das Werk von der Ethik des Staates und der Freiheit des Geistes», kommentiert Schirrmacher, «hätte als Gefahr erkannt werden müssen, wenn die Miliz nicht so dumm gewesen wäre.» Stattdessen: «der Sieg des Buches über das Maschinengewehr».[50]

Während Montinari die Macht der Philosophie erfährt, rücken die Alliierten nach Norden vor. Im April 1944 wird Giovanni Gentile in Florenz von Partisanen ermordet – ein Ereignis, das bei den Auserwählten für wilde Hochstimmung sorgt, denn auch wenn er schon lange keine bedeutende Rolle mehr spielt, verkörpert Gentile, Mussolinis Hegelianer, in ihren Augen das falsche, utopische Denken und seine Korruption durch die Versprechungen der Macht. Zu einem letzten Höhepunkt der «archaischen» gemeinsamen Zeit wird die Feier von Montinaris sechzehntem Geburtstag, die sich wegen der nächtlichen Ausgangssperre bis in die frühen Morgenstunden erstreckt. Zehn Tage später, am 14. April, trifft – wie Colli in dem Tagebuch, das er in diesem Frühjahr zu führen beginnt, lakonisch vermerkt – eine «furchtbare Nachricht» ein. Dabei dürfte es sich um seine Einberufung gehandelt haben, der er bislang erfolgreich aus dem Weg gegangen ist. Am Tag darauf löst er seine Wohnung in Lucca auf und fährt zu seinen Eltern nach Turin – wahrscheinlich um zu sondieren, ob sich noch irgendwelche Auswege bieten, denn für Mussolini in den Krieg zu ziehen, ist – zumal im Frühjahr 1944 – keine in Frage kommende Option. Offenbar verlaufen diese Sondierungen ergebnislos, denn am 19. April verzeichnet Collis Tagebuch «Entscheidung» und am 20. «Milano Mazzino». Von Mailand fahren Colli und Montinari in Richtung Alpen ins Valtellina weiter. Dort bringt der Schüler, der mit der Gegend vertraut ist, weil seine Mutter von hier stammt, den Lehrer zusammen mit einer nicht näher identifizierbaren Gruppe italienischer Juden zwei Tage später über eine einsame Passhöhe im Bernina-Massiv ins neutrale Schweizer Ausland.[51]

Das folgende Jahr verbringt Colli zum größten Teil in einem Flüchtlingslager bei Lugano, verfolgt das Vorrücken der Alliierten im Radio, schmiedet Pläne für die Zukunft und blickt auf die siebenundzwanzig Jahre seines bisherigen Lebens zurück. Einem düsteren Selbstporträt in seinem Tagebuch zufolge stellt er «große und kleine Egoismen», Dominanzgelüste und einen «gravierenden Mangel an Selbstkritik» an sich fest. Nach den Briefen an seine Frau zu urteilen, wird das Exil aber generell von einem Gefühl der Unbeschwertheit beherrscht. «Um mich brauchst Du Dir keine Sorgen zu machen. Beste Gesundheit, leichte Arbeit, gute Stimmung.» Unangekränkelt von echten existentiellen Zweifeln denkt Colli wahlweise darüber nach, seine «Jugendschriften» herauszugeben oder ein «endgültiges philosophisches System» zu formulieren. Von Montinari, seit seiner Rettungsaktion zurück in der Toskana, fehlt aus dieser Phase dagegen jede Spur. Clara Valenziano hat geschildert, wie sich Lucca im Sommer 1944 in eine Stadt der Frauen verwandelte. Während sich die Männer an irgendeiner Front, auf der Flucht oder im Untergrund befinden, liegt es an ihnen, für das Überleben zu sorgen. Mit ihren Fahrrädern brechen sie zu ausgedehnten Hamstertouren ins Umland auf. Auf den menschenleeren Feldern wird auch den neuen Familienoberhäuptern das Erlebnis einer ungekannten Freiheit zuteil. «Wir lebten wie prähistorische Sammlerinnen, stöberten in den Büschen, aßen Beeren und Wurzeln und weideten die Reihen der Weinberge ab.»[52]

Wegen der Nähe der deutschen Verteidigungsstellungen an der Gotenlinie ist die Resistenza in der Gegend um Lucca besonders aktiv. Um den Rückhalt der Partisanen in der Bevölkerung zu schwächen, führen die deutschen Besatzungstruppen hier einige ihrer blutigsten Vergeltungsaktionen durch. Im Morgengrauen des 12. August 1944 töten Einheiten der Waffen-SS über 400 Bewohner des dreißig Kilometer nordwestlich von Lucca gelegenen Bergdorfes Sant'Anna di Stazzema. «Es ist alles schrecklich. Was wird aus unseren Freunden?», will Colli von Anna Maria wissen. Wenig später berichtet er, «dass unser Lucca in diesem Moment von der Artillerie beschossen wird». Als am 5. September amerikanische Truppen in die Stadt einrücken, ist der Krieg vorbei. Bald darauf beginnt das neue Schuljahr, und Montinari und die übrigen Aufrührer dürfen wieder am Unterricht teilnehmen. Im Frühjahr 1945 kehrt auch Colli aus seinem Exil zurück. Voller Begeisterung nehmen die *paides* ihre Treffen wieder auf, doch für diejenigen, die die Erfahrungen von Widerstand und Befreiung gemacht haben, entwickeln die Platon- und Beethoven-Abende nicht mehr die gleiche Intensität. Im November besteht Montinari die Aufnahmeprüfung für die Scuola Normale in Pisa und lässt Colli und Nietzsche und die Griechen bis auf weiteres hinter sich.[53]

il libro e anche la recensione dell'Einaudi.

§. Concetto di Stato – Che il concetto comune di Stato sia unilaterale e conduca a errori enormi può dimostrare parlando del recente libro di Daniele Halévy « Decadenza della libertà », di cui ho letto una recensione sulle *Nouvelles Littéraires*. Per Halévy Stato è l'apparato rappresentativo ed egli... che i fatti più importanti della storia francese dal 70 ad oggi non sono dovuti ad iniziativo degli organismi politici derivanti dal suffragio universale, ma o da organismi privati (società capitalistiche che... Stato maggiore ecc) o da grandi funzionari sconosciuti al paese ecc. Ma cosa significa ciò se non che di Stato deve intendersi oltre all'apparato governativo anche l'apparato « privato » di egemonia o società civile. È da notare come da questa critica dello « Stato » che non interviene, che è alla coda degli avvenimenti ecc. nasce la corrente ideologica dittatoriale di Stato, col suo rafforzamento dell'esecutivo ecc. Bisognerebbe però leggere il libro dell'Halévy per vedere se anch'egli è scivolato in questa via: non è difficile in linea di principio, dati i suoi precedenti (simpatie soreliane, per. ecc.)

§. Passato e presente – Passaggio dalla guerra manovrata (e dall'attacco frontale) alla guerra di posizione anche nel campo politico. Questa mi pare la quistione di teoria politica la più importante, dal periodo del dopo guerra e la più difficile ad essere risolta giustamente. Essa è legata alle quistioni sollevate da Bronstein, che in un modo o nell'altro, può ritenersi il teorico politico dell'attacco frontale in un periodo in cui esso è la causa di disfatte. Solo indirettamente questo passaggio nella scienza politica è legato a quello avvenuto nel campo militare, sebbene certamente un legame esista ed essenziale. La guerra di posizione domanda enormi sacrifizi e masse sterminate di popolazione; perciò è necessaria una concentrazione inaudita dell'egemonia e quindi una forma di governo più « interventista », che più apertamente prenda l'offensiva contro gli opp...

58

Karl Eugen Gass, der schon im letzten Kapitel erwähnte deutsche Austauschstudent, hat in seinem postum veröffentlichten Tagebuch aus dem akademischen Jahr 1937/38 interessante Nahaufnahmen vom Studium an Italiens von Napoleon zu Beginn des 19. Jahrhunderts gegründeter Eliteuniversität hinterlassen: Er schildert die Schönheit der Existenz in dem von Vasari restaurierten Palazzo, in dem schon die Ratsherren der Republik Pisa getagt hatten; den Umgang zwischen Professoren und Studenten, der dem an die hierarchischen Verhältnisse der deutschen Universität gewöhnten Beobachter äußerst ungezwungen vorkommt; auf der anderen Seite aber auch den «Mangel jeden gesellschaftlichen Lebens», das aus kaum mehr als gelegentlichen Kinobesuchen und dem abendlichen Gang über die von Arkaden gesäumte Flaniermeile des Borgo Stretto besteht.[1]

Gass, in den sein Doktorvater Ernst Robert Curtius größte Hoffnungen gesetzt hatte, fiel Ende 1944 im Fronteinsatz. Ein Jahr später gehört Montinari zur ersten Generation, die nach der kriegsbedingten Schließung der Scuola Normale wieder mit dem Studium beginnt. Er selbst hat leider kein Tagebuch geführt. Was wir über sein Studium wissen, stammt daher zum großen Teil aus zweiter Hand. Man kann davon ausgehen, dass auch die neuen Erstsemester unter der Last des Pensums stöhnen, über den Borgo Stretto spazieren und sich auf ihren Zimmern zu harmlosen Gelagen verabreden – obwohl es

Vorangehende Doppelseite:
«§ Vergangenheit und Gegenwart. Übergang vom Bewegungskrieg (und vom Frontalangriff) zum Stellungskrieg auch in der Politik» (rechte Seite, Mitte). Der italienische Nachkriegsmarxismus steht im Bann von Gramscis Gefängnisheften (vgl. S. 281 f.).

Studenten vor der Scuola Normale, Pisa, frühe 1940er Jahre

nach dem Krieg dramatische Versorgungsengpässe gibt. Mit Ausnahme von Giovanni Gentile, dem letzten Rektor, ist sogar der Lehr-
körper zum großen Teil derselbe. Was sich dagegen verändert hat, ist
die intellektuelle Atmosphäre in der vom Krieg gezeichneten Stadt.
Denn während Gass 1937 auf ein skeptisches, vom Faschismus schon
weitgehend desillusioniertes Kollegium gestoßen war, liegt 1946 Auf-
bruchstimmung in der Luft. Vielleicht darf man sich den Geist ein
wenig so wie in den zeitgenössischen Filmen des Neorealismo vorstellen: Das Selbstverständnis eines großen Teils der Professoren und Studenten ist durch die Erfahrung von Antifaschismus und Widerstand
geprägt. Daraus resultiert die Erwartung, am Aufbau einer neuen Gesellschaft beteiligt zu sein.[2]

65

Vom Glück, Kommunist zu sein

Im März 1946, am Ende des ersten Semesters, kommt Palmiro Togliatti, Chef der Kommunistischen Partei und Justizminister der antifaschistischen Einheitsregierung, zu Besuch. Auf Jean-Paul Sartre, der ihn in den 1950er Jahren kennenlernte, machte Togliatti den Eindruck, «als sei durch Magie irgendein Riese in den Körper eines Gymnasiallehrers eingedrungen». Seine Rede unter den dunklen Deckenbalken des mittelalterlichen Auditoriums ist den «Italienischen Utopisten und Sozialreformern» gewidmet, die seit dem 18. Jahrhundert von einer besseren Gesellschaft geträumt hatten. Die Stunde sei gekommen, diesen Traum zu realisieren: «Wir alle spüren, dass wir an einen Punkt gelangt sind, an dem sich entweder etwas Grundlegendes an der Struktur und Organisation der modernen Gesellschaft ändert oder wir unvermeidlich einer neuen, unaussprechlichen Katastrophe entgegengehen.» *Socialisme ou Barbarie*, wie sich eine wenig später in Frankreich gegründete Gruppe marxistischer Intellektueller nennen wird: So ähnlich lautet auch die von Togliatti in Aussicht gestellte Alternative – aber dass die Barbarei gewinnen könne, ist etwas, das die wenigsten seiner Zuhörer im Frühling des Jahres 1946 für möglich halten. Der Sieg von Labour gegen Churchills Tories im Vorjahr scheint das Vorzeichen einer Trendwende zu sein: Nicht nur in England, in ganz Europa ist die Linke am Zug.[3]

Auch Montinari scheint von Togliatti beeindruckt gewesen zu sein. Auf der Suche nach einer spirituellen Heimat wird er – wie viele seiner Altersgenossen – Kommunist. Dafür dürfte es selten eine bessere Zeit oder einen besseren Ort gegeben haben. Ein halbes Jahrhundert später hat Toni Negri in seinem Theorie-Bestseller *Empire* an die «Leichtigkeit und das Glück» erinnert, die darin lägen, «Kommunist zu sein». Es ist gut möglich, dass in dieser Formel die kollektive Erfahrung der italienischen Intellektuellen in der Nachkriegszeit gespeichert ist. An der Scuola Normale müssen die Leichtigkeit und das Glück des Kommunismus damals jedenfalls mit Händen zu greifen gewesen sein.[4]

1944 aus seinem Moskauer Exil zurückgekehrt, hatte Togliatti dem Partito Comunista Italiano innerhalb weniger Jahre eine klassenübergreifende Wählerbasis verschafft. Dabei profitierte er ebenso vom Nimbus der Resistenza wie vom neuen Glanz der Sowjetunion: Man darf nicht vergessen, dass Stalin nach Kriegsende nicht als Massenmörder, sondern als glorreicher Befreier Europas dasteht. Togliattis Politikstil lässt sich am Tenor seiner Pisaner Rede ablesen: Indem er sein Auditorium dazu aufruft, die ideologischen Gräben zu schließen, beschwört er die antifaschistische Einheitsfront; indem er die Vereinbarkeit von Revolution und Reform betont, legitimiert er seinen parlamentarischen Kurs; indem er die Geschichte einer einheimischen millenarischen Tradition nachzeichnet, macht er die gerechte Gesellschaft zur Angelegenheit aller Italiener. Genau wie in Griechenland, wo der Krieg 1946 in einen Bürgerkrieg übergeht, herrscht auch in Italien nach der Befreiung ein Klima schwelender Gewalt. Dass die kommunistischen Widerstandskämpfer ihre Waffen übergeben, um auf legale Weise an die Macht zu kommen, geht nicht unwesentlich auf Togliattis Einfluss zurück. «Keine Abenteuer, Genossen, keine Abenteuer!», soll er selbst noch 1948 geflüstert haben, als ihn die Kugel eines Attentäters verletzt und Italien erneut am Rand einer bewaffneten Auseinandersetzung steht. Für die einen wird er dadurch zum Helden eines demokratischen Sozialismus; von den anderen muss er sich den Vorwurf gefallen lassen, er habe den Kairos der Revolution versäumt.[5]

Unter Togliatti wird der PCI nicht nur zur mitgliederstärksten, sondern, mit einer Formulierung von Sartre, auch zur «intelligentesten» unter den westlichen Kommunistischen Parteien. Wenn er die «Männer der Forschung» in seiner Rede dazu aufruft, den «Männern der Tat» zur Seite zu stehen, um ein «erneuertes Italien» zu schaffen, dann ist das keine hohle Phrase, denn gerade der Sphäre des kulturellen Überbaus räumt der Vorsitzende besondere Bedeutung ein. Er ersetzt die alte leninistisch-bolschewistische Garde durch eine jüngere Funktionärsgeneration mit akademischem Hintergrund; er ist für die Gründung von Zeitschriften wie *La Rinascità* und *Il Politecnico* verantwortlich, die zu Foren avantgardistischer Kultur und marxistischer Theoriedebatten werden; vor allem aber beruft er sich bei jeder Gelegenheit auf einen Autor, der den Intellektuellen im Klassenkampf eine Schlüsselrolle überträgt.[6]

Genosse Hiob

Dank seiner verspäteten Prominenz ist Antonio Gramscis Schicksal heute weithin bekannt. 1928 wegen Anstiftung zum Bürgerkrieg von der faschistischen Justiz zu einer langen Gefängnisstrafe verurteilt, starb der Mitbegründer und Generalsekretär des PCI knapp zehn Jahre später im Alter von sechsundvierzig Jahren an den Folgen seiner Haft. Seine Biografie hätte ihn an sich schon dazu prädestiniert, die Rolle einer politischen Symbolfigur zu spielen. Sein bleibender Ruhm geht aber vor allem auf sein schriftliches Vermächtnis zurück. Die *Lettere di Carcere*, Gramscis Briefe aus dem Gefängnis, sind das erschütternde Dokument des Kampfes eines leidenschaftlich an der Welt interessierten Intellektuellen um physisches und geistiges Überleben. Die *Quaderni di Carcere*, seine enzyklopädischen Reflexionen über italienische Geschichte, die Rolle der Intellektuellen und die Strategie des modernen Klassenkampfs, gehören heute zu den Klassikern marxistischer Literatur. Nach Gramscis Tod wurden sie von einer Verwandten in die Sowjetunion geschmuggelt, wo sie dem Exilanten Togliatti in die Hände fielen, der sie 1944 zurück nach Italien brachte und ihre baldige Veröffentlichung betrieb.[7]

Im Frühjahr 1947, ein Jahr nach Togliattis Besuch in Pisa und pünktlich zu Gramscis zehntem Todestag, ist es endlich so weit: Luigi Russo, der Direktor der Scuola Normale, stellt den ersten Band der bei Einaudi erscheinenden Gramsci-Gesamtausgabe vor. Aus seiner Ansprache könnte man sämtliche Aspekte der Gramsci zugedachten Rolle deduzieren: Russo ruft Gramscis Leben und Sterben und seine heroische Tapferkeit in Erinnerung. Er bemüht sich, den Märtyrer nicht allein der radikalen Linken zu überlassen, indem er ihn als «tief in der italienischen Tradition verwurzelten» Denker charakterisiert. Schließlich gibt er Einblicke in die «2848 klar und gleichmäßig beschriebenen Seiten» der lange erwarteten *Gefängnishefte*, die Gramscis Lebensthema, der Funktion der Intellektuellen im Kampf um Hegemonie, gewidmet sind.[8]

Wenn man bedenkt, dass Theodor W. Adorno einige Jahre später zum Meisterdenker der Neuen Linken in der Bundesrepublik werden sollte, wird deutlich, warum der Tonus der Theoriedebatten in den beiden Ländern so unterschiedlich war. Zwar ist es üblich, sowohl Gramsci als auch Adorno dem ökonomievergessenen Flügel des «westlichen Marxismus» zuzurechnen, doch mit ihrem generellen Interesse an Phänomenen des kulturellen Überbaus enden ihre Gemeinsamkeiten im Grunde auch schon. Denn während den Intellektuellen im Posthistoire von Adornos «verwalteter Welt» nicht viel mehr übrig bleibt, als ihren Mangel an Einverständnis zu kultivieren, dürfen sie sich bei Gramsci wie zu ihren besten Zeiten als Avantgarde des Klassenkampfes fühlen. Den Begriff der «Flaschenpost» hat Adorno zwar für seine eigenen Schriften verwendet, doch viel besser trifft das Bild auf Gramsci zu. Mit einer Verspätung von fast zwei Jahrzehnten rezipiert, hat seine «Philosophie der Praxis», die ironischerweise nur deshalb existiert, weil ihn die Faschisten an der Praxis gehindert hatten, die Situation der 1920er und 1930er Jahre für die Nachkriegszeit konserviert.[9]

Wie für viele andere Linksintellektuelle bestand der Auslöser für Gramscis theoretische Arbeit in der Frage, warum die Revolution, die in Russland den Feudalismus beseitigt hatte, entgegen den Voraussagen der Marxschen Theorie in den weiter fortgeschrittenen westeuropäischen Ländern gescheitert war. Der deutsche Soziologe Max Weber hatte ausgehend von dieser Frage die Theorie bürokratischer Herrschaft entwickelt, deren «stählernes Gehäuse» allen revolutionären Umwälzungen widerstand. Gramscis Antwort, für die sich im frühen 21. Jahrhundert sowohl die postkoloniale Linke als auch die Neue Rechte interessieren, bestand dagegen in der Ausarbeitung des Konzepts der «Hegemonie».

Im Wesentlichen – und abgesehen von allen Nuancen und Facetten, die ihn im Labyrinth der *Gefängnishefte* weiter differenzieren – lenkt der Begriff unsere Aufmerksamkeit darauf, dass Herrschaft nicht nur auf «Gewalt», sondern auch auf «Überzeugung», nicht nur auf «Politik», sondern auch auf «Kultur» oder eben – mit einem weiteren der dialektischen Begriffspaare, die Gramsci so gern verwendet – nicht nur auf «Autorität», sondern auch auf «Hegemonie» beruht. Daraus ergibt sich die strategisch bedeutsame Schlussfolgerung, dass – zumindest in Staaten, in denen sich die Macht der bürgerlichen Klassen auf Schulen, Universitäten und Massenmedien stützen kann – ein Umsturz der Herrschaftsverhältnisse ohne den langen Atem kulturpolitischer Graswurzelarbeit, ohne die allmähliche Veränderung von Einstellungen, Überzeugungen und Redeweisen keine Chance hat. «Ohne ein neues Denken, ohne eine hohe Kultur kann in der modernen Welt keine einzige politische Bewegung siegreich sein.» So lautet das Fazit, das Luigi Russo aus Gramscis Überlegungen zieht. Überflüssig zu erwähnen, dass die Protagonisten dieses Kulturkampfes, den Gramsci auch als «Stellungskrieg» bezeichnet, die Intellektuellen sind, denen weder vorher noch nachher in der Geschichte der marxistischen Theoriebildung je wieder ein solcher Stellenwert eingeräumt worden ist.[10]

Kein Wunder also, dass sich Montinari zum Kommunismus hingezogen fühlt: Als angehender Arbeiter im Weinberg der Kultur hat er hier eine klar umrissene Aufgabe vor sich. Allerdings muss er dafür die Vorstellung aufgeben, die Giorgio Colli ihm von «Kultur» vermittelt hat. Mit Nietzsche hatte Colli Kultur zu einer von Politik und Staat bedrohten Sphäre freier Humanität verklärt, während Gramsci in ihr eine das Gewaltmonopol flankierende, «molekulare» Form von Herrschaft erblickt. Insofern könnten die beiden Denker kaum gegensätzlicher sein. Auf der anderen Seite erscheint der Weg von Nietzsche zu Gramsci aber gerade folgerichtig. Hatte Colli seinen Zöglingen nicht Nietzsches Idealbild des Philosophen ans Herz gelegt, der weniger durch seine Schriften als durch sein persönliches Vorbild wirkt? Hatte er die Armut der modernen Philosophie nicht immer wieder auf ihre

Akademisierung zurückgeführt? «Ich mache mir aus einem Philosophen gerade so viel als er imstande ist ein Beispiel zu geben», schreibt Nietzsche in *Schopenhauer als Erzieher*. Wer hätte ein überzeugenderes Beispiel für die Macht des Denkens als Antonio Gramsci abgeben können? Er verkörpert den seltenen Fall eines modernen Philosophen, der die Wahrheit seiner Theorien am eigenen Leib bewiesen hat. Während seines Prozesses hatte Mussolinis Staatsanwalt die infamen Worte ausgesprochen, man müsse «für zwanzig Jahre verhindern, dass dieses Hirn funktioniert». Allein durch die Kraft seines Geistes hatte der Verurteilte diesen Versuch vereitelt. «Pessimismus der Vernunft, Optimismus des Willens» lautet seine von Nietzsche entlehnte Durchhalteparole, mit der er die Geduld in den Rang einer Kardinaltugend des Revolutionärs erhob.[11]

Die Jahrgänge, die in Deutschland nach dem Krieg an die Universitäten gingen, hat der Soziologe Helmut Schelsky 1957 auf den Namen der «skeptischen Generation» getauft: Den Pragmatismus, die Nüchternheit und Politikferne dieser Studenten sah er als Reaktion auf die politische Apokalypse des Nationalsozialismus an. Wie unterschiedlich die beiden Länder aus der Epoche des Faschismus kamen, lässt sich daran ablesen, dass der Trend in Italien ein nahezu entgegengesetzter ist: Sich an einem Ort wie der Scuola Normale *nicht* zu politisieren, scheint in den späten 1940er Jahren fast ein Ding der Unmöglichkeit zu sein. Bei den Wahlen zur Verfassungsgebenden Versammlung kommen Kommunisten und Sozialisten 1946 zusammen auf 40 Prozent. Zur stärksten Partei werden allerdings die Christdemokraten, deren Vorsitzender Alcide de Gasperi – Italiens Adenauer – zugleich als Chef der Einheitsregierung amtiert. Das ist die Ausgangskonstellation, vor deren Hintergrund sich in den folgenden Jahren die Polarisierung der Lager im Kalten Krieg vollzieht. Mit Truman-Doktrin und Marshall-Plan werden 1947 die Weichen gestellt. In wirtschaftlicher Hinsicht gehört Italien zu den größten Profiteuren, doch da die USA ihre Zusagen an die Bedingung knüpfen, den Einfluss der mächtigen Kommunistischen Partei einzudämmen, provoziert de Gasperi im Frühjahr 1947 den Bruch der antifaschistischen Koalition mit den

Linksparteien. Im Jahr darauf ist die Konstellation des Kalten Kriegs schon eingerastet: Unter der Alternative «Freiheit» oder «Kommunismus» erlebt Italien einen von beiden Seiten mit großer Härte geführten Lagerwahlkampf.[12]

Montinari engagiert sich zu diesem Zeitpunkt längst für den PCI. Auch seine neuerliche Konversion scheint sich im Modus existentieller Krisen vollzogen zu haben. Aus den Erinnerungen eines Kommilitonen geht hervor, dass er offenbar noch immer von «religiösem Geist» durchdrungen ist. Wegen seiner Stimmungsschwankungen äußert Angelo Pasquinelli, der ebenfalls in Pisa studiert, die Befürchtung, mit seinem Freund könne es «ein schlechtes Ende» nehmen. Einem von Montinaris Professoren verdanken wir eine Charakterstudie, die in ihrer knappen Prägnanz beinah klinische Qualität besitzt: «extreme Höhen und Tiefen, große Probleme, der Hang, sich und andere zu quälen und alles auf emotionale Weise lösen zu wollen».[13]

Montinaris Politisierung hat schon deshalb eine existentielle Komponente, weil sie den Bruch mit dem Mann bedeutet, dem er seine intellektuelle Erweckung verdankt. Im ersten *colloquio*, das die Normalisten in jedem Jahr absolvieren müssen, um ihre Lernfortschritte zu demonstrieren, lässt er sich noch über Parmenides prüfen. Doch in dem Maß, wie die alten Griechen ihre Faszination verlieren, reißt auch der Kontakt zu Giorgio Colli ab. Seine Kulturreligion, sein arkanes Raunen und sein Elitismus wirken plötzlich reaktionär. Umgekehrt ist der Kommunismus all das, wovor er seine Schüler hatte bewahren wollen: der Glaube an die Geschichte als Realisierung der Vernunft, an das politische Engagement als Zweck des Denkens und an eine politische Utopie, die von der Perfektibilität des Menschen ausgeht. Ob Colli es seinerseits als bittere Ironie empfindet, dass der Genosse, der zusammen mit Togliatti Gramscis *Gefängnishefte* herausgibt, ausgerechnet Felice Platone, der «glückliche Platon», heißt? Noch zwanzig Jahre später sollte sich Montinari darüber beklagen, dass sein Partner für seine politischen Überzeugungen nichts als Verachtung übrighat.[14]

Le goût de l'archive

In einer Hinsicht bleibt Montinari seinem *paedagogo* allerdings treu: Es ist nicht nur der Zeitgeist, der ihn den alten Ansichten entfremdet, nicht nur der Glamour der Partei, der ihn zur neuen Weltanschauung bekehrt. Auch die Initiation in den Kommunismus nimmt für ihn die Form einer persönlichen Gefolgschaft an. Die Konstellation ist aus dem *Zauberberg* von Thomas Mann bekannt: Während Colli seinem Settembrini, die Stimme des bürgerlich-liberalen Humanismus, verkörpert, gerät Montinari in Pisa unter den Einfluss eines Radikalen, der in vielerlei Hinsicht dem Jesuiten und Hegelianer Leo Naphta gleicht.[15]

Delio Cantimori, der an der Normale moderne Geschichte unterrichtet, ist zurückhaltend, spöttisch, spröde, hat zugleich aber eine väterlich zugewandte Art. Dass manche von Montinaris Kommilitonen ihn als «Gott» bezeichnen, liegt weniger an seiner persönlichen Ausstrahlung als daran, dass er die hohe Kunst der historischen Gelehrsamkeit verkörpert und ihr im Kulturkampf des Kalten Krieges ungeahnte Relevanz verleiht. Cantimori steht im Ruf, jede freie Minute in der Bibliothek zu verbringen. Seine Seminare sind Exerzitien eines Quellenstudiums, dessen Konkretion die großen spekulativen Bögen linker Geschichtsphilosophie wie ein Relikt aus der bürgerlichen Epoche wirken lässt. Man kann seine Wirkung in dieser Hinsicht mit der eines jüngeren französischen Gelehrten vergleichen: Ähnlich wie Michel Foucault eine Generation nach ihm verleiht Cantimori der Archivarbeit eine subversive, gefährliche Aura. Abgesehen von ihrem *goût de l'archive* verbindet die beiden Historiker zudem ein Interesse an den Randfiguren, den Subversiven und Ausgeschlossenen der modernen Gesellschaft: Cantimoris wissenschaftliches Renommee gründet auf einer 1939 erstmalig publizierten, auf entlegene Quellen aus deutschsprachigen Bibliotheken gestützten Studie über *Italienische Häretiker der Spätrenaissance*, so der deutsche Titel, auf die sich eine bis heute existierende Schule italienischer Kirchenhistoriker beruft.[16]

Doch Cantimori beeindruckt nicht nur durch die Breite seines historischen Wissens. Ebenso wie mit den theologischen Finessen jeder noch so apokryphen frühneuzeitlichen Ketzerbewegung kennt er sich mit dem Stand der Klassenkämpfe aus; ebenso wie die *Studi storici* liest er die internationalen Zeitungen; ebenso wie Vorlesungen zu halten, ist er damit befasst, *Das Kapital* ins Italienische zu übersetzen. Das Spektrum seiner intellektuellen Interessen wird durch eine politische Agenda zusammengehalten: Der Professor, in dessen Schriften der französische Althistoriker Paul Veyne die «kosmopolitische, aufgeklärte, aufrichtig-sympathische Atmosphäre» des italienischen Nachkriegsmarxismus wiedererkannt hat, macht keinen Hehl daraus, ein Kommunist zu sein.[17]

Er ist der inoffizielle Repräsentant des PCI an der Normale, was die Studenten schon daran erkennen können, dass sich Palmiro Togliatti mit seinem oben erwähnten Vortrag über «Utopisti e riformatori sociali» auf Cantimoris drei Jahre zuvor erschienenes Buch *Utopisti e riformatori italiani* bezieht. Es ist den Nachfolgern der religiösen Häretiker, den italienischen Freigeistern, Jakobinern und utopischen Sozialisten des 18. und 19. Jahrhunderts, gewidmet, die der Parteichef in seiner Rede als *seine* Vorläufer reklamiert. Im Kulturkampf der italienischen Linken nimmt Cantimori eine besondere Position ein: Er ist der Enzyklopädist der Dissidenz, dessen Forschungen den Beweis erbringen, dass es in Italien eine autochthone, von Bolschewismus und Stalinismus unberührte Tradition des Kommunismus gibt.[18]

In Cantimoris Vorlesungen lernt Montinari eine Welt von Nonkonformisten, Abweichlern und Aufwieglern kennen, die sich von den Wiedertäufern des 16. bis zu den Berufsrevolutionären des 20. Jahrhunderts erstreckt. Die Plots des dialektischen Materialismus spielen dabei keine Rolle; Cantimoris politische Orientierung zeichnet sich vielmehr durch seine Skepsis gegenüber den großen Erzählungen aus. Marxist zu sein bedeutet für ihn, die härtere Empirie zu haben, die größere Genauigkeit an den Tag zu legen und die Askese der Archivarbeit zu praktizieren. Was dieser Archivarbeit ihre Aktualität verleiht, ist ihre sektiererische Aura, der Eindruck, dass Cantimori eine untergründige, verborgene Geschichte der Revolte und des messianischen Denkens überblickt, in die er im latenten Bürgerkrieg, der in Italien herrscht, als politischer Intellektueller selber verwickelt ist.[19] Ohne den Einfluss seines Naphta zu berücksichtigen, kann man Montinaris spätere Ausdauer als Nietzsche-Philologe nicht verstehen. Ein Brief – der erste –, den er im Februar 1948, mitten im dramatischen Wahlkampf dieses Jahres, an den Professor adressiert, enthält Themenvorschläge für das jährlich anstehende Kolloquium. Von Parmenides oder sonst irgendwelchen Griechen ist keine Rede mehr. Stattdessen sehen wir Montinari in die Aktenbestände verschiedener Archive seiner Heimatstadt vertieft, wo er, Cantimoris Devise gemäß, «historische Forschung aus erster Hand» zu betreiben, Material über die Luccheser Gegenreformation des 16. Jahrhunderts zusammenträgt. In seiner *tesi di laurea*, auf Deutsch würde man heute Masterarbeit sagen, wendet er sich im folgenden Jahr der Gegenseite, den protestantischen Ketzern, zu, die sich knapp zwanzig Jahre lang behauptet hatten, bevor sie von päpstlichen Truppen in die Flucht geschlagen worden waren. In seiner nie veröffentlichten, auf Prozessakten der Inquisition beruhenden Studie geht es ihm darum zu zeigen, dass die neue Konfession gerade in den unteren Schichten der Luccheser Bevölkerung weit verbreitet und dass der Protestantismus nicht nur eine Glaubenssache, sondern auch ein Akt der sozialen Rebellion gewesen war.[20]

Cantimoris Historie der religiösen Devianz spricht damals viele Linke an. Anklänge finden sich ebenso in Italo Calvinos historischen Romanen wie in den mikrohistorischen Untersuchungen von Carlo Ginzburg, seinem wohl bekanntesten Schüler, dem mit seinem Buch über Menocchio, den ketzerischen Müller aus dem Friaul, 1976 ein internationaler Bestseller gelang. In der Einleitung zu *Der Käse und die Würmer* hat Ginzburg verraten, wie stark seine Beschäftigung mit dem unbekannten friaulischen Müller von politischen Projektionen motiviert worden war: In Menocchios «Bestrebung nach einer radikalen Erneuerung der Gesellschaft», in der «Zersetzung der Religion aus dem Inneren heraus», zu der seine apokryphen Ideen beigetragen hätten, erblickte Ginzburg den Beginn einer «Entwicklungslinie», die bis in die Gegenwart reiche: «Er ist, so können wir sagen, unser Vorfahre», schreibt er. Auch Calvino hatte für seine historische Romantrilogie aus den 1950er Jahren den Obertitel *Unsere Vorfahren* gewählt. Mit dem «wir» waren jeweils die italienischen Linksintellektuellen aus der zweiten Hälfte des 20. Jahrhunderts gemeint.[21]

Cantimori selbst deutet im Vorwort zur deutschen Ausgabe der *Eretici italiani del Cinquecento* an, bei seinem Buch handele es sich um ein Kapitel jener Geschichte der «italienischen Intellektuellen», die Antonio Gramscis unvollendetes Lebenswerk geblieben war. Doch das Vorwort zur deutschen Ausgabe datiert von 1949. Was seine Studenten nicht wissen, ist, dass ihr Professor 1926, im Jahr von Gramscis Verhaftung, in die Faschistische Partei eingetreten war. Was er verschweigt, ist, dass er in den 1930er Jahren, als er mit seinen kirchengeschichtlichen Studien begonnen hatte, von ganz anderen modernen Intellektuellen fasziniert gewesen war.[22]

Erst nach seinem Tod hat sich an Cantimoris Fall eine Debatte über die Willfährigkeit der italienischen Intellektuellen entzündet. Seinen Verteidigern zufolge handelt es sich bei seiner faschistischen Episode um eine Jugendsünde, während seine Kritiker in ihr den Ausdruck eines antiliberalen Affekts zu erkennen meinen, dem er auch später in seiner kommunistischen Phase treu geblieben sei, weshalb seine Konversion für sie nichts als seinen Opportunismus beweist. Darf man seinem eigenen apologetischen Rückblick aus den 1960er Jahren glauben, dann hatte er sich in einem Anfall «geistiger Verwirrung» im intellektuellen Klima nach dem Ersten Weltkrieg schlicht in der Farbe der Revolution geirrt. Wie viele andere Intellektuelle seiner Generation hatte er sich – damals noch eher in der Philosophie als in der Geschichte zu Hause – vom Faschismus die Vollendung des unabgeschlossenen Projekts des Risorgimento, der nationalen Einigung der Italiener in einem starken Staat, erhofft. Seine politische Vorstellungswelt, die er seit den späten 1920er Jahren auch publizistisch ausbuchstabierte, war ebenso von antikapitalistischen wie von antiklerikalen Ideen geprägt. Ähnlich wie sein Mentor Giovanni Gentile sympathisierte auch er mit einem organisch gegliederten, «ethisch-korporativen» Staat, allerdings mit autonomen berufsständischen Strukturen, was ihn zu einem typischen Vertreter des Linksfaschismus macht.[23]

Doch in seinen politischen Gedankenspielen ließ Cantimori sich nicht nur von der inneritalienischen Debatte inspirieren, sondern verfolgte auch die Entwicklungen im antiliberalen, antidemokratischen Milieu der Weimarer Republik mit großer Aufmerksamkeit. Abgesehen von den Versuchen der Nationalbolschewisten und Querfront-Intellektuellen, völkische und sozialistische Prinzipien zusammenzudenken, faszinierte ihn vor allem die weltanschauliche, schicksalhaft-existentielle, ja, wie er in einem seiner Aufsätze geschrieben hat, «religiöse» Intensität, die ihm für viele Autoren aus dem nationalrevolutionären Milieu so charakteristisch erschien. Die Historiker streiten darüber, ob Cantimori sich in seinen Analysen der neuen deutschen Rechten von seinen kirchengeschichtlichen Untersuchungen leiten ließ oder ob die Ereignisse in Deutschland ihn überhaupt erst dazu animierten, sich der Kirchengeschichte zuzuwenden. Jedenfalls weisen seine konservativen Revolutionäre und seine Ketzer auffallende Gemeinsamkeiten auf. In den rassistischen «Sekten», den «neuen Mysterienkulten» und «irrationalistischen Bewegungen», die die politische Landschaft der Weimarer Republik bevölkerten, erblickte er «ein Bedürfnis nach Erneuerung und nach Reform des sozialen Lebens», das es in dieser Intensität in Deutschland seit der Zeit der Glaubensspaltung nicht gegeben habe.[24]

Durch Hitlers Machtergreifung fiel Cantimori nach 1933 eine unverhoffte Expertenrolle zu: Dank seiner durch mehrere Studien- und Forschungsaufenthalte zusätzlich vertieften Deutschlandkenntnisse konnte er sich als Kulturvermittler, man könnte auch sagen: als «Achsenintellektueller» profilieren, der der gebildeten italienischen Öffentlichkeit mit seinen Aufsätzen, Rezensionen und Übersetzungen zu einem tieferen Verständnis des neuen deutschen Regimes verhalf. Carl Schmitt, dessen Traktat über den *Begriff des Politischen* er unter dem Titel *Principii politici del Nazionalsocialismo* 1935 ins Italienische übersetzte, war voll des Lobes über Cantimoris Version. Ihm sei «keine ausserdeutsche Darstellung der geistigen Lage Deutschlands» bekannt, «die so tief eindringt und so viel Kenntnisse geistesgeschichtlich wichtiger Einzelheiten aufweist» wie die umfangreiche Einführung, die der Übersetzer der italienischen Fassung beigesteuert hatte. Offenbar war Schmitt, der das Buch bei seiner Audienz im Jahr 1936 sogar stolz dem Duce überreichte, entgangen, dass Cantimori zugleich auch die unter Pseudonym veröffentlichte Abhandlung über «Politischen Dezisionismus» seines Freundes Karl Löwith ins Italienische übertragen hatte. In messerscharfen Sätzen legte sie dar, dass Schmitt, der Theoretiker der Freund-Feind-Unterscheidung, selbst zu den politischen Romantikern gehörte, mit denen er an anderer Stelle so hart ins Gericht gegangen war. Man wüsste gern, worauf sich Cantimoris doppelgleisige Übersetzungspolitik zurückführen lässt: Hatte sie mit seiner quecksilbrigen ideologischen Flexibilität zu tun, die laut Löwith, der sich auf der Flucht vor den deutschen Rassengesetzen seit 1934 in Rom aufhielt, dafür verantwortlich gemacht werden musste, dass italienische Faschisten im Gegensatz zu deutschen Nazis «auch im schwarzen Hemd noch human» agierten, oder war sie der Tatsache geschuldet, dass Schmitts ganz auf den Ernstfall des Krieges fixiertes Politikverständnis Cantimoris eigener Vorstellung einer festgefügten autoritären Ordnung in einem «ethischen Staat» zuwiderlief?[25]

In einem Punkt stimmte Cantimori fraglos mit Schmitt überein: Politik war auch für ihn kein notwendiges Übel, sondern Ausdruck einer höheren, der Existenz der Individuen übergeordneten Lebensrealität. Als solcher, als Modus menschlichen Handelns, der auf die Sphäre von Staat und Nation – oder später auf Klasse – bezogen war, ließ sich das Politische weder auf ökonomische noch auf moralische Prinzipien reduzieren. In dem Maß, wie die idealistischen, von Gentile geprägten Obertöne zurücktraten und Cantimori der Philosophie abschwor, um sich der historischen Empirie zuzuwenden, kultivierte er einen harten Realismus, zu dessen bevorzugten Übungen es gehörte, «Moralisten» und «schöne Seelen» ihrer politischen Naivität zu überführen.[26]

Delio Cantimori mit seiner Frau
Emma Mezzomonte (Mitte) und
einer Unbekannten, um 1940

Den kalten Stil der Illusionslosigkeit behielt Cantimori auch nach seiner Konversion zum Marxismus bei, für deren politische und moralische Beurteilung die Frage des Zeitpunkts eine entscheidende Rolle spielt. Hatte er schon bald nach der Hochzeit mit der militanten Kommunistin Emma Mezzomonte im Jahr 1936 die Seiten gewechselt? Hatte ihn der Hitler-Stalin-Pakt dem Bolschewismus angenähert, oder war er erst nach Mussolinis Sturz zu einem «überzeugten» Linken geworden? Handelte es sich um ein plötzliches Bekehrungserlebnis oder um einen allmählichen Gesinnungswandel? Für sämtliche Varianten lassen sich Anhaltspunkte finden. Kein Wunder, dass Cantimori «Dämonen» nachgesagt werden. Allen Anstrengungen zum Trotz, seinen Fall historisch aufzuarbeiten, bleibt er bis heute eine fragwürdige Figur.[27]

Der Nietzsche der anderen

Als Montinari bei ihm studiert, gilt Cantimoris Hauptinteresse zwar jenen Aufklärern und Utopisten, die die zeitgenössische Linke als «Vorfahren» reklamiert. An den Rändern seiner Lehrveranstaltungen treiben sie sich trotzdem nach wie vor herum: die Renegaten der Zweiten Internationale, die Querfront-Intellektuellen, Konservativen Revolutionäre und sonstigen Verächter bürgerlicher Lebensart – und mit ihnen Nietzsche, auf den sie sich fast ohne Ausnahme berufen hatten. Mit dem Nietzsche von Giorgio Colli hat dieser Nietzsche allerdings kaum etwas zu tun. Der Autor, für den Colli seine Auserwählten begeistert hatte, war ein Verächter der Modernität gewesen, der die Gegenwart aus der Distanz von 2000 Jahren beurteilt hatte. Bei Cantimoris Nietzsche handelt es sich dagegen um einen beunruhigend zeitgenössischen Denker, der den zuerst von Hegel formulierten Anspruch, Philosophie habe auf der Höhe ihrer Zeit zu sein, nicht etwa überwunden, sondern überboten hatte. «Wenn ich einstmals das Wort ‹unzeitgemäß› auf meine Bücher geschrieben habe», hatte Nietzsche im Rückblick auf seine frühen Schriften selber einsehen müssen, «wie viel Jugend, Unerfahrenheit, Winkel drückt sich in diesem Worte aus! Heute begreife ich, daß mit dieser Art Klage Begeisterung und Unzufriedenheit ich eben damit zu den Modernsten der Modernen gehörte.» Mit seiner Kampfansage an die bürgerliche Zivilisation und ihre Werte war es ihm keinesfalls gelungen, aus der Dynamik der Moderne auszusteigen. Im Gegenteil: Er hatte sie sogar noch in eine höhere Drehzahl versetzt.[28]

Damit ist für Cantimori zugleich auch der politische Charakter von Nietzsches Denken ausgemacht. Allerdings nicht politisch in dem Sinne, dass Nietzsche sich mit einer der existierenden Parteien oder Interessengruppen seiner Zeit verbunden hätte. Zwar hatte er die Demokratie für die «Krankheit» des modernen Staates gehalten, doch einer Restauration der alteuropäischen Ordnung hatte er ebenso wenig das Wort geredet. «Wir ‹conserviren› Nichts, wir wollen auch in keine Vergangenheit zurück, wir sind durchaus nicht ‹liberal›, wir arbeiten nicht für den ‹Fortschritt›», heißt es in der *Fröhlichen Wissenschaft*. Cantimori zufolge besteht Nietzsches Radikalität darin, das «Feld, auf dem die politische Auseinandersetzung der Moderne stattfindet, als solches» verneint zu haben. Wenn Nietzsche, wie Hugo Fischer – ein deutscher Nationalrevolutionär aus dem Jünger-Umfeld, den Cantimori für einen der wichtigsten Nietzsche-Interpreten der Zwischenkriegszeit hält – geschrieben hatte, in seiner Kritik des Status quo selbst über Marx hinausgegangen war, dann lag das daran, dass er als Abtrünniger der bürgerlichen Welt eine Provokation für all ihre in wechselseitigem Ressentiment verbundenen Lager gewesen war: für «Nationalisten und Sozialisten, Militaristen und Pazifisten, Monarchisten und Republikaner, Reaktionäre und Revolutionäre, Kapitalisten und Kommunisten, Chauvinisten und Paneuropäer, Christen und Atheisten». In Nietzsches eigenen Worten: «Ich verderbe Jedermann den Geschmack an seiner Partei.» Deswegen war er zum Stichwortgeber für die Anhänger jener «dritten Wege» geworden, die die politische Geografie der europäischen Gesellschaften nach dem Ersten Weltkrieg erschüttert hatten: für die aristokratischen Radikalen, die konservativen Revolutionäre, die nationalen Bolschewisten, die deutschen Sozialisten, die schöpferischen Zerstörer, die «gläubigen Zweifler» und wer seiner politischen Zielsetzung sonst eine paradoxe Formulierung gab.[29]

Akademiker im Stellungskrieg

Die Erinnerung an 1948 ist für die italienische Linke mit einem Trauma verbunden. Aus den ersten Wahlen der jungen Republik geht die Democrazia Cristiana als klare Siegerin hervor. Togliattis parlamentarische Strategie ist damit gescheitert. Von den Kugeln eines rechten Attentäters getroffen, schwebt der Generalsekretär des PCI drei Monate später in Lebensgefahr. Wie in vielen italienischen Städten kommt es auch in Pisa zu spontanen Demonstrationen. Auf der Piazza dei Cavaglieri wird ein faschistischer Provokateur zu Tode geprügelt. Im nahegelegenen Volterra erklären Kommunisten die Proletarische Republik. Auch an der Scuola Normale gibt es Studenten, die für den bewaffneten Aufstand plädieren, doch wie aus den Erinnerungen eines Kommilitonen hervorgeht, gelingt es den Moderaten, darunter Montinari, die Radikalen davon zu überzeugen, stattdessen an dem von der linken Einheitsgewerkschaft ausgerufenen Generalstreik teilzunehmen.[30]

Es heißt, der Sieg von Gino Bartali bei der Tour de France dieses Jahres habe die Italiener vor dem Bürgerkrieg bewahrt. Die weitaus wesentlichere Rolle dürfte aber Togliatti selbst gespielt haben, dem es auch aus dem Krankenhaus gelingt, seine Partei zu disziplinieren und mit noch mehr Nachdruck auf die verfassungskonforme Linie einzuschwören. Nach der Zäsur von 1948 richten sich Katholiken und Kommunisten endgültig im Kulturkampf ein. Während der PCI eine *commissione culturale* gründet, um seine diesbezüglichen Aktivitäten effektiver zu koordinieren, macht die Rechte, die am langen Arm der Macht sitzt, ihre ersten Züge im neuen «Stellungskrieg». Um der Gefahr vorzubeugen, dass sich die Scuola Normale, wie der Präfekt des Pisanischen Verwaltungsbezirks Rom gegenüber andeutet, in eine «mit den linksextremen Parteien sympathisierende Zelle» verwandelt, wird Luigi Russo im November 1948 seines Direktorenamtes enthoben und durch einen katholischen Naturwissenschaftler ersetzt. Die «Lex Andreotti», benannt nach dem gleichnamigen jungen Staatssekretär, unterbindet die Finanzierung neorealistischer Filme. Papst Pius XII., der sich schon im Wahlkampf als antikommunistischer Kreuzritter betätigt hat, schließt den PCI und seine Mitglieder 1949 aus der katholischen Glaubensgemeinschaft aus.[31]

Rossana Rossanda, eine der wenigen Frauen, denen es gelingt, bis ins Zentralkomitee des PCI aufzusteigen, gehört zu denen, die damals zum «Scherben-Einsammeln» eingeteilt werden. Aus ihren Memoiren gehen die atmosphärischen Veränderungen im linken Lager hervor: «Zu einem Zeitpunkt, da wir nichts dringlicher benötigten als Freunde, ließen wir uns vom Kalten Krieg und von den letzten Omnipotenzphantasien des alten Stalin zu schwachsinnigen Verhaltensweisen verleiten, zu anmaßender Besserwisserei gegenüber jedem, der nicht unsere Auffassungen teilte oder nicht der ‹Parteilinie› folgte.» Auch Cantimori wird jetzt stärker als bisher in die Pflicht genommen. Die Korrespondenz mit den zuständigen Stellen des PCI, die sich in seinem Nachlass bewahrt hat, vermittelt einen guten Eindruck vom Einsatz eines prominenten Akademikers im Stellungskrieg. In Anspielung auf Machiavelli hatte Gramsci die Partei als «modernen Fürsten» bezeichnet. In der Art, wie sich die verschiedenen Gliederungen an ihren Kader wenden, klingt tatsächlich etwas Gutsherrenhaftes an: «Lieber Genosse, wir haben entschieden, neue und wichtige Maßnahmen zur Arbeit der Intellektuellen in der Partei zu ergreifen, und möchten eine konkrete Aufgabenverteilung vornehmen. Es ist daher notwendig, dass Du an der für kommenden Mittwoch anberaumten Sitzung in der Propaganda-Sektion der Parteizentrale teilnimmst. Mit brüderlichen Grüßen». Oder: «Lieber Genosse, in Absprache mit dem Parteisekretariat hat unsere Sektion beschlossen, im Rahmen der Kampagne zur Mitgliederwerbung eine Reihe von Vorträgen zum Thema ‹Warum ich Kommunist bin› zu organisieren, die von einer Gruppe von intellektuellen Genossen in den 15 größten Städten Italiens gehalten werden sollen. Ich bin sicher, dass Dir trotz der Kürze dieser Erläuterungen die Bedeutung der Initiative nicht entgehen wird. Daher wäre ich Dir dankbar, wenn Du mir Deine Teilnahme so bald wie möglich bestätigen könntest. Mit brüderlichen Grüßen». Oder (Togliatti höchstpersönlich): «Lieber Cantimori, bei der Überprüfung des Stands unserer Editionen habe ich bemerkt, dass es Dir auch in den letzten Monaten nicht möglich gewesen ist, den vereinbarten Abgaberhythmus von 70 bis 80 Seiten im Monat einzuhalten. Du weißt, welche Erwartungen sich inner- wie außerhalb der Partei auf eine seriöse und wissenschaftliche Übersetzung des *Kapitals* richten, und deshalb bitte ich Dich, dieser Arbeit für einen gewissen Zeitraum Deine besten Kräfte zu widmen und alles Mögliche zu tun, damit die Abgabe sich nicht weiter verzögert.» Leicht konsterniert stellte Cantimori im Rückblick fest, er habe den Parteidirektiven «eigentlich immer Folge geleistet». Es fällt schwer, sich des Eindrucks zu erwehren, dass die Liebesaffäre der italienischen Intellektuellen mit dem Kommunismus bisweilen devote Züge trägt.[32]

Auch für Montinari stellt das Jahr 1948 einen Einschnitt dar. Unter dem Eindruck der laufenden Ereignisse wird er Parteimitglied. Nachdem er im Jahr darauf seine *tesi di laurea* verteidigt hat, findet er als Lektor der römischen Edizioni Rinascità im Herbst 1950 seine Nische in der kommunistischen Kulturindustrie. Spätestens seit seinem Umzug nach Rom, erinnerte er sich später, habe er in einem Zustand «totaler Politisierung» gelebt. Momentaufnahmen aus Montinaris Leben als römischer Linksintellektueller: die PCI-Zentrale in der Via delle Botteghe Oscure; die Parteibuchhandlung Libreria Rinascità; die Trattoria an der Piazza dei Santi Apostoli; die Rosticceria am Corso Vittorio Emanuele; die Fischsuppe in Anzio, wo seine alte Mitschülerin Clara Valenziano Mitte der 1950er Jahre eine Stelle als Lehrerin annimmt ... In Italien, das Ernst Bloch als Land der «Porosität» bezeichnet hat, lassen sich Kommunismus und Hedonismus nicht auseinanderdividieren. Umso schwerer fällt es, sich Montinari dabei vorzustellen, wie er zehn Jahre später ein einsames Abendessen im Christlichen Hospiz in Weimar einnimmt. Doch seinem Kollegen Cesare Cases zufolge, der ihn sowohl in Rom als auch in der DDR erlebte, hatte er zwei Seelen, eine «epikureische» und eine «asketische», in seiner Brust. Das mag zwar ein Klischee sein. Aber es hilft zu verstehen, warum er im Arbeiter- und Bauernstaat eine zweite Heimat fand.[33]

An seine Jahre in Rom hat sich Montinari als Zeit der ideologischen Gewissheiten erinnert. Er korrigiert Übersetzungen, richtet Druckmanuskripte ein und plant erschwingliche Ausgaben marxistischer Klassiker. Als guter Kommunist geht er nach Dienstschluss ins örtliche Parteibüro, um praktische Aufgaben zu übernehmen. Valentino Gerratana, seinem Chef bei den Edizioni Rinascità, zufolge, war «die glückliche Verbindung von Politik und Kultur, die sich während der Resistenza gebildet hatte, durch die politische Niederlage der Linken von '48 noch nicht in Mitleidenschaft gezogen worden». Allerdings hat die Offenheit für avantgardistische Experimente nachgelassen. Die *commissione culturale* konzentriert ihre Aktivitäten darauf, die Poesie von Gramscis Theorie in die Prosa jener Lesungen, Filmabende und Kulturzentren zu übersetzen, die man in manchen Kleinstädten der Emilia Romagna und der Toskana bis heute antreffen kann. Die Idee, den Proletariern durch Bildung zu Mündigkeit zu verhelfen, erinnert an die Ära der Zweiten Internationale, in der die Parteifunktionäre, die jetzt das Sagen haben, selbst politisch sozialisiert worden waren. Im Vergleich dazu muss man den konservativen und reaktionären Kräften zugestehen, dass sie mehr von der Gegenwart verstehen, denn während die Kommunisten ihre Intellektuellen durchs Land schicken, Resistenza-Lieder singen und Lesewettbewerbe organisieren, setzen Democrazia Cristiana und katholische Kirche auf Fotoromane, Hollywoodfilme und – etwas später – auch auf das neue Medium des Fernsehens, um ihre Landsleute für *ihre* Version einer besseren Welt zu gewinnen.[34]

Deutschlandreisen

«Lieber Herr Professor, es ist jetzt ein Monat vergangen, seitdem ich in Deutschland angekommen bin. Mir geht es so weit gut, auch wegen des einigermaßen günstigen Wechselkurses. Ich habe zehn Tage in der Deutschen Demokratischen Republik und auf der Leipziger Buchmesse verbringen können. Ich habe viele interessante Dinge erlebt, habe wunderschöne Musik gehört und sogar ein paar Bücher gekauft (darunter den ersten Band der Ausgewählten Schriften von Marx und Engels in zwei Bänden, Moskau 1950). Ich bin, natürlich rein privat, in der Leipziger Parteizentrale der SED gewesen; die Genossen haben mich enorm freundlich aufgenommen, und da ich um Informationen zur Landwirtschaftsreform gebeten hatte, haben sie mich im Auto zu einer Traktorenstation gefahren. Diese Stationen sind nicht nur wirtschaftliche, sondern auch politische und kulturelle Zentren; in der, die ich gesehen habe, gab es zum Beispiel ein Kino und eine Bibliothek mit Lese- und Aufenthaltsräumen. Im Büro der Verwaltung habe ich zu meiner großen Freude ein Porträt von Thomas Müntzer gesehen. Der Osten ist völlig anders als der Westen Deutschlands, man kann hier die harte Realität des Aufbaus einer sozialistischen Gesellschaft aus der Nähe kennenlernen. Die Versorgung, insbesondere mit Fett und Fleisch, stellt noch ein Problem dar. Das liegt an der Aufgabe, die man der nationalen Wirtschaft mit dem Zweijahresplan auferlegt hat, der darauf abzielt, eine starke Schwerindustrie aufzubauen, um den Import der notwendigen Lebensmittel mit Industriegütern bezahlen zu können. Ihre größte Hoffnung richtet die Republik auf die jungen Leute, für die jede Menge getan wird. Männer wie Frauen bekommen verantwortungsvolle Positionen, ihnen stehen alle Wege offen. In Westdeutschland berichten die Zeitungen dagegen viel über das Problem der arbeitslosen Jugendlichen, die ohne jede Perspektive leben und oft in die Kriminalität abrutschen; aber unternehmen tut man absolut nichts.»[35]

Der Brief, in dem Montinari Cantimori von seiner ersten Deutschlandreise berichtet, datiert von Anfang 1950. Noch bevor er als Verlagslektor ins Berufsleben einsteigt, bietet sich die Gelegenheit, mit einem Stipendium nach Frankfurt am Main zu gehen. «Ich kann nicht sagen, dass ich hinsichtlich des Studiums viel zustande gebracht habe», schreibt Montinari in einem späteren Brief. Seine Anlaufstelle in Frankfurt ist der Historiker und Italienkenner Otto Vossler. Einem gewissen Theodor W. Adorno, der kurz vorher, im Oktober 1949, zum ersten Mal aus Los Angeles zurückgekehrt war, eilt damals noch kein Ruf voraus. Montinaris Briefen können wir entnehmen, dass er viel Zeit mit Zeitungslektüre verbringt, Kontakt zur Frankfurter KPD aufnimmt und dass er – mit zweiundzwanzig – einen «nervösen Zusammenbruch» erleidet, den die Ärzte als Herzinfarkt diagnostizieren. «Die politischen Erfahrungen sind sicherlich die interessantesten», lässt er Cantimori wissen. Die Nachbarschaft der beiden deutschen Staaten bietet jede Menge Anschauungsmaterial. Allerdings dürften ihn seine vergleichenden Beobachtungen nur in dem bestätigt haben, wovon er schon im Vorfeld überzeugt gewesen war: Auch wenn es bei der Fleischversorgung noch hapert, repräsentiert die DDR das bessere Deutschland, wohingegen sich in der BRD, wo das Konkurrenzprinzip waltet, die Vergangenheit perpetuiert.[36]

In Montinaris Manichäismus spiegelt sich die Spaltung der italienischen Nachkriegsgesellschaft wider. Während sich die Beziehungen zu Westdeutschland normalisieren und in großen Teilen der italienischen Öffentlichkeit – zumindest bis zur Wiederbewaffnung Mitte der 1950er Jahre – eine bisweilen fast germanophile Stimmung vorherrscht, schildern linke und linksliberale Deutschlandreisende ein Land der Apathie und der Verdrängung, das wahlweise einem Film Noir oder einem expressionistischen Alptraum gleicht. «Die italienischen Zeitungen fahren in diesen Tagen fort, fast ohne Ausnahme sehr wohlwollend über Deutschland zu berichten», meldet der Rom-Korrespondent der *FAZ* 1950 nach Frankfurt. Derweil erscheint im linksgerichteten Florentiner *Nuovo Corriere* ein «Brief aus Deutschland», in dem der Stipendiat Montinari über antisemitische Gewalt, politische Indifferenz und «spirituelle Verwahrlosung», kurz: über den ungebrochenen Nationalsozialismus der Westdeutschen schreibt.[37]

Auch Montinaris Schulfreund und Kommilitone Angelo Pasquinelli, der sich im Winter 1951/52 zu Forschungszwecken in München aufhält, ist von der Selbstgerechtigkeit der Deutschen frappiert: «Man kriegt Lust, ihnen den Schädel mit dem Hammer einzuschlagen, um zu sehen, was drinnen ist», schreibt er in einem Brief an Colli. «Aber hinter der harten Schale ist vielleicht gar nichts: Das ist die einzige Erklärung. Die Schuld der Welt gegenüber dem armen Deutschland, das im Krieg gegen Russland doch nur die europäische Zivilisation retten wollte (vorher sprach man von ‹arisch›, aber jetzt beschränkt man sich darauf, im Kleinen über die Juden herzuziehen): So lautet der Gemeinplatz, ähnlich wie bei uns die Legende vom Kriegsverrat, die die faschistischen Zeitungen verbreiten.»[38]

Als besonders drastischer Fall von BRD Noir können die «Lettere dalla Germania» gelten, die der bereits erwähnte Germanist Cesare Cases 1954 in der kommunistischen Parteizeitschrift *Il Contemporaneo* veröffentlicht. Den Umstand, dass es sich bei Westdeutschland um das «am seelenlosesten amerikanisierte Land Europas» handelt, in dem zugleich «die schlimmsten deutschen Traditionen fortleben», meint Cases unter anderem an der *BILD*-Zeitung ablesen zu können, deren Berichterstattung er als «Auschwitz in kleinen Dosen» charakterisiert – «oder besser, es sind die kleinen Dosen, die schwarzen, obsessiven Fantasien des deutschen Philisters, die sich manchmal, unter günstigen Umständen, miteinander verbinden, um die Schlächter von Auschwitz hervorzubringen».[39]

Lieber wäre Cases, der 1939 als Jude vor den italienischen Rassengesetzen in die Schweiz geflohen war, wohl in die DDR gegangen, doch da sich der offizielle Kulturaustausch auf die Bundesrepublik beschränkt, sind dafür private Kontakte oder Parteikanäle nötig. Als es ihm zwei Jahre später endlich glückt, eine Einladung als Italienischdozent an die Universität Leipzig zu bekommen, werden seine Erwartungen jedoch nicht enttäuscht. «Worüber ich Dir berichten will», schreibt er seinem Freund Delio Cantimori, «ist das fast vollständige Verschwinden des deutschen Größenwahns, wofür zum einen der Sozialismus und zum anderen die simple Tatsache verantwortlich ist, dass hier die Niederlage viel stärker erlebt wurde und dass der Wiederaufbau länger dauerte und nicht auf individueller Initiative beruhte, wodurch der Hochmut des Deutschen, sich als Herr der Welt zu fühlen, bloß weil man den ‹Volkswagen› erfunden hat, verschwunden ist. Es gibt die ‹machtgeschützte Innerlichkeit›, von der Thomas Mann sprach, nicht mehr, weil es die Macht nicht mehr gibt und auch die Innerlichkeit stark erschüttert wurde. Anders als in der Bonner Republik verspüre ich hier tatsächlich das Ressentiment gegen die Deutschen, das es mir verbietet, mich ihnen wie normalen Menschen zu nähern, nicht mehr.»[40]

Der Brief von Cases wird hier zitiert, um ein Gefühl dafür zu vermitteln, in welcher Stimmung Montinari anreist, als er im Frühjahr 1953, drei Jahre nach seinem Besuch in Frankfurt, vom PCI für ein Jahr nach Ost-Berlin geschickt wird, als Redakteur des Radioprogramms, das die ostdeutsche Schwesterpartei für italienische Hörer produziert. Es ist ein besonderes Manko, dass aus dieser Zeit keine Dokumente existieren, stellt sie für alles Weitere doch eine Schlüsselszene dar. In Ost-Berlin findet sich Montinari im Milieu der deutschitalienischen Kulturvermittler, der DDR-Versteher, Italienliebhaber und Linksgermanisten wieder, von denen manche die Stadt als Drehscheibe in die übrigen Ostblockstaaten nutzen. Er geht ins Kino, hat zahlreiche Liebesaffären, verfolgt die öffentlichen Debatten und knüpft Kontakte in den Kulturbetrieb. Zu seinen Bekannten zählen Antifaschisten wie Heinz Riedt, der in die DDR ausgewanderte Primo-Levi-Übersetzer, ostdeutsche Intellektuelle wie die Autorin Ingeborg Rauschenberg-Nimz und Projektemacher wie Sergio d'Angelo, der 1955 im Auftrag von Feltrinelli das Manuskript des *Doktor Schiwago* aus der UdSSR schmuggeln wird.[41]

Zu den kulturellen Ereignissen der Saison gehört die Publikation von Georg Lukács' Kampfschrift gegen den bürgerlichen Irrationalismus *Die Zerstörung der Vernunft*. In diesem Buch, das den Blick der west- und osteuropäischen Linken auf Nietzsche für Jahre prägen sollte, kann Montinari nachlesen, wie er selbst als junger Intellektueller von dem «führenden Philosophen» der Bourgeoisie verführt worden war. Lukács zufolge ist Nietzsches gesamtes Werk als Angriff auf die fortschrittlichen Kräfte des Sozialismus zu verstehen. Seine Verherrlichung der agonalen Griechen: eine «Mythisierung der kapitalistischen Konkurrenz». Seine Überhöhung der Kultur: Ausdruck eines ideologischen Rückzugsgefechts, das sich nur noch im Kampf gegen die zukunftsträchtigen Tendenzen seiner Zeit behaupten kann. Seine aphoristische Form: Symptom der unvermeidlichen Zersetzung der bürgerlichen Weltanschauung. Immerhin gesteht Lukács Nietzsche zu, seine historische Mission, nämlich die von der Arbeiterbewegung faszinierte Intelligenz zu kooptieren, kraft seiner «nicht unbeträchtlichen Begabung» erfüllt zu haben. Indem er die Idee der sozialen durch eine «kosmisch-biologische» Revolution ersetzt habe, habe er seinen Anhängern nämlich das «angenehme moralische Gefühl» vermittelt, rebellisch zu sein, sie zugleich aber von der Pflicht entbunden, sich ernsthaft im Kampf gegen die Bourgeoisie zu engagieren.[42]

Seiner Lukács-Lektüre zum Trotz gerät Montinari in der DDR aber auch auf ideologisch unsicheres Terrain. Er entdeckt seine alte, von Colli geweckte Vorliebe für deutsche Literatur und Geistesgeschichte wieder, liest bürgerliche Autoren wie Thomas Mann, Heine und Kafka und wird Zeuge des ostdeutschen Volksaufstands. Im März 1953, kurz vor seiner Ankunft, war Stalin gestorben. Genau wie in den übrigen sowjetischen Satellitenstaaten weckt das Ereignis auch in der DDR diffuse Erwartungen, doch die Hardliner unter Walter Ulbricht machen keinerlei Anstalten einer Kurskorrektur. In Bulgarien und in der Tschechoslowakei demonstrieren Arbeiter gegen steigende Preise. Nach einer Erhöhung der Arbeitsnormen gehen auch ihre ostdeutschen Kollegen auf die Straße. «Ich war am 17. Juni 1953 in Berlin», hat sich Montinari später erinnert, «ich habe gesehen, wie die Panzer zur Verteidigung der Partei auffuhren, ich habe gehört, wie die Leute auf den Sozialismus fluchten.» Mit Hilfe der Panzer gelingt es zwar, die Situation wieder unter Kontrolle zu bringen, doch die politische Signalwirkung ist fatal. Selbst Bertolt Brecht, der, was Kritik am sozialistischen Deutschland angeht, sonst strenge Zurückhaltung übt, erteilt der Regierung den sarkastischen Ratschlag, das Volk aufzulösen und sich ein neues zu wählen.[43]

Trinken, rauchen, lesen

Auch an Montinari gehen die Ereignisse nicht ohne Spur vorbei. Zurück in Italien, wird er – mittlerweile sechsundzwanzig – zum Militärdienst eingezogen. Die fünfzehn Monate in einer Kaserne in Bari, wo schon Gramsci im Gefängnis gesessen hatte, stellen einen biografischen Tiefpunkt dar. «Ich leide sehr», schreibt er einer seiner neuen deutschen Freundinnen und vergleicht sich mit dem tölpelhaften Soldaten Schwejk. Die süditalienische Hitze macht ihm zu schaffen; die Ost-Berliner Erlebnisse wirken nach. «Viele Erinnerungen binden mich an Ihre Heimat», schreibt er, «heiter und düster, schön und bitter.» In der erzwungenen Ruhe der Dienstzeit wachsen sich die widerstreitenden Erfahrungen zu einer intellektuellen Krise aus. «Ich glaube, daß ich zu praktischer Arbeit unfähig bin», notiert er in einem seiner Selbstverständigungsversuche. Seine Aufgabe sei es, nach «Wissen und Wahrheit» zu streben, es liege an anderen, die Menschen «für die Revolution» zu organisieren. In ungelenkem Deutsch skizziert er ein vielsagendes Selbstporträt: «Meine Lieblingsbeschäftigung: lesen; mein Hauptlaster: rauchen; meine Lieblingsautoren: Heine und T. Mann; den deutschen ‹Tonsetzer›, den ich am meisten liebe: Johannes Brahms; mein Lieblingssport: gibt es nicht. Wein trinke ich genug, Bier mag ich nicht, auch Liköre mag ich gar nicht, mit Ausnahme von Eierlikör. Die deutsche Küche ~~liebe ich leidenschaftlich~~ mag ich sehr. Meine Weltanschauung: materialistischer Rationalismus; meine Partei: KP Italiens.»[44] Es handelt sich um die Selbstcharakterisierung eines politischen Intellektuellen, der mit der Möglichkeit liebäugelt, sich in die Sphäre der Kultur zurückzuziehen.

Wie man an diesem Brief ablesen kann, spielt Thomas Mann in Montinaris geistigen Suchbewegungen eine besonders wichtige Rolle. Mit der Veröffentlichung des *Doktor Faustus*, der Parabel des deutschen «Tonsetzers» Adrian Leverkühn, hatte Mann nach dem Krieg seinen Status als bedeutendster lebender deutscher Autor bestätigt. Doch noch in einer weiteren Hinsicht besetzt er eine nahezu singuläre Position: Er gehört zu den wenigen deutschen Emigranten, die sich im Kalten Krieg von keinem der beiden Lager vereinnahmen lassen. Weder war er – wie Adorno – in die Bundesrepublik noch – wie Brecht – in die DDR zurückgekehrt, sondern hatte sich für die neutrale Schweiz entschieden, von wo aus er den Balanceakt unternimmt, seine moralische Autorität auf beide deutsche Staaten zu verteilen. Während das unter westlichen Antikommunisten Empörung auslöst, stellt Mann für die Linke eine Trumpfkarte dar. Ein reaktionärer Bürger par excellence, hatte er sich im Lauf der 1920er Jahre nicht nur in einen «Vernunftrepublikaner» verwandelt, sondern später sogar eingesehen, dass die Zukunft der Menschheit, wie er einem seiner Kritiker mitteilt, «ohne kommunistische Züge ja längst nicht mehr vorzustellen» sei.

Wie seine Besuche in der DDR – zuletzt im Schiller-Jahr 1955 – beweisen, hält er das nicht einmal für eine schlechte Perspektive. Obwohl selbst kein Kommunist, ist Mann der lebende Beweis für die Anschlussfähigkeit des Kommunismus an den bürgerlichen Humanismus. Zugleich ist er ein Treuhänder, der es seinen linken Lesern erlaubt, sich tief ins Gebiet bürgerlicher Dekadenz hineinzuwagen. Von Heinz Riedt lässt sich Montinari die neue im Aufbau Verlag erschienene Thomas-Mann-Gesamtausgabe nach Italien schicken. In der Parteizeitschrift *Il Contemporaneo* übersetzt er Auszüge aus Manns Korrespondenz mit kommunistischen Autoren wie Lukács, Peter Huchel und Anna Seghers. Nachdem er seinen Wehrdienst beendet hat, kehrt er nach Rom zurück und wird Anfang 1957 Gründungsdirektor des Centro Thomas Mann.[45]

Spätestens an diesem Punkt hört Montinari auf, ein Beobachter zu sein, und mischt sich in den Kulturkampf ein, den die beiden deutschen Staaten auf italienischem Boden austragen. Denn wie der *Spiegel* sich beeilt, seine westdeutschen Leser aufzuklären, wird das im römischen Palazzo Lancelotti untergebrachte Institut von der DDR finanziert. Im Kalkül der SED-Führung dient Kulturpolitik in diesen Jahren zur Kompensation fehlender diplomatischer Beziehungen. Als daher in Ost-Berlin bekannt geworden war, dass unter italienischen Linksintellektuellen – zu denen neben Montinari auch Cesare Cases und der Philosoph Galvano della Volpe gehörten – Pläne für ein «gesamtdeutsches» Kulturinstitut kursierten, hatte das Ministerium für Kultur seine Unterstützung signalisiert. Man verspricht sich davon, wie es in einem internen Memo heißt, «die Anerkennung der DDR durch die italienische Regierung» auf indirektem Weg vorantreiben zu können. Dem *Spiegel* zufolge ist es der «rührige, oft nach Ostberlin reisende» Dr. Mazzino Marinari [sic!], der sich im Januar 1957 in die DDR begibt, «um mit den Kulturfunktionären des Pankower ‹Kulturbundes zur demokratischen Erneuerung Deutschlands› in wochenlangen Besprechungen ein Aktionsprogramm für das ‹Centro Thomas Mann› in der Hauptstadt auszuarbeiten».[46]

Unter Montinaris Papieren haben sich keine Spuren dieser Reise

Montinari im Klassenkampf, 1957

erhalten. Doch es ist nicht ausgeschlossen, dass sich der *Spiegel* auf
Erkenntnisse des Bundesnachrichtendienstes stützt, der der italienischen Regierung die Überwachung des Zentrums empfiehlt. Der
Presse gegenüber betont Montinari, man wolle «keine einseitige Pro-
paganda treiben, sondern in Rom Deutschland wenigstens kulturell
wiedervereinigen». Allerdings besteht die Mission des Centro laut
eigener Werbebroschüre nicht nur darin, die «direkte Kenntnis der
heutigen politischen und kulturellen Wirklichkeit Deutschlands in
Italien» zu vertiefen, sondern auch «zu einer Steigerung des Handels-
austausches zwischen Italien und der Deutschen Demokratischen
Republik beizutragen». Abgesehen von solchen handfesten Interes-

sen, argwöhnt der *Spiegel*, spekulierten die DDR-Funktionäre darauf, ihren Urlaub zukünftig «auf Capri statt auf der Krim verbringen zu können». Tatsächlich scheint das Centro einer Reihe von SED-Mitgliedern als Anlaufstelle gedient und durch die Rekrutierung namhafter Linksprominenz sogar Kontakte in die italienische Politik vermittelt zu haben. Montinaris Kerngeschäft besteht aber darin, ein gemischtes Kulturprogramm zu organisieren. Über die gut besuchte Heinrich-Heine-Ausstellung, die er 1957 im Palazzo Marignoli eröffnet, schreibt der italienische *Zeit*-Korrespondent: «Diese geschickt arrangierte, mit Reproduktionen zeitgenössischer Stiche und Radierungen belebte Schau – sie soll jetzt in mehreren anderen italienischen Städten gezeigt werden – präsentierte Heine als einen Vorläufer des Kommunismus, eine listige Verfälschung, die homöopathisch dosiert und sorgfältig auf die Neigungen der italienischen Linksschwärmer aller Couleurs abgestimmt war.» Dass der westdeutsche Botschafter bei der italienischen Regierung protestiert, mag auch daran liegen, dass die sogenannte Deutsche Bibliothek, die die Bundesrepublik zwei Jahre vorher in Rom eröffnet hatte, mit ihren Veranstaltungen bei den italienischen «Linksschwärmern» bisher nicht annähernd so erfolgreich gewesen war.[47]

Der kulturpolitische Vorsprung der DDR kann allerdings nicht darüber hinwegtäuschen, dass der Nachkriegskommunismus in seiner schwersten Krise steckt. Auf dem XX. Parteitag der KPdSU hat Chruschtschow, der neue Generalsekretär, Anfang 1956 zum ersten Mal die Verbrechen des Stalinismus zugegeben. Doch anstatt Reformen einzuleiten, schickt er ein dreiviertel Jahr später Panzer nach Budapest. Hatte sich der Ost-Berliner Aufstand noch als konterrevolutionärer Reflex vom westdeutschen Wirtschaftswunder verblendeter Arbeiter abtun lassen, ist das, was die Sowjets 1956 in Ungarn niederschlagen, eine echte demokratisch-sozialistische Revolution. Die Kommunistischen Parteien Westeuropas befinden sich in der Verlegenheit, eine Position formulieren zu müssen. Nachdem die Delegierten des VIII. Parteikongresses des PCI den Einmarsch im Dezember 1956 gebilligt haben, laufen Togliatti die Intellektuellen weg. Der Nimbus, der den

Sowjetkommunismus über Stalins Tod hinaus umgeben hatte, ist gebrochen. Die Neue Linke, für deren Schisma die Ereignisse von 1956 eine Initialzündung bedeuten, wird ihn im Lauf der 1960er Jahre wiederfinden – aber nicht mehr in Moskau, sondern in den Befreiungsbewegungen der Dritten Welt.[48]

Auch Montinaris latente Ernüchterung nimmt 1956 manifeste Formen an. Die «friedliche, allumfassende Weltanschauung» des dialektischen Materialismus, hat er rückblickend geschrieben, sei durch die Ereignisse in Ungarn für ihn endgültig obsolet geworden. Das heißt nicht, dass er sich nicht weiterhin als Kommunist versteht – nur die große utopische Erzählung der Linken spielt für ihn künftig keine Rolle mehr. Wie in der Vergangenheit ist der entscheidende Anstoß für seine Konversion auch diesmal persönlicher Natur. Kurz bevor die Panzer der Sowjets in Budapest einrollen, wird Montinari nämlich von seiner Vergangenheit eingeholt: Durch einen unvorhergesehenen Zwischenfall läuft ihm im Sommer 1956 Giorgio Colli über den Weg.[49]

Titolo originale
Schopenhauer als Erzieher
(1874)

Traduzione di Mazzino Montinari

3. Aktion Nietzsche

Florenz 1958

FRIEDRICH NIETZSCHE

SCHOPENHAUER

COME EDUCATORE

EDITORE BORINGHIERI

Wir haben Giorgio Colli 1945 aus den Augen verloren, als er nach einjährigem Exil in den Schuldienst zurückgekehrt war. Nach der Zäsur des Krieges hatte auch der Lehrer eine große Zukunft vor sich gesehen. «Wir müssen von vorne anfangen, erst in materieller, dann in spiritueller Hinsicht», liest man in seinen privaten Aufzeichnungen aus dieser Zeit. Nicht nur Italien, auch sich selbst wähnt er vor einem radikalen Neuanfang. Er lässt seine bisherige Existenz Revue passieren, ist von der Überzeugung durchdrungen, künftig werde alles anders sein. «Mein erstes Leben geht zu Ende», schreibt er an Anna Maria, «und meine Seele steht im Begriff, in einen anderen Giorgio zu wandern.»[1]

An Phantasien über diesen neuen Giorgio herrscht kein Mangel. Nicht nur, dass Colli ihn sich zielstrebiger und männlicher vorstellt. Er ist auch nicht der Typ, der ein Leben als einfacher Gymnasiallehrer führt. Colli sieht sich als Professor, als Journalisten, als Auslandskorrespondenten einer großen Tageszeitung. «Publizieren, vor allem Politisches. Originelle Ideen entwickeln», lautet seine Devise. Vor allem will er auf dem Parkett der Hauptstadt reüssieren, was dank seiner familiären Verbindungen nicht unrealistisch scheint. «Ich könnte etwas in Rom finden», schreibt er seiner Frau und deutet an, Luigi Einaudi, der neu berufene Turiner Senator, sei bereit, sich für ihn zu engagieren.[2]

Vorangehende Doppelseite:
«Die Massen der Herrschaft des Staates entreißen.» Geht das mit Nietzsches
Schopenhauer-Buch?

Zunächst setzt er darauf, im Journalismus Fuß zu fassen. Sein Vater, inzwischen Geschäftsführer des Mailänder *Corriere della Sera*, ist ihm dabei behilflich, Artikel in verschiedenen überregionalen Tageszeitungen unterzubringen. 1946 wird Colli fester Rezensent der Turiner *Nuova Stampa*. Doch scheint er sich mit dem journalistischen Tonfall schwerzutun. Selbst bei tagesaktuellen Themen schweifen seine Beiträge so weit ins Philosophische ab, dass sein Vater ihn schließlich mit einer bitteren Wahrheit konfrontiert: «Es kann sein, dass Dein Denken dem der Journalisten generell überlegen ist», schreibt er 1948. «Sicher ist, dass der Journalismus Deinem Temperament nicht entspricht. Du bist nicht dafür gemacht, Artikel wie die, die Du mir zuletzt geschickt hast, zu schreiben. Ich sehe mich nicht in der Lage, sie irgendeiner Zeitung anzubieten. Mit einem journalistischen Werk von Deiner Seite ist – zumindest im Moment – nicht zu rechnen.»[3]

Stattdessen bringt Colli seine bis in die 1930er Jahre zurückreichenden Forschungen zu den Vorsokratikern unter dem kryptischen Titel *Physis Kryptesthai Philei* – in etwa *Die Natur versteckt sich gern* – heraus. Das Buch, in 500 Exemplaren in der Druckerei des *Corriere della Sera* hergestellt, findet zwar so gut wie keine Beachtung, trägt ihm aber eine *libera docenza* – das italienische Pendant einer Privatdozentur – an der Universität Pisa ein. Im akademischen Jahr 1948/49 – Montinari macht gerade seinen Abschluss an der benachbarten Scuola Normale – gibt er seine ersten Lehrveranstaltungen. Sein Drang nach publizistischer Wirksamkeit ist damit aber nicht gestillt. Nach seinen gescheiterten journalistischen Versuchen wendet er sich in den späten 1940er Jahren an den Einaudi Verlag, um seine Dienste als Übersetzer anzubieten. Mit Cesare Pavese, dem Einaudi-Lektor, den er noch aus Schulzeiten kennt, einigt er sich auf eine Reihe deutschsprachiger Titel, darunter Schopenhauers *Parerga und Paralipomena* und Karl Löwiths *Von Hegel zu Nietzsche*. Seinen Vorschlag, auch Werke von Nietzsche selbst neu herauszubringen, hält Pavese nicht für opportun.

Wie sich bald herausstellt, steht die Zusammenarbeit unter keinem glücklichen Stern. Wegen der Abwertung der Lira fordert Colli die Nachverhandlung seines Honorars, was ihm im Verlag den Ruf einträgt, ein «Quälgeist» zu sein. Die fertige Löwith-Übersetzung geht unter ungeklärten Umständen verloren; durch Paveses Selbstmord verliert Colli 1950 seinen Fürsprecher im Verlag. Doch die Verkettung von kleinen und großen Katastrophen ist nicht der einzige Grund für Collis magere Bilanz. Einaudi, der Suhrkamp Verlag Italiens, ist das Sprachrohr der progressiven Nachkriegskultur. Mit seinem Antikommunismus, seinem Faible für Mystiker und Gegenaufklärer und seiner Abneigung gegen alles, was mit Politik zu tun hat, bleibt Colli in diesem Umfeld eine Außenseiterfigur.[4]

Als Exilant kann er nicht einmal auf eine heroische Vergangenheit verweisen. Während seine *paides* am politischen Kampf beteiligt waren, hatte er selbst die Ereignisse im Radio verfolgt. Im moralischen Haushalt der italienischen Nachkriegsgesellschaft ist das keine Nebensache: Zwischen denen, die sich im Widerstand engagiert, und denen, die sich in Sicherheit gebracht haben, herrscht ein kategorischer Unterschied.[5]

Die Wende kommt, als der Verlag Colli vorschlägt, das *Organon* von Aristoteles und die *Kritik der reinen Vernunft* von Kant ins Italienische zu übertragen. Mit seinen idiosynkratischen Ideen hatte er wenig Erfolg gehabt. Mit seinen Übersetzungen der Klassiker vermag er jedoch auch Giulio Einaudi zu überzeugen. 1952 bekommt er das Angebot, eine neue Reihe, die Classici della Filosofia, herauszugeben. Endlich überträgt man ihm konzeptionelle Gestaltungsmacht. «Viele fühlen sich auf diffuse Weise zur Philosophie hingezogen», schreibt Colli in seiner programmatischen Einleitung. «In gewisser Hinsicht ist sogar jeder auf seine Art ein Philosoph. Wenn man dem Drang ernsthaft nachgehen will, ist jedoch Hilfe nötig. Man muss sich der Vergangenheit zuwenden und nachsehen, was schon gemacht worden ist.»[6] Genau wie später mit seiner Nietzsche-Edition hat er auch mit den philosophischen Klassikern keine Spezialisten im Sinn, sondern wendet sich an alle, die bereit sind, mit ihrem Alltagsverstand

In der Höhenluft der Logik: Angelo Pasquinelli, Giorgio und Anna Maria Colli, Gigliola mit Andrea Pasquinelli und weitere Verwandte (von links). Lucca, 1953

zu brechen. Angelo Pasquinelli, der nie den Kontakt zu seinem alten Lehrer abgebrochen hat und inzwischen mit Gigliola Gianfrancesco verheiratet ist, wird zu Collis Mitarbeiter. Im Winter 1951/52 fährt Pasquinelli ins vom Krieg zerstörte München, um die existierenden Ausgaben der *Fragmente der Vorsokratiker* von Hermann Diels und Walter Kranz in der Bayrischen Staatsbibliothek zu sondieren.

Colli beschränkt sich aber nicht nur auf seine Herausgebertätigkeit. Angeregt von Aristoteles' Dialektik kommt er auf eines seiner Lieblingsthemen, die Wurzeln der abendländischen Rationalität, zurück. Um die Struktur der dominanten Vernunft besser zu verstehen, führt er eigene logische Untersuchungen durch. Seine Notizbücher aus dieser Zeit sind voll von Buchstabenfolgen und Formelkolonnen, die nur ausgebildete Logiker verstehen.[7]

1956, als die Linksintellektuellen am real existierenden Sozialismus verzweifeln, hat Colli das Gefühl, mit seinen Forschungen einen Durchbruch erzielt zu haben. In einem Brief an einen alten Schulfreund zieht er die Bilanz seiner eigenen Nachkriegszeit: «Auch ich habe hart gekämpft, vor allem um die praktische Frage zu lösen, d. h. in eine Position zu gelangen, in der ich meinen Lebensunterhalt verdienen kann. All das ohne allzu große Zugeständnisse in Bezug auf das, was mir eigentlich wichtig ist. Der Weg war mühselig und einsam. Die Resultate sind nicht brillant, aber akzeptabel. Wie Du weißt, bin ich seit neun Jahren Lehrbeauftragter an der Universität Pisa. Eine Professur habe ich bisher nicht bekommen, dafür habe ich aber im Verlagswesen Karriere gemacht und gebe die Reihe Classici della Filosofia bei Einaudi heraus, als deren erste Nummern meine Übersetzungen des *Organon* und der *Kritik der reinen Vernunft* erschienen sind. Mit diesen Arbeiten habe ich mir auch international einen gewissen Namen gemacht. Aber das wichtigste und am wenigsten erhoffte Ergebnis dieser schwierigen Jahre ist, dass es mir (durch die Beschäftigung mit Aristoteles) gelungen ist, zu einigen neuartigen spekulativen Einsichten zu gelangen. Es handelt sich um gewisse grundlegende logische Propositionen, die, wenn es mir gelingt, sie letztgültig zu beweisen, jede weitere Suche nach einem ‹System› überflüssig machen. Meine theoretischen Interessen sind damit befriedigt. Daher möchte ich mich dem einzigen Problem zuwenden, das mir noch bleibt. Ich rede vom Problem des Handelns. Damit meine ich – um auf alte und neue Ideen zurückzukommen – die Welt des Ausdrucks, der *paideia*, des Gemeinschaftslebens, des Kampfs der Kultur, um sich im Leben gegen die Politik etc. zu behaupten. Schon in den alten Zeiten haben wir, wenn ich mich richtig erinnere, über ein gemeinsames Werk, eine Zeitschrift zum Beispiel, geredet. Jetzt will ich diese Sache endlich konkret in Angriff nehmen. Und natürlich denke ich dabei an alte Freunde und habe Sehnsucht, sie wiederzusehen.»[8]

Was Colli unerwähnt lässt, ist die Tatsache, dass 1956 nicht nur eine produktive Arbeitsphase zu Ende geht. Angelo Pasquinelli stirbt in diesem Sommer vollkommen überraschend mit dreißig Jahren an einem Herzinfarkt. Am 16. Juni findet in Lucca die Trauerfeier statt. In der Geschichte der Nietzsche-Edition markiert dieses Datum ein wichtiges Ereignis: Nach zehnjähriger Entfremdung laufen sich Colli und Montinari wieder über den Weg.[9]

Schönheit und Schrecken

Man kann die folgenden Ereignisse wahlweise tiefenpsychologisch deuten oder – wie Collis alte Griechen – als schicksalhafte Verstrickung ansehen. Montinari, in der Talsohle der Krise seiner politischen Überzeugungen, wird 1956 von einer längst vergessenen Vergangenheit eingeholt. Plötzlich sind sie alle wieder zusammen: der Lehrer, die *paides*, die frisch verwitwete Gigliola … Nur der Kronprinz, der Partisan und Liebling der Herzen ist abwesend – und hinterlässt eine Lücke, in der sein alter Rivale eine neue Existenz beginnt. Es geht nicht darum, Montinari irgendeine Art von Absicht oder Kalkül zu unterstellen, doch im Verlauf des folgenden Jahres nimmt er de facto Schritt für Schritt die Rolle von Pasquinelli ein. Dass er selbst das Gefühl hat, sich auf verbotenem Terrain zu bewegen, geht aus einem Brief an Colli aus dem Frühjahr 1957 hervor: «Lieber Giorgio, es ist der Moment gekommen, Dir zu schreiben, auch weil das, was ich Dir sagen möchte, nicht länger warten kann. Das letzte Mal, als ich in Florenz war, ist etwas Großes und Schreckliches passiert, mit dem ich niemals gerechnet hätte, auch wenn es tief in meinem Innern längst vorhanden war: Ich habe Gigliola gefunden. Und sie mich. Das ist schon alles, mehr kann ich Dir nicht sagen. Ich habe das Gefühl, mich auf einer Straße zu befinden, von der ich weder weiß, in welche Richtung, noch zu welchem Ziel sie führt. Ich weiß nur, dass ich jetzt nicht anhalten, sondern diesen Moment so klar wie möglich erleben möchte, ohne an die Zukunft zu denken. Ich erlebe diese Momente mit einer Art tragischer Lust, als würde ich mich im Nachspiel von etwas befinden: Es kommt alles zusammen, ich finde die vergangene

Jugend in einem Moment der Gnade, in einer Gegenwart wieder, die zugleich lebendig, gewaltig und furchtbar ist.»[10]

Mit religiöser Inbrunst gesteht Montinari Colli seine Glücks- und Schuldgefühle ein. Man kann nur darüber spekulieren, welcher Anteil den verwirrenden Empfindungen an seiner ideologischen Konversion zukommt. Das «Nachspiel», in dem er sich befindet, betrifft nämlich nicht nur die wiedergefundene Jugend, sondern mindestens genauso seine Existenz als kommunistischer Kulturfunktionär. Während er sich als Direktor des Centro Thomas Mann noch für die Völkerfreundschaft zwischen Italien und der DDR einsetzt, reift die Entscheidung, seinen verstorbenen Freund auch in professioneller Hinsicht zu beerben. Im Januar 1958 gibt Montinari alle Parteiämter auf und zieht nach Florenz, um künftig mit Colli zusammenzuarbeiten. «Was zum Teufel tust Du?», will Sergio d'Angelo, der Freund aus Ost-Berliner Zeiten, wissen. Delio Cantimori lässt Montinari ausrichten, er sei im Begriff, eine «große Dummheit» zu begehen.[11]

Zehn Jahre später, in einem selbst für seine Verhältnisse besonders offenherzigen Freundschaftsbekenntnis, hat sich Montinari an den entscheidenden Faktor erinnert, der für Außenstehende unmöglich nachzuvollziehen war: «Es gab kritische Momente, sogar echte Krisen zwischen uns», schreibt er an Colli. «Aber was mich angeht, hat das nie etwas an einer wesentlichen Tatsache geändert, die ich nur schwer beschreiben kann. Es geht ungefähr um Folgendes: dass ich Deine Person, seitdem ich 15 bin, immer auf ganz besondere Weise empfunden habe; dass ich auf eine Art, die ich sonst von niemandem kenne, stark von ihr angezogen bin; dass ich Ja gesagt habe zu dieser Person, so wie sie ist. Das ist der tiefe Grund dafür, dass ich vor zehn Jahren zu Dir zurückgekehrt bin.»[12]

Die andere Bibliothek

Von Colli sind keine derartigen Gefühlsergüsse überliefert. «Mazzino taucht wieder auf», lautet die lakonische Bemerkung in seinem Tagebuch. Doch auch für ihn bedeutet die Wiederbegegnung mit dem verlorenen Schüler einen Wendepunkt. Gut möglich, dass Montinari den Drang nach praktischer Wirksamkeit befeuert, den Colli nach den langen in der Höhenluft von Aristoteles und Kant verbrachten Jahren verspürt. Gut möglich, dass er ihn darin bestärkt, sich einem Autor zuzuwenden, den er seit längerem aus den Augen verloren hat. «Lust zu kämpfen. Rückkehr zu Nietzsche», notiert Colli im März 1957, kurz nach seinem vierzigsten Geburtstag, in seinem Tagebuch. Im Juli fährt er nach Sils Maria, wo er im Angesicht der erhabenen Natur eine Epiphanie erlebt. «Der Wasserfall. Nietzsche verstanden», lautet der kryptische Eintrag in seinem Tagebuch.[13] Kann es sein, dass er sich in seinem neu empfundenen Bedürfnis zu handeln mit Zarathustra identifiziert? Im Alter von vierzig Jahren war Zarathustra von seinen Bergen hinabgestiegen, um den Menschen im Flachland seine Lehre zu bringen.

Dagegen trägt sich Colli vorerst mit dem Gedanken, ein «Buch über unsere Krise» zu verfassen, wie seine postum publizierten Aufzeichnungen aus dem Jahr 1957 überschrieben sind. Das Konvolut ist unter ständigem Rekurs auf Nietzsche verfasst. All jenen, schreibt Colli, «die sich unbehaglich fühlen, die geängstigt, abgestoßen, angeekelt von unserem Jahrhundert sind», habe dieser Autor «etwas Wertvolles an die Hand gegeben»: nämlich seine rückhaltlose Verachtung der modernen Welt. Collis Gedanken über das Verhältnis von Kultur und Politik, von Philosophie und Erziehung knüpfen in vielerlei Hinsicht an ältere Überlegungen an. Daneben entfaltet sich ein Panorama konservativer Kulturkritik, das von der Quantifizierung der Welt und der Entfremdung des Individuums bis zur Vernichtung natürlicher Raum- und Zeitverhältnisse durch die Technik kaum eines der für die 1950er Jahre typischen Motive auslässt. Kulturkritik von links und von rechts sieht damals manchmal zum Verwechseln ähnlich aus. Dass in diesen Aufzeichnungen kein Progressiver spricht, wird aber spätestens deutlich, wenn Colli das in seinen Augen größte Versagen des modernen Erziehungssystems, nämlich die natürliche Ungleichheit der Menschen anzuerkennen und den Bedürfnissen der «Überlegenen» unter ihnen gerecht zu werden, diagnostiziert. Dagegen spielt Kritik an der Konsumkultur, an «Überflussgesellschaft» und Amerikanisierung nur eine untergeordnete Rolle – und das, obwohl auch Italien in diesen Jahren sein *miracolo economico* erlebt. Nicht die Wirtschaft, sondern das «schmutzige Geschäft» der Politik stellt für Colli auch in der Demokratie das eigentliche Übel dar. Während die italienischen Kommunisten den Versuch unternehmen, Literatur, Film und Bildung in den Dienst der Politik zu nehmen, träumt er den entgegengesetzten Traum einer neuen Sakralisierung der Kultur: «Was noch an religiösem Gefühl übrig ist, hat der Staat absorbiert. Die Masse verehrt nur noch bestimmte politische Idole (Vaterland – Demokratie – Freiheit – Arbeit – soziale Gerechtigkeit etc.). Diese Idole entthronen und den religiösen Sinn auf die Kultur verlagern.»[14]

Daher kommt Colli jetzt wieder auf sein Faible für die Bildung arkaner Gemeinschaften nach dem Vorbild der antiken Philosophenschulen zurück. Doch anders als in der Vergangenheit des Winters 1943/44, als er sich damit begnügt hatte, eine Handvoll Schüler in seine Ideen von höherer Kultur einzuweihen, strebt er nun, von seinen publizistischen Erfolgen ermutigt, nach einem höheren Wirkungsgrad. In seinen Aufzeichnungen spricht er davon, «die Massen der Herrschaft des Staates entreißen» zu wollen. Das klingt so, als habe er den Kampf mit der italienischen Republik aufnehmen wollen. In den Gesprächen, die er mit Montinari über seine Pläne führt, bürgert sich bald die Bezeichnung «Aktion Nietzsche» ein.[15]

Schon in Lucca, als «Sokrates», war Colli voller Widersprüche gewesen: Als Mystiker hatte er seine Auserwählten zu philologischer Genauigkeit, als Politikverächter zu politischem Widerstand inspiriert. An dieser Stelle begegnen wir einem weiteren Paradox: Nichts bereitete ihm größeres Unbehagen als das Absterben des gesprochenen Wortes und die Vereinzelung der höheren Individuen in der Schriftkultur. Doch in dem Moment, wo er sich selbst engagieren will, verfällt auch er auf die Strategie, der sich italienische Intellektuelle spätestens seit dem Risorgimento bedienen: mit publizistischen Mitteln die Hirne und Herzen ihrer Landsleute zu gewinnen. Benedetto Croce hatte nicht mehr als eine Zeitschrift und einen Verlag benötigt, um Mussolini die Stirn zu bieten. Antonio Gramsci hatte seine Inhaftierung genutzt, um die Methodik des «kulturellen Stellungskriegs» auszuarbeiten, und Palmiro Togliatti hatte den Kampf um Hegemonie zur offiziellen Parteilinie erklärt. Seiner martialischen Rhetorik zum Trotz erweist sich auch Colli einmal mehr als *homme de lettres*, dem eine weitere Buchreihe als geeignetes Mittel für seine geistige Revolte erscheint. «Meiner Vorhaben sind viele», schreibt er in dem oben zitierten Brief an seinen Schulfreund, «sie drehen sich alle darum, einen neuen Bildungskanon zu schaffen, mit einer Tendenz zu den Klassikern (herausragende Autoren bis ins 19. Jahrhundert), die auf neue Weise ausgewählt und präsentiert werden. Man müsste eine einheitliche Reihe machen (Wissenschaft – Kunst – Philosophie), universal (aber mit einer bestimmten kulturellen Stoßrichtung), aus nicht zu langen, programmatisch eingeführten Texten (ohne historisch-philologischen Apparat).»[16]

Die Gelegenheit für Colli ergibt sich, als Paolo Boringhieri, ein Einaudi-Lektor, die Rechte an einem Teil des Wissenschaftsprogramms erwirbt und mit diesem Startkapital seinen eigenen Verlag aufmacht. In der Enciclopedia di Autori Classici, die Colli zusammen mit Montinari, Gigliola Pasquinelli und einigen weiteren ehemaligen *paides* bei Boringhieri Editore herausgibt, erscheint zwischen 1958 und 1965 eine eklektische Serie von knapp einhundert philosophischen, literarischen, naturwissenschaftlichen und theologischen Titeln, die auf den ersten Blick von keinem erkennbaren Auswahlprinzip zusammengehalten wird. Was haben – um nur ein paar Beispiele zu nennen – Hölderlins *Empedokles*, die *Upanishaden*, Stendhals *Leben Napoleons*, Robert Boyles *Skeptischer Chemiker*, Hyppolite Taines *Titus Livius* und Jacob Burckhardts *Sullo studio della storia* gemeinsam? Zunächst nur, dass es sich im intellektuellen Italien um 1960 um apokryphe Schriften handelt: Weder geschichtsphilosophische noch marxistische noch katholische Referenzen kommen vor. Ein Anhaltspunkt ergibt sich allerdings daraus, dass Nietzsches *Schopenhauer als Erzieher*, übersetzt von Montinari und mit einer programmatischen Einleitung von Colli versehen, als erster Band erscheint. Darf man Giuliana Lanata, einer damaligen Mitarbeiterin, glauben, dann stellt die Reihe den Versuch dar, Nietzscheanisches Gedankengut auf indirekte Weise zu verbreiten. Mit der Enciclopedia habe Colli sich nämlich nichts anderes vorgenommen, als Nietzsches imaginäre Bibliothek zu rekonstruieren.[17]

In seinem Buch *Nach Nietzsche* hat Colli Nietzsche später dafür kritisiert, die Werke der Wissenschaftler und Literaten den philosophischen Klassikern vorgezogen zu haben. Aus dieser Verweigerungshaltung sei ein Mangel an «theoretischer Klarheit» hervorgegangen. Doch 1958 scheinen gerade Nietzsches eklektische Vorlieben dazu geeignet, die erschöpften Konventionen der Gattung neu zu definieren. Bei Einaudi hatte Colli mit seinen Übersetzungsvorschlägen oft deshalb keinen Erfolg gehabt, weil sie nach herkömmlichem Verständnis zu unphilosophisch gewesen waren. So hatte der Einaudi-Berater Norberto Bobbio in vielen seiner Ideen eine «illegitime Ausweitung der Sphäre der Philosophie» erblickt. Bevor man über einzelne Titel diskutiere, sei daher eine grundsätzliche Klärung notwendig: «Wir müssen uns darüber verständigen, was wir, heute, in Italien, unter Philosophie verstehen.»[18]

Mit der Enciclopedia di Autori Classici liefert Colli in gewisser Weise seine Antwort nach. Dem Denken in seinen vorherrschenden, hegelianischen und marxistischen Spielarten räumt er keine Zukunft ein: «Die Philosophie ist heute tot.» Hoffnung auf Wiederbelebung gibt es in seinen Augen nur, wenn es gelingt, den modernen Holzweg zu verlassen. Zu diesem Zweck hält er es für notwendig, «auf den Namen der Philosophie und des Philosophen zu verzichten, sich zu tarnen und – wie schon Nietzsche – unter anderem Namen von vorne anzufangen». Bei allem Anachronismus erweist er sich mit diesem

Vorhaben als erstaunlich zeitgemäß. Die Rede vom «Ende der Philosophie» ist nach dem Krieg nämlich eine weit verbreitete Diagnose – man braucht sich bloß bei Heidegger oder bei der Frankfurter Schule umzusehen. Auch viele der Buchreihen und Zeitschriften, die damals in Rom, Paris und Frankfurt gegründet werden, erheben den Anspruch, das alte Denken zu liquidieren. Ob damit stilistische Innovationen, inhaltliche Grenzüberschreitungen – zur Literatur, zu den Humanwissenschaften, zur sogenannten Praxis – oder neue Medien wie das Taschenbuch gemeint sind, spielt im Grunde nur eine zweitrangige Rolle, denn in allen Fällen geht es darum, neue Lesarten und Gebrauchsweisen von Philosophie zu etablieren. Am erfolgreichsten dürfte mit ihrem Rebranding die Neue Linke gewesen sein. In Reihen wie La Scienza Nuova der Edizioni Dedalo, Théorie der Éditions Maspéro oder der Frankfurter edition suhrkamp beginnt mit der «Theorie» ein Genre seinen Siegeszug, das seine Identität über seine Abgrenzung von der akademischen Philosophie gewinnt.[19]

Über den Abgrund gehen

Mit seiner apokryphen Enzyklopädie ist es Colli weder gelungen, eine neue Gattung zu etablieren, noch die Massen von der Herrschaft des italienischen Staates zu befreien. Die öffentliche Resonanz ist – um es vorsichtig zu formulieren – verhalten. Die Rezensenten monieren die «mystischen Töne» der Reihe und die «magisch-priesterliche Auffassung des ‹Philosophen›», die ihr Herausgeber in seinen Einleitungen propagiert. Ein besonders unverblümter Kritiker fühlt sich gar an den «Indien-Quatsch» erinnert, «der vor fünfzig Jahren den hausbackenen Mystizismus der braven Mitglieder theosophischer Gesellschaften» befriedigt habe. Noch besorgniserregender erscheint ihm allerdings, dass Colli «den konsequentesten unter den reaktionären Philosophen» zur Relektüre empfehlen möchte – womit er natürlich Nietzsche meint.[20]

Seit seinen ersten Gesprächen mit Cesare Pavese hatte Colli immer wieder darauf gedrungen, auch Nietzsches eigene Werke in neuen Übersetzungen zugänglich zu machen. Doch weder in der antifaschistischen Einaudi-Kultur noch im Umfeld des politischen Katholizismus schien für dessen Ideen Platz zu sein. Dass Colli jetzt, in den späten 1950er Jahren, auf seinen Plan zurückkommt, hat ebenso mit seinem neuen Selbstbewusstsein als Herausgeber wie mit der anhaltenden Krise der Linken zu tun.[21] Doch vor allem sind es Nachrichten aus Deutschland und Frankreich, die ihn dazu ermutigen, einen weiteren Anlauf zu unternehmen.

«Nietzsche hat die Distinktion, der einzige Philosoph zu sein, der jemals als Mitursache eines Weltkriegs angesehen wurde», schrieb der in die USA emigrierte deutsche Politikwissenschaftler Eric Voegelin 1944. Zwei Jahre später saß Nietzsche tatsächlich bei den Nürnberger Kriegsverbrecherprozessen auf der Anklagebank. François de Menthon, der französische Hauptankläger, räumte zwar ein, seine Philosophie sei nicht mit der «brutalen Einfältigkeit» der Nazis gleichzusetzen, seine «Vision von der Herrschaft über die Massen durch unumschränkte Herren» zeichne ihn aber als deren «Ahnen» aus. Der Tenor der Nietzsche-Publikationen, die nach dem Krieg in Deutschland erschienen, ging in dieselbe Richtung. Autoren linker, liberaler und christlich-humanistischer Provenienz wetteiferten darum, den Vordenker des Dritten Reiches mit Bannflüchen zu überziehen. Man kann sich vorstellen, was Colli, der die deutsche Diskussion so weit wie möglich verfolgte, von derlei Ansichten hielt. Der Geist der Abrechnung, schrieb er 1950 in einer Rezension für die *Rivista di Filosofia*, beweise nur, «was Nietzsche selbst vorhergesehen hatte, dass nämlich die Deutschen mit ihrem Hang zum Fanatismus und zur Verleumdung niemals in der Lage sein würden, sein Denken zu verstehen».[22]

Am ehesten ließ Nietzsche sich den Zeitgenossen noch verständlich machen, wenn man ihn – seine Abgesänge auf den Menschen ignorierend – als Humanisten mit existentialistischem Einschlag interpretierte, als Denker, der als Erster die Sinnkrise der modernen Zivilisation diagnostiziert, im Vakuum traditioneller Werte aber auch schon die Voraussetzung für die freie Selbstbehauptung des Individuums gesehen hatte. So erklärte Thomas Mann in seinem berühmten Vortrag von 1947, Nietzsche müsse es sich gefallen lassen, «ein Humanist genannt zu werden». Karl Schlechta, Philosophieprofessor in Darmstadt, vertrat eine ähnliche Ansicht, auch wenn sich Nietzsches Humanismus für ihn darin erschöpfte, den Nihilismus der wissenschaftlich-technischen Zivilisation prognostiziert zu haben, der jetzt, in der atomaren Ära, überhaupt erst sein ganzes Ausmaß offenbare. Dass Schlechtas Name bis heute erinnert wird, liegt aber kaum an seiner wenig originellen Interpretation, sondern an seiner parallel erscheinenden Nietzsche-Ausgabe, mit der in Nietzsches Editionsgeschichte die eigentliche Nachkriegszeit beginnt.[23]

Montinari, der Schlechta in den 1960er Jahren kennenlernte, hielt ihn für einen «reuigen Nazi». Dagegen herrscht in der Forschungsliteratur das Bild vom unideologischen Gelehrten vor. Vergleicht man Äußerungen Schlechtas aus den 1930er mit solchen aus den 1950er Jahren, ergibt sich in jedem Fall der Eindruck einer ausgeprägten weltanschaulichen Geschmeidigkeit. Seit 1933 Parteimitglied, seit 1934 als Mitarbeiter des Weimarer Nietzsche-Archivs für die nie zum Abschluss gebrachte historisch-kritische Ausgabe zuständig, war Schlechta nach dem Krieg Professor in Darmstadt geworden und hatte mit den Darmstädter Gesprächen eines der wichtigsten Foren des westdeutschen Nachkriegshumanismus etabliert. Seine Nietzsche-Ausgabe *Werke in drei Bänden* erschien zwischen 1954 und 1956 im Hanser Verlag. In inhaltlicher Hinsicht hatte sie wenig Neues zu bieten. Für Aufsehen sorgte dagegen der im dritten Band enthaltene «Philologische Nachbericht», in dem der Herausgeber schwere Anschuldigungen gegen seine ehemalige Arbeitgeberin erhob.[24]

Schlechta war weder der Einzige noch der Erste, der Elisabeth Förster-Nietzsche dunkle Machenschaften vorwarf. Seit seiner Gründung hatte sich das Nietzsche-Archiv gegen öffentliche Anschuldigungen und juristische Klagen wehren müssen, doch erst durch

Schlechtas Schwarzbuch wurden diese Umstände einem größeren Publikum in ihrem Zusammenhang bekannt. Gestützt auf ältere Zeugnisse und eigene Erinnerungen schilderte er ein sich über vier Jahrzehnte erstreckendes philologisches Verbrechen, in dem von sträflicher Nachlässigkeit bis zu skrupellosen Fälschungen kaum eine Sünde ausgelassen worden war. Es sei nicht seine Schuld, dass sich Nietzsches Überlieferungsgeschichte «wie ein Kriminalroman» lese, rechtfertigte sich der Verfasser für seinen Nachbericht: «Philologie ist schon öfter aufregend gewesen.» Unter Aufbietung erdrückender Indizien wies er nach, dass Förster-Nietzsche missliebige Briefe ihres Bruders unterdrückt und sogar verändert hatte, um sich als vertrauenswürdige Treuhänderin zu legitimieren. Noch schwerer wog der Vorwurf, beim *Willen zur Macht*, dem aus dem Nachlass herausgegebenen Opus magnum, handele es sich um eine willkürliche, von Nietzsche in dieser Form nie intendierte Auswahl, die allein der «Hauptwerk-Ambition» der Schwester geschuldet sei. Schlechtas eigene Ambition bestand dagegen darin, die «reine Manuskript-Situation» wiederherzustellen, indem er die Aphorismen, aus denen Elisabeth den *Willen zur Macht* komponiert hatte, in chronologischer Anordnung präsentierte. Auch auf diese Idee waren vor ihm schon andere gekommen. Schlechta zitierte Ernst Horneffer, einen früheren Archiv-Mitarbeiter, der bereits kurz nach der Jahrhundertwende gefordert hatte, man müsse «die Manuskripte Nietzsches, unter jedem Verzicht eigener Anordnung und Zusammenstellung, Wort für Wort genauso herausgeben, wie sie vorliegen».[25]

Mit seiner Revision verfolgte Schlechta keineswegs die Absicht, Nietzsches Nachlass endlich ins rechte Licht zu rücken – die Erwartung, in seinen Papieren auf die Essenz oder das unter Verschluss gehaltene Geheimnis seines Denkens zu stoßen, sah er ja gerade als fatales Vermächtnis der bisherigen Überlieferungsgeschichte an. Es galt, das magische Fluidum des Weimarer Nietzsche-Kults zu unterbrechen. Daher gab sich Schlechta alle Mühe, den Nachlass zu profanieren. Schon als er in den 1930er Jahren ans Archiv gekommen sei, habe er feststellen müssen, dass die postumen Schriften nichts enthielten, «was denjenigen überraschen könnte, der alles das kennt, was Nietzsche veröffentlicht oder für die Veröffentlichung bestimmt hat». Abgesehen davon sei Nietzsches «späte Hand» sowieso kaum zu entziffern. Zwar müsse das vom Krieg unterbrochene Vorhaben einer kritischen Gesamtausgabe eines Tages vollendet werden – davon versprach sich Schlechta jedoch nicht viel. Mit gutem Grund habe Nietzsche «die große Masse» seiner Papiere zurückgehalten. Dass ihr Inhalt wahrscheinlich für immer «unauflösbar bleiben» müsse, stellte Schlechta ohne Bedauern fest. «Nietzsche hat sich als ein Opfer in den Abgrund der Zeit geworfen. Der Abgrund hat sich geschlossen; nunmehr können wir hinübergehen.»[26]

In den westdeutschen Kulturzeitschriften wurde Schlechtas Ausgabe allgemein als Schlussstrich unter die «Ära Elisabeth Förster-Nietzsche» begrüßt. Walter Jens, soeben als Altphilologe an die Universität Tübingen berufen, schrieb in *Texte und Zeichen*, mit der Neuedition der Manuskripte habe sein Darmstädter Kollege endlich «den wahren Nietzsche» gezeigt. Dem *Spiegel* waren Schlechtas Enthüllungen ein Cover wert. Ihre Wellen drangen sogar bis über den Atlantik: «Freed at last from the clutches of his sister and her racist friends», schrieb der Rezensent des *Time Magazine*. Dagegen stellte der in München erscheinende *Merkur* seine Seiten Schlechtas Gegnern zur Verfügung. Über den Trend, Nietzsche als Wegbereiter des Faschismus zu dämonisieren, hatten sie noch hinwegsehen können. Doch ihn als Kulturkritiker zu verharmlosen und das Geheimnis seiner Schriften zu banalisieren, war, so hat man den Eindruck, ein nicht zu akzeptierender Affront. Karl Löwith, der nach seiner Odyssee durch Italien, Japan und die USA einen Ruf nach Heidelberg erhalten hatte, schlug Schlechtas humanistische Lesart der «sekuritätsbedürftigen Restauration nach 1945» zu. Mit seinem Versuch, den Nachlass zu entzaubern, habe er jedoch lediglich eine «neue Nietzsche-Legende» in die Welt gesetzt.[27]

In deutlich schärferem Tonfall meldete sich der Georgeaner Rudolf Pannwitz zu Wort. Schon vierzig Jahre zuvor, gegen Ende des Ersten Weltkriegs, hatte er – Nietzsches Topos des «letzten Menschen» variierend – in einer monumentalen Krisendiagnose vor der Heraufkunft des «postmodernen Menschen» gewarnt. Wahrscheinlich gehörte auch Schlechta für Pannwitz zu dieser Spezies: Nur der Repräsentant eines Zeitalters, das über «Merkantilismus, Dynamismus und Barbarismus» verlernt habe, wahre Größe zu erkennen und zu empfinden, könne auf die Idee verfallen, den «Felsenkoloß», ja die «an Gilgamesch erinnernde Durchmessung der Weltsphären», die Nietzsches Spätwerk bedeute, zum Machwerk seiner minderbemittelten Schwester umzudeklarieren. Für Pannwitz hatte Schlechtas erledigende Geste schon deshalb keine Bedeutung, weil dieser laut eigener Aussage über eine Fülle «ungesichteten Materials» einfach hinweggegangen war. Vor allem aber verstoße er mit seiner Ausgabe gegen das Prinzip hermeneutischer Billigkeit: «Niemand hat das Recht, einen Autor herauszugeben, zu dem er *so* steht.»[28]

Die Reaktion von Heidegger auf die neue Nietzsche-Ausgabe ist nur indirekt überliefert. Walter Kaufmann, ein deutsch-jüdischer Emigrant, der das amerikanische Nietzsche-Bild nach dem Krieg nachhaltig geprägt hat, publizierte 1957 einen Bericht zur Lage der bundesrepublikanischen Philosophie, der auf seine Erfahrungen als Fulbright-Professor in Heidelberg zurückging. Unter anderem hat Heidegger in diesem Report einen Auftritt – und zwar als «Virtuose der Verschleierung». «He loves mystery», lautete Kaufmanns skeptische Gesamteinschätzung, die sich ebenso auf Heideggers eigenes Werk wie auf sein Verhältnis zu Nietzsche bezog: «Im Gespräch deutet Heidegger an, Hegels tiefste Gedanken fänden sich in den kaum bekannten Entwürfen aus der Zeit vor seinem ersten Buch, während das Wichtigste von Nietzsche in nur teilweise publizierten Aufzeichnungen enthalten sei, die jetzt in Ostdeutschland und damit unzugänglich seien. Heidegger besitzt Fotokopien dieser Materialien, die er an sicherem Ort verborgen hat. An ihre Veröffentlichung ist nicht zu denken. Warum nicht? Niemand kenne Nietzsches Handschriften gut genug, um sie zu entziffern.» Für den der Aufklärung verpflichteten Kaufmann war das typisches Heidegger-Geraune. Genau wie Schlechta räumte er Nietzsches unveröffentlichten Schriften keine besondere Bedeutung ein. Dagegen dürfte Heidegger derjenige unter Nietzsches Interpreten gewesen sein, der dem Nachlass-Mythos am wirkungsvollsten zu einer zweiten Blütezeit verhalf: «Was Nietzsche zeit seines Schaffens selbst veröffentlicht hat, ist immer Vordergrund», heißt es in seiner Nietzsche-Monografie von 1961. «Die eigentliche Philosophie bleibt als ‹Nachlass› zurück.»[29]

Gefährliche Papiere

Nietzsches Nachlass ist heute in die Bestände des Goethe- und Schiller-Archivs in Weimar eingegliedert, wo er Seite an Seite mit den Hinterlassenschaften der Schwester und einigen Aktenmetern aus der Geschäftstätigkeit des alten Nietzsche-Archivs liegt. Zu den merkwürdigsten Dokumenten aus der letztgenannten Registratur gehören die Zuschriften, die das Archiv in den Monaten vor und nach dem Zusammenbruch von 1945 erhielt: von Freunden und Förderern, die Unterstützung signalisieren, von ideologischen Hardlinern, die letzte Durchhalteparolen ausgeben, und von besorgten Geschäftspartnern, die letzte Rechnungen begleichen wollen. Aus heutiger Sicht lesen sich viele der Einsendungen zugleich als Indizien einer verstörenden Normalität. «Niemand von uns kann künden, ob bald wieder deutscher Geist durch diese Lande wehen wird», schreibt im Frühjahr 1945 ein Berliner Juraprofessor, der den Verlust des polnischen Generalgouvernements beklagt. Philipp Reemtsma, der Hamburger Zigarettenfabrikant, den Elisabeth in den 1920er Jahren als Mäzen gewonnen hatte, bewilligt Mittel für ein weiteres Jahr. Auch von dem ehemaligen Mitarbeiter Karl Schlechta, der nach einem Kriegseinsatz in Italien mittlerweile in Mainz Philosophie unterrichtet, gibt es Nachrichten: «Für's nächste Semester habe ich ein Nietzsche-Colleg angekündigt, auf das ich mich sehr freue. Dieses Semester war ganz hübsch: an die 33 Hörer und ein gutes Seminar. Die Examina waren weniger erfreulich!» Ein halbes Jahr später, im Oktober 1945, geht eine Anfrage der Hamburger Niederlassung von Steinway & Sons in Weimar ein: «Hoffentlich haben Sie die ereignisreichen letzten Monate gut überstanden. Wir würden uns freuen, von Ihnen darüber zu hören. Auch möchten wir uns nach dem Zustand des Ihnen mietweise überlassenen Steinway-Flügels, Modell ‹B 211›, erkundigen.» Kurz darauf wurde das Archiv, dessen Konten schon seit Juli eingefroren waren, durch die Sowjetische Militäradministration versiegelt. Es ist daher unwahrscheinlich, dass Steinway jemals eine Antwort bekommen hat.[30]

Den westlichen Nietzscheologen scheint es in den späten 1950er Jahren kaum anders als den Klavierbauern zu gehen: Was den Verbleib von Nietzsches Manuskripten angeht, tappen sie im Dunkeln – oder zumindest tun sie so. In seinem Nachbericht hatte Schlechta zusammengefasst, was ihm «nur indirekt und auf den verschiedensten Wegen» zu Ohren gekommen sei. Demnach waren die gefährlichen Papiere im April 1946 von einem deutschen Arbeitskommando auf Lastwagen verladen und «mit unbekanntem Ziele» abtransportiert worden – nicht untypisch für das Vorgehen der sowjetischen Trophäenkommissionen, die die besetzten Gebiete nach Kulturgütern durchkämmten. Schlechta selbst hatte in dieser Situation über Umwege den thüringischen Landespräsidenten kontaktiert, dessen Intervention vermutlich dafür verantwortlich war, dass man die Manuskripte im Juli 1946 wieder zurückgebracht hatte. Heute wissen wir, dass Nietzsches Nachlass damals, in große Holzkisten verpackt und von sowjetischen Militärposten bewacht, tagelang auf der Straße vor der Villa Silberblick stand, bevor über sein weiteres Schicksal entschieden wurde. Schlechtas Bericht zufolge wurden die Manuskripte im Parterre der Villa zwischengelagert und 1950 schließlich dem Goethe- und Schiller-Archiv übergeben, das sie «seit dem Sommer 1953 selbst verwahrt». Doch anstatt den Versuch zu unternehmen, mit dem Archiv in Kontakt zu treten, hatte Schlechta sich für seine Neuedition allein auf das im Westen zugängliche Material gestützt. «Eine differenziertere Lösung wird erst möglich werden, wenn die Manuskripte wieder zugänglich sind», schrieb er am Schluss – ohne eigens zu betonen, dass er das nicht für besonders wahrscheinlich und vielleicht nicht einmal für besonders erstrebenswert hielt.[31]

So wenig sie auch sonst gemein hatten – in dieser Hinsicht stimmte Schlechta mit Heidegger überein, der ja ebenfalls darauf beharrte, dass Nietzsches Nachlass in den sowjetisch besetzten Gebieten «unzugänglich» sei. Auch Rudolf Pannwitz, der George-Schüler, bereitete die Leser des *Merkur* darauf vor, dass die okkulten Schriften «in der Ostzone» vielleicht für immer verloren gegeben werden müssten. Herbert W. Reichert, ein amerikanischer Germanist, der gemeinsam mit Schlechta die *International Nietzsche Bibliography* zusammenstellte, wollte westliche Forscher sogar für den Fall von der Nutzung des Goethe- und Schiller-Archivs abhalten, dass es ihnen seine Magazine öffnen würde: Auf einen Akt kommunistischer «Kulturpropaganda» hereinzufallen, könne unmöglich in Nietzsches Sinne sein.[32]

Ob es Nietzsche dagegen gefallen hätte, in die Hände von Kalten Kriegern geraten zu sein? Schaut man sich die Nachlassdebatten der späten 1950er Jahre an, dann ist der Antikommunismus der kleinste gemeinsame Nenner. Unter Verweis auf die Sekretierung durch die Sowjets und die Unlesbarkeit seiner Handschriften wird Nietzsche gleich in doppelter Hinsicht für unzugänglich erklärt. Ob dabei die Sorge um die Halbwertszeit der eigenen Arbeiten oder ein Hang zur Mystifizierung im Vordergrund stehen: Das Lamento der abwesenden Handschriften dürfte die eigentliche Nietzsche-Legende dieser Zeit gewesen sein.

The Italian Job

«Lieber Foà», schreibt Colli im Juli 1958 an den Einaudi-Lektor Luciano Foà, «bis heute fehlt eine vollständige kritische Ausgabe von Nietzsches Werken, und zwar nicht nur im philologischen, sondern in einem viel wesentlicheren Sinn. Wir müssen nämlich davon ausgehen, dass der Nietzsche, den wir kennen – ob postum oder nicht –, kaum mehr als die Hälfte des handschriftlichen Originalmaterials umfasst. Über den Umfang der unveröffentlichten Materialien lässt sich allerdings keine genaue Angabe machen, da sich die Manuskripte im ‹Nietzsche-Archiv› in Weimar befinden und seit dem Krieg von niemandem mehr untersucht worden sind.» Um das «Rätsel» zu lösen, das Nietzsche nach wie vor umgebe «und dem Enthüllungen à la Schlechta in keiner Weise gerecht werden können», biete sich Einaudi die einmalige Möglichkeit, eine «komplette, definitive Nietzsche-Ausgabe im Original» in Angriff zu nehmen. Sollte der Verlag an einem solchen Unternehmen nicht interessiert sein, komme alternativ immer noch sein altes Projekt einer neuen italienischen Übersetzung in Betracht.[33]

Collis Aufmerksamkeit war nicht allein durch die deutsche Debatte geweckt worden. Richard Roos, ein französischer Germanist, hatte den Editionen von Elisabeth Förster-Nietzsche unabhängig von Schlechta im selben Jahr ein ähnlich vernichtendes Zeugnis ausgestellt. Es liegt auf der Hand, warum Colli hellhörig wurde: Die Masse «unentzifferter Manuskripte», von der in den verschiedenen Beiträgen die Rede war, muss für den *filologo* eine unendlich verlockende Vorstellung gewesen sein. Von jeher hatte er Nietzsches unveröffentlichten Schriften eine besondere Bedeutung beigemessen. Neben der «exoterischen, auf Allgemeinverständlichkeit bedachten Darstellung» meint er bei ihm «eine esoterische, geheime, ganz persönliche Vertiefung des eigenen Denkens» zu erkennen. Nietzsches Kritzeleien sind daher das Gegenteil von bloßen Vorarbeiten: In seinen privaten, noch von keiner Publikationsabsicht korrumpierten Aufzeichnungen muss er dem Glutkern seiner dionysischen Erfahrung besonders nahe gekommen sein. In seinem publizierten Werk finden sich darauf überall Fingerzeige: «Schreibt man nicht gerade Bücher, um zu verbergen, was man bei sich birgt?», heißt es etwa in *Jenseits von Gut und Böse*. Für Colli ein unmissverständlicher Hinweis, dass es hinter den gedruckten Worten noch etwas anderes gibt.[34]

Genau wie Heidegger hält er Nietzsches zu Lebzeiten publizierte Bücher also für vordergründig. Doch anders als Heidegger, der das

Geheimnis von Nietzsches Handschriften nicht verletzt wissen will, plädiert er dafür, zu den Quellen zurückzukehren. In seinem Brief an Foà versäumt es auch Colli nicht, die Unwägbarkeiten der politischen Lage hervorzuheben. Die Schwierigkeiten, die ihrem Vorhaben entgegenstünden, seien «gewaltig», der Zugang zu den Weimarer Archivalien von «ideologisch-politischen Hindernissen» verstellt. Als «Ausländer, die die Ausgabe eines großen deutschen Autors verantworten wollen», hätten sie in Deutschland zudem mit großem Misstrauen zu rechnen. Doch gerade als Ausländer, so lässt sich hinzufügen, befinden sie sich auf der anderen Seite in einer besonders vorteilhaften Situation: Während Heidegger, Schlechta und die übrigen westdeutschen Nietzscheaner in der Logik des Kalten Krieges gefangen sind, können sie frei von politischen Befindlichkeiten agieren.[35]

Darüber hinaus stoßen wir an dieser Stelle von Neuem auf jenes ambivalente, ja widersprüchliche Verhältnis zur Philologie, das schon in Collis Exerzitien mit seinen *paides* zum Ausdruck gekommen war. Die Tatsache, dass er Nietzsche für einen mystisch erleuchteten Denker hält, hindert ihn nicht daran, auf philologische Aufklärung zu drängen. Vielleicht offenbart sich darin noch in einer weiteren Hinsicht eine charakteristisch italienische Unbefangenheit: Anders als in Deutschland oder Frankreich war die Philologie in Italien nie mit dem Verdikt geistloser Wissenschaft belegt. Das Handwerk der Textkritik steht hier in einer langen nationalen Tradition, die bis zu jenen heroischen, auch von Nietzsche bewunderten italienischen «Philologen-Poeten» der Renaissance zurückreicht, deren Ethos kritischer Genauigkeit schon immer als Rollenmodell für moderne, antiakademische Intellektuelle getaugt hat. Selbst ein der «Freimaurerei unnützer Gelehrsamkeit» so unverdächtiger Geist wie Antonio Gramsci gab sich in seinen *Gefängnisheften* daher philologischen Studien hin; selbst bei politischen Intellektuellen wie Pier Paolo Pasolini oder Adriano Sofri begegnet das emphatische Bekenntnis zur philologischen Versenkung ins Detail. In Collis «mentalità di filologo» kommt also nicht nur eine persönliche Idiosynkrasie, sondern auch ein kultureller Habitus zum Ausdruck, der in der Geschichte der Intellektuellen neben den dominanten französischen und deutschen Varianten bisher wenig Beachtung gefunden hat.[36]

Zu guter Letzt hat Collis Ungeduld, die Lage vor Ort zu sondieren, aber auch einen persönlichen Aspekt. Wie er Foà in seinem Brief mitteilt, verfügt er jetzt, im Sommer 1958, nämlich über einen «für diese Aufgabe besonders geeigneten» Mitarbeiter: «Er ist ein vorzüglicher Kenner der deutschen Sprache und Literatur, hat viele Reisen nach Deutschland, besonders nach Ostdeutschland, unternommen und kennt sich mit editorischen Problemen aus.»[37]

Montinari, um den es hier geht, ist derweil in seinem neuen Leben angekommen: Er übersetzt, akquiriert brauchbare Titel und kümmert sich um Copyrights – mit dem bedeutsamen Unterschied, dass diese Arbeit nicht mehr den marxistischen Klassikern, sondern Collis Enzyklopädie der Gegenaufklärung gilt. Nur die Affäre mit Gigliola Gianfrancesco scheint nicht von langer Dauer gewesen zu sein, wie die Briefe verraten, die der notorisch Unstete bald wieder an andere Frauen schreibt. In einem von ihnen zieht er 1960, also zwei Jahre nach der Rückkehr zu seinem *paedagogo*, im gravitätischen Stil seiner periodischen Rechenschaftsberichte eine vorläufige Bilanz: «Eigentlich stehe auch ich nach mehr als zehn Jahren, die seit meinem Einstieg ins praktische Leben vergangen sind, wieder am Anfang. Zu den Dingen, mit denen ich mich bis vor ungefähr zwei Jahren beschäftigt habe, kann ich mich nicht positiv äußern. Heute spüre ich, dass ich mich am Beginn eines richtigen Weges befinde, obwohl die äußeren und inneren Hindernisse zahlreich sind. Ich glaube, ich habe endlich herausgefunden, wer ich sein will. Ich spreche nicht wie einer, der genau weiß, was zu tun ist, sondern wie einer, der über die ganze heutige Gesellschaft (und dazu zähle ich auch die heutige ‹Linke›) nur ein sehr negatives Urteil fällen kann. Die akademische Öde und der Mangel an ‹Kultur› in unseren Kulturinstitutionen sind trostlos; man lebt nach außen, man ist ständig hinter den neuesten und originellsten Ideen her – im besten Fall. Ich spreche so, weil ich mehr als zehn Jahre lang genau dieses Leben geführt habe (auch wenn ich durch die Zurückhaltung und den Zweifel gerettet worden bin).»[38]

Die Verhandlungen mit Einaudi kommen unterdessen nur langsam voran. Eine große Nietzsche-Ausgabe auf Basis der Weimarer Handschriften zu machen, würde bedeuten, den Ideologen des reaktionären Bürgertums auf Augenhöhe mit Gramsci zu behandeln – für das Flaggschiff des progressiven Italien nach wie vor ein unmögliches Sakrileg. Allenfalls kann man sich vorstellen, eine überschaubare italienische Übersetzung auf Grundlage der existierenden Editionen herauszubringen. Völlig unbeeindruckt scheinen die neuen Aussichten die Büchermacher aber dennoch nicht gelassen zu haben, denn im November 1960, nach vielen hin- und hergegangenen Briefen, signalisiert Luciano Foà, man sei bereit, die Kosten für eine Rekognoszierung vor Ort zu übernehmen.[39]

P₁ (das verhüllte Leben) 2 [1] vgl. 2 [56]

S. 3 { von hinten gezählt
5 { waren
Liebeszeichen

DESCR.

ein blasser Jüngling
Manchem will [ ] — nicht die nie entdecken

2.
1.
Pinie
ich allzeit ein Recht
Das Ge[ ] ist, dass [ ] — [ ] zu schaffen suchte, was — mir
— — [ ] [ ] zuwider war.

2 [2]
c. d. N.

vgl.
(vb Zu 16, 1-3) P₁ Der letzte Mensch als die ewige Frist: eine Art Chinese.

[vgl. N V 9, 91]   2 [3]

Jüngling

So oft ihn sein Geist trieb, gieng Z. auf einen Berg und unterwegs schrieb
P₁ seine Sprüche auf.

Und einmal, als er mit sich allein war, rühmte er sich und sprach — — —

[Vgl. Za 233, 20-21 = Za III 3, 12] vgl. Za I 9, 3 c Za III 3, 13 2 [4]
P₁ ihr sollt sein wie Bäume die über dem Meere hängen und sich biegen von — — —

2 [5]

Jüngling

Allein geht er; denn seine Gestalten umringen ihn, die er suchte. Welt Und
P₁ trifft er seines Gleichen, so umarmen sich ihre Geister, und mit 4 Augen
sehen sie dieselben Gestalten.

2

Notizen zu Zar. I   Vb Za 7, 16-21

2 [6]

III 14 ? P₁ euer Baum: die Blätter losmachen und ihnen eine kleine Bewegung geben und ebenso die Wurzeln und die Zweige usw.

der Einsiedler sah ihn lange an — — — 2 [7]

Za 7 Vorstufe cancellata {Z. sagte der Einsiedler, du bist arm geworden - und wenn ich ein
Almosen von dir wollte, würdest du mir es wohl geben?}

c. d. N.

nicht
vgl. Za I 1, 24-25

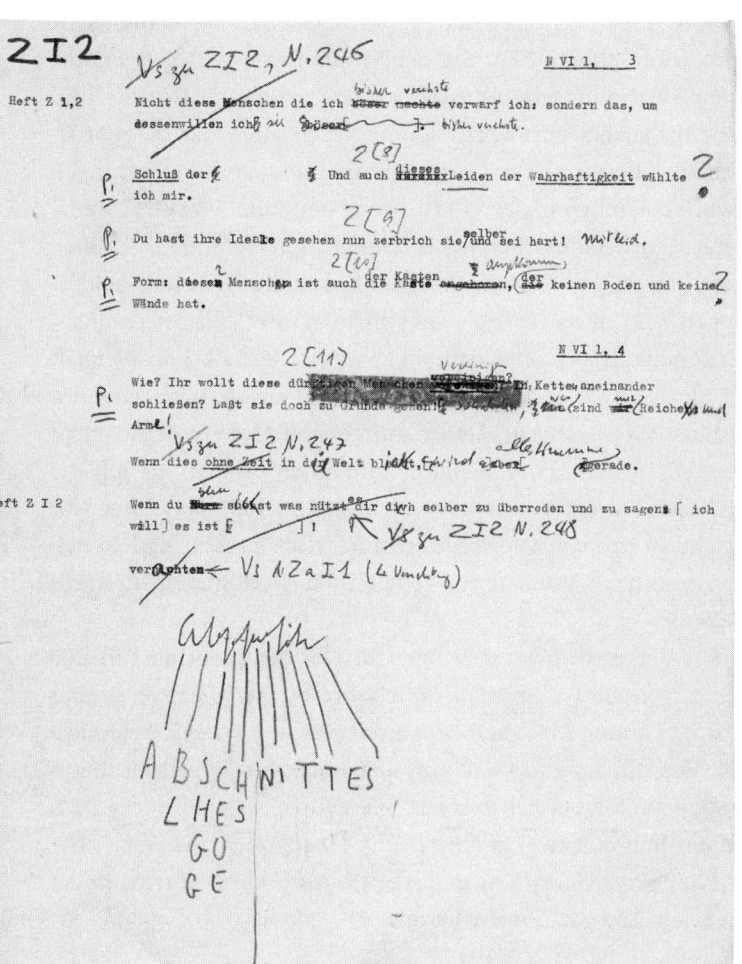

Vs zu ZI2, N. 246   N VI 1,   3

Heft Z 1,2

bisher verachte
Nicht diese Menschen die ich böser mochte verwarf ich: sondern das, um
dessenwillen ich sie Böser   ⅃: bisher verachte.

2 [8]
Schluß der ⅃   ⅃ Und auch unserer Leiden der Wahrhaftigkeit wählte
ich mir.

2 [9]
selber
Du hast ihre Ideale gesehen nun zerbrich sie/und sei hart! Mitleid.

2 [10]   ⅃ angekommen)
der Kasten
Form: diesen Menschen ist auch die Kiste angekommen, (der keinen Boden und keine
Wände hat.

2 [11]   N VI 1,   4
                    Verkürzt
Wie? Ihr wollt diese dürftigen Menschen   in Ketten aneinander
schließen? Laßt sie doch zu Grunde gehen!   sie sind   (Reiche und
Arm!
Vs zu ZI2 N. 247   alle kommen)
Wenn dies ohne Zeit in der Welt bleibt, wird sie   gerade.

Heft Z I 2   sieh
Wenn du sieh es nützt dir dich selber zu überreden und zu sagen [ich
will] es ist ⅃   ⅃ !   Vs zu ZI2 N. 248

verachten ←   Vs NZaI 1 (4 Umschrg)

ABSCHNITTES
LHES
GO
GE

«Lieber Giorgio, zunächst etwas Persönliches. Ich habe hier sehr freundliche Leute angetroffen. Sie haben mir nicht nur das gesamte Material zur Verfügung gestellt, das, wie Du weißt, im Goethe- und Schiller-Archiv aufbewahrt wird, sondern sich auch darum gekümmert, mich viel besser unterzubringen, als mir das selbst gelungen war. Ich wohne nämlich in der Villa ... von Nietzsche! Von da schreibe ich Dir jetzt. Ich habe ein herrliches Zimmer mit Veranda und Blick auf Weimar und in den Garten, in dem der kranke Nietzsche spazieren gegangen sein muss. Es ist sehr still hier. Die Villa ist im ‹Bayreuther Stil› gebaut, auf einer Anhöhe etwas außerhalb von Weimar. Sie ist der ideale Ort zum Arbeiten. Ich war auf eine ganz eigene, unaussprechliche Weise bewegt, als ich zum ersten Mal ein Manuskript von Nietzsche in den Händen hatte, und noch einmal, als ich die Schwelle dieses Hauses überschritt. Es macht nichts, dass alles, was mit Nietzsche zu tun hat, verschwunden ist; der Ort ist trotzdem heilig. Diese Reise nach Weimar ist vielleicht das wichtigste Ereignis meines Lebens.»[1]

So lautet der erste der unzähligen Briefe, die Montinari in den folgenden Jahren aus Weimar an Colli schreibt. Zwar hat er damals kein Kruzifix gebraten und auch kein Exemplar des *Willens zur Macht* verbrannt. Von all seinen Erweckungserlebnissen nimmt sich dieses aber trotzdem am folgenreichsten aus. Für seinen Ausflug in die DDR hatte er eigentlich nur zwei Wochen eingeplant. Doch aus dem Labyrinth von Nietzsches Schriften, in das er im April 1961 eintritt, findet er bis zu seinem Tod nicht mehr heraus.

Vorangehende Doppelseite:
Montinari transkribiert. Aus dem Chaos von Nietzsches Notizen diskrete Fragmente zu gewinnen, ist harte Arbeit.

Die ostdeutsche Gesellschaft für kulturelle Verbindungen mit dem Ausland, mit der er schon in seiner Funktion als Direktor des Centro Thomas Mann zu tun gehabt hatte, war dabei behilflich gewesen, eine Recherchegenehmigung zu organisieren.[2] Zu seiner Überraschung wird ihm im Goethe- und Schiller-Archiv dann freier Zugang zu Nietzsches Manuskripten gewährt. Die Behauptungen der westdeutschen Nietzscheologen scheinen sich als haltlos zu erweisen – keine Spur von Sekretierung, Überwachung oder weltanschaulicher Gängelung.

Keine verdächtigen Spuren

1963, zwei Jahre nach Montinaris erster Weimarreise, erschien in der edition suhrkamp ein Essay von Walter Benjamin, der später zu den Lieblingslektüren der westdeutschen Achtundsechziger gehörte: *Das Kunstwerk im Zeitalter seiner technischen Reproduzierbarkeit*, Benjamins ursprünglich in den 1930er Jahren verfasste Prolegomena zu einer revolutionären Kulturpolitik, entwickelt die These, dass die Kategorie des «Originals» in der Kunst durch die Möglichkeiten der technischen Vervielfältigung und das Anwachsen des «Sinnes für das Gleichartige in der Welt» in der modernen Gesellschaft bedeutungslos geworden sei. Doch Benjamin skizziert keine Verfallsgeschichte: Zusammen mit der Aura, schreibt er, gehe dem Kunstwerk auch sein Klassencharakter verloren. Im Zeitalter der Reproduzierbarkeit sah er daher Chancen der emanzipierten Rezeption, der Politisierung und Demokratisierung von Kunst, kurz: der Sprengung des bürgerlichen Weltzustands.[3]

Aus Benjamins Perspektive betrachtet handelt es sich bei der Editionsphilologie um eine hoffnungslos reaktionäre Disziplin. Zwar wurde auch sie vom Sog der neuen Reproduktionstechniken ergriffen. Ohne die Möglichkeit, Manuskripte zu vervielfältigen und damit von ihren teilweise entlegenen Aufbewahrungsorten unabhängig zu machen, hätten die wenigsten der großen historisch-kritischen Ausgaben des

19. und 20. Jahrhunderts das Licht der Welt erblickt.[4] Man könnte das gut am Beispiel von Colli und Montinari illustrieren, deren Hunger nach Mikrofilmen unersättlich war. Entgegen Benjamins Hypothese – und das ist entscheidend – wurden literarische Handschriften durch ihre fotomechanische Reproduzierbarkeit aber ihrer Aura nicht beraubt. Die Ehrfurcht, die von Montinari Besitz ergreift, als er sich zum ersten Mal über eine von Nietzsche beschriebene Seite beugt, hat zwar viel mit seinem enthusiastischen Naturell zu tun; vergleichbare Erlebnisse, oft im Erstkontakt mit unveröffentlichten Manuskripten, sind aber geradezu ein Markenzeichen der modernen Editionsphilologie.

Norbert von Hellingrath zum Beispiel begann seine berühmte Hölderlin-Ausgabe, nachdem er in der Stuttgarter Landesbibliothek auf späte, kaum entzifferbare Hölderlin-Handschriften gestoßen war. «da sitz ich», meldete er 1914 in Georgeschen Minuskeln aus der euphorischen Tiefe der Editionsarbeit, «und jedes neue wort vom Hölderlin das ich aus den papieren bekomm wird lebendig in mir daß ich zittre.» Nicht nur der Herausgeber, auch seine Zeitgenossen waren gewillt, in Hölderlins rätselhaften Hieroglyphen den Geist des Dichters selbst am Werk zu sehen. In der kulturellen Atmosphäre der Jahrhundertwende galten Kritzeleien, Fragmente, Überreste als Königsweg zum literarischen Genie. Vielleicht muss man Benjamin dahingehend präzisieren, dass der Kult der Echtheit, den er als vormoderne Form von Kunstbetrachtung ansah, mindestens ebenso eine moderne Reaktion auf die Erfahrung flächendeckender Vervielfältigung darstellt. Elisabeth Förster-Nietzsche hätte für die Verwertung des brüderlichen Nachlasses jedenfalls kaum einen besseren Zeitpunkt wählen können: Ohne die Auratisierung, die das Handschriftliche, Unfertige, Unpublizierte damals, im anbrechenden Schreibmaschinenzeitalter, erfuhr, wäre der *Wille zur Macht* wohl kaum zu einem der wirkungsmächtigsten philosophischen Bücher des 20. Jahrhunderts geworden.[5]

Auch Krieg und Faschismus vermochte die Magie der Handschrift unbeschadet zu überstehen. Ein näher an Montinari gelegenes Beispiel stellt die philologische Initiation des Kafka-Herausgebers Gerhard

Neumann dar, der sich in seinen autobiografischen Reminiszenzen erinnert, wie er in den 1970er Jahren in der Bodleian Library in Oxford zum ersten Mal vor Originalen von Kafka saß: «die eisige Kälte in dem ehrwürdigen Lesesaal, das vorsichtige Umblättern der kostbaren Seiten von Kafkas Oktavheften (die er in der Jackentasche mit sich getragen und im Alchimistengäßchen auf dem Prager Hradschin mit Bleistift beschriftet hatte), Stiftspuren, die bei jeder Seitenumwendung ein wenig weiter zu schwinden drohten.» In Benjaminscher Terminologie ein magisches Präsenzerlebnis; für den angehenden Editionsphilologen die «Erfahrung des Ausnahmezustands». Hatte Nietzsche etwas Ähnliches im Sinn gehabt, als er notierte, das «Erlebniss» sei «die unbedingte Voraussetzung für einen Philologen»?[6]

Im Vergleich zu Kafkas spärlichen Hinterlassenschaften besteht der Nietzsche-Nachlass, den die Archivare Montinari in Weimar zur Verfügung stellen, aus einer kaum zu überblickenden Fülle an Material: aus den Reinschriften und Erstdrucken der von Nietzsche selbst publizierten Bücher, den Vorlesungsmanuskripten und philologischen Traktaten aus seiner Zeit als Basler Professor, den Mappen voller loser Blätter mit Einfällen, Konzepten und Exzerpten sowie den Notizbüchern, die er benutzt hatte, um seinen Gedankenstrom zu protokollieren. Um die Papierlawine, deren Umfang sein veröffentlichtes Œuvre um ein Vielfaches überstieg, auf LKWs zu verladen, hatten die Russen mehr als hundert große Holzkisten benötigt. Schon unter Elisabeths Ägide war alles geordnet, katalogisiert und mit jenen Signaturen versehen worden, die die Seiten der Kommentarbände der Colli-Montinari-Ausgabe wie eine Geheimschrift überziehen.[7]

«Es ist eine Wüste, die sich da vor dem Blick des Lesers auftut», lauteten Karl Schlechtas warnende, an zukünftige Benutzer gerichtete Worte. In seinen Briefen an Colli vermittelt Montinari eher den Eindruck, auf eine Goldmine gestoßen zu sein. «Man könnte alles gewissenhaft, neu, endgültig machen», schreibt er voller Begeisterung. Seine größte Sorge gilt der Frage, ob es rivalisierende Editionsprojekte gibt, doch wie man ihm versichert, seien abgesehen von einem Professor aus Löwen bisher keine weiteren Interessenten aufgetaucht. Auch Schlechta habe den Wunsch, die Manuskripte einzusehen, allerdings sei er nicht bereit, dafür in die DDR zu kommen. Alles in allem also eine günstige Gelegenheit – aber nur, wie sich Montinari beeilt, in seinem Brief hinzuzufügen, «wenn wir sie rechtzeitig auszunutzen verstehen».[8]

Das Problem besteht nicht darin, Colli zu überzeugen. Das Problem besteht nach wie vor in den ideologischen Bedenken des Einaudi Verlags. In Turin werden die beiden mittlerweile schon als «Nietzsche Boys» bezeichnet – und zwar mit wachsendem Überdruss, wie sich herausstellt, denn als Colli nach Montinaris Rückkehr darauf drängt, doch noch einmal über eine große Nietzsche-Edition nachzudenken, zieht sich der Verlag schließlich ganz aus dem Projekt zurück.[9]

Der Verlust ihres Geschäftspartners hält Montinari nicht davon ab, im August 1961 zum zweiten Mal nach Weimar zu fahren – diesmal schon mit der Nervosität eines Goldsuchers, der, zu seinem Claim zurückkehrend, nach verdächtigen Spuren Ausschau hält. Zu seiner Beruhigung teilt ihm Karl-Heinz Hahn, der Direktor des Goethe- und Schiller-Archivs, aber mit, dass in der Zwischenzeit alles ruhig geblieben sei. Nur der belgische Professor habe sich wieder gemeldet, «aber er ist nicht der Typ, vor dem man Angst haben muss, meint Hahn, dafür ist unser Vorsprung zu groß, und außerdem handelt es sich um einen Gelehrten, der für alles mindestens zehn Jahre braucht».[10]

Zu diesem Zeitpunkt scheint Montinari noch zu glauben, dass sie selber schneller ans Ziel kommen würden. In seinen Briefen an Colli artikuliert er seinen «unbändigen Willen, fertig zu werden», ist sich zugleich aber darüber im Klaren, dass, schon um die Arbeit an Nietzsches ersten Notizbüchern abzuschließen, noch «sehr viel Zeit» nötig sein wird. Manchmal braucht er Tage, um eine einzige Seite zu transkribieren. «Die deutsche Schrift lesen zu können, heißt noch nicht viel. Man muss lernen, Nietzsche zu lesen. Das ist der Kern des Problems.» Ein mindestens ebenso großes Problem ergibt sich daraus, dass sie auf die Unterstützung der ostdeutschen Behörden angewiesen sind. «Dass man zu Colli und Montinari Zutrauen hatte, ist unfasslich», hat Wolfgang Harich später geschrieben. Dass man zwei Italienern, die über keinerlei ausgewiesene Expertise verfügten, deren Deutschkenntnisse nicht einmal über alle Zweifel erhaben waren, einen deutschen Autor überlassen würde, der obendrein als Staatsfeind galt, war tatsächlich nicht abzusehen.[11]

Als Helmut Holtzhauer, der Direktor der Nationalen Forschungs- und Gedenkstätten der klassischen deutschen Literatur, zu denen auch das Goethe- und Schiller-Archiv gehört, Montinari zu einem Ausflug auf die Wartburg einlädt, empfindet der das zunächst als lästige Verpflichtung: «Du kannst mir glauben, dass es mir nicht gefallen hat, meine Manuskripte liegen zu lassen, um mir diese Burg anzusehen.» Doch das Wohlwollen des Direktors erweist sich als Wendepunkt. Holtzhauer ist nicht nur Kommunist und dekorierter Widerstandskämpfer, der unter Hitler acht Jahre im Gefängnis gesessen hat, sondern auch Musikliebhaber, Goethe-Kenner und Humanist, mit anderen Worten: Bildungsbürger. Seine über zwei Jahrzehnte im Stenogrammstil geführten Tagebücher bieten milieutypische Einblicke in das Leben eines Mannes, der sich – bei wachsender Distanz zur politischen Realität – mit der Zeit immer tiefer in die Sphäre des Geistes und der schönen Künste zurückzieht.[12]

Ohne ideologische Vorbehalte gegen Nietzsche, wird Holtzhauer so etwas wie der inoffizielle Schirmherr des Editionsprojekts: Er hilft bei der Visa-Beschaffung, garantiert Zugang zu den Beständen und hält den Italienern den Rücken von potentiellen Konkurrenten frei. Es erweist sich als hilfreich, dass er – für einen deutschen Bildungsbürger unvermeidlich – seinerseits ein Italien-Liebhaber ist. Als Colli 1962 zum ersten Mal nach Weimar kommt, wird er – «als ob ich irgendein wichtiger Professor wäre» – am Bahnhof von einer Limousine der Nationalen Forschungsstätten abgeholt. Beim feierlichen Abendessen, das der Direktor im Hotel Elephant ausrichtet, stellt er erleichtert fest, dass sich keiner der Anwesenden an seinem schlechten Deutsch zu stören scheint. «Alle sind von einer unglaublichen Freundlichkeit», schreibt er Anna Maria. «Es reicht ihnen, dass diese Italiener aufgetaucht sind, um die literarischen Schätze Deutschlands zur Geltung zu bringen.» Im Mikrokosmos der Weimarer Gesellschaft hat Kultur offenbar einen höheren Stellenwert als Politik.[13]

Die Luft in Weimar

Nach einer Reise durch die beiden deutschen Staaten zeichnete der israelische Journalist Amos Elon 1965 ein düsteres Bild. Im Westen staunte er immerhin über die Errungenschaften des Wirtschaftswunders, auch wenn das Unbehagen, das ihm die gespenstisch anwesende Vergangenheit bereitete, durch den ostentativen Wohlstand nur verstärkt wurde. Dagegen fehlt seinen Aufzeichnungen aus dem Osten jede Doppelbödigkeit: «Der erste Eindruck, den man von der DDR gewinnt, ist der einer bedrückenden, alles überziehenden, grauen Schäbigkeit. Es scheint, als sei der Krieg erst vorgestern zu Ende gegangen. Große Trümmerfelder, mit Abfällen bedeckt und von Unkraut überwuchert, verstecken sich vergeblich hinter rotangestrichenen Holzwänden, die in großen Lettern die Wohltaten des Sozialismus verkünden. Nirgends erscheinen so viele Menschen derart ausgelaugt und zermürbt wie in diesem freudlosen Land.»[14]

In Montinaris Briefen an Colli sucht man derartige Beobachtungen vergeblich. Nicht einmal, dass sich auf den Hügeln, über die er seinen Blick aus Nietzsches ehemaligem Zimmer so gerne schweifen lässt, die Überreste des Konzentrationslagers Buchenwald befinden, hält er für erwähnenswert. Wie schon bei früheren Besuchen fühlt er sich in der DDR auf Anhieb wohl. Nach wie vor ist er davon überzeugt, dass sie das bessere System darstellt. Doch solche politischen Bekenntnisse machen nicht mehr den Kern seines Verhältnisses zum real existierenden Sozialismus aus. «Die ernste und schlichte Atmosphäre hier tut mir gut», schreibt er Colli während seines zweiten Aufenthalts. «Außerdem bin ich sehr vom Klima angetan: kühl mit ein bisschen Sonne und hin und wieder etwas Regen. Italien kommt mir immer mehr wie ein afrikanisches Land vor. Stell Dir vor, meine Magenbeschwerden sind verschwunden, obwohl ich ganz normal esse, ohne irgendwelche Vorsichtsmaßregeln einzuhalten. Ich glaube, dass die Luft in Deutschland und speziell in Weimar wie für mich gemacht ist.» Nietzsche, der seine Heimat bekanntlich als «Unglücks-Ort» für seine Körperfunktionen betrachtete, hätte sich im Grab umgedreht. Auf der Suche nach dem richtigen Klima war er aus Thüringen nach Italien geflüchtet. Sein italienischer Herausgeber geht den umgekehrten Weg.[15]

In seinen Berichten aus den frühen 1950er Jahren hatte Montinari in der DDR – anders als in der moralisch korrumpierten Bundesrepublik – überall nur Zukunft gesehen. Zehn Jahre später scheinen sich die Gründe für seine Wertschätzung in ihr Gegenteil verkehrt zu haben: Was er in seinen Briefen an Colli nicht oft genug betonen kann, sind die «Ruhe» und der «Ernst» von Weimar. Obwohl er sich anfangs selber darüber wundert, dass ihm die Abgeschiedenheit zum Bedürfnis wird, schwelgt er in dem Gefühl, sich an einem Ort zu befinden, der aus der Zeit gefallen ist. «Mein Leben hier verläuft in großer Stille und ohne äußere Ereignisse.» Geschrieben am 21. August 1961, eine Woche nach Mauerbau! Sicher, um ihren immer fragilen Konsens nicht zu gefährden, erlegt er sich Colli gegenüber politische Zurückhaltung auf. Doch gibt es keinen Grund, an der Authentizität seines Eskapismus zu zweifeln. Auch dem Inoffiziellen Mitarbeiter des Ministeriums für Staatssicherheit zufolge, der ihn seit 1964 observiert, vermeidet Montinari «jedes politische Engagement».[16]

«Das Geschrei von heute, der Lärm der Kriege und Revolutionen, soll dir ein Gemurmel sein!», hatte Nietzsche in der *Fröhlichen Wissenschaft* gefordert. Nach den Jahren der Politisierung scheint Montinari diese Maxime ausgerechnet im sozialistischen Alltag zu beherzigen. Im Archiv nimmt er das Zeitgeschehen, so hat man den Eindruck, nur noch als fernes Hintergrundrauschen wahr. Auch nach dem Ende seiner Parteikarriere bleibt er ein Zeitungsleser, lässt sich die *Unità* nach Weimar kommen, liest sogar das *Neue Deutschland* und führt mit Helmut Holtzhauer politische Gespräche, doch was sie stärker verbindet, sind ihre Unterhaltungen über die deutsche Geistesgeschichte des 19. Jahrhunderts. Was Montinari von Hans Mayers Republikflucht, von Ulbrichts Reformpolitik oder später vom Prager Frühling hält, hat weder in seiner Korrespondenz noch in seinem Nachlass Spuren hinterlassen. «Philologie ist jene ehrwürdige Kunst, welche von ihrem Verehrer vor Allem Eins heischt, bei Seite gehn, sich Zeit lassen, still werden», liest man in der Vorrede zu Nietzsches *Morgenröte*. In diesem Sinne erweist sich die DDR als philologische Provinz: Montinaris neue Heimat scheint weniger im Arbeiter- und Bauernstaat als in einer entrückten Vergangenheit zu liegen, deren Zeitmauer die kulturelle Überlieferung vor jener Profanierung schützt, der sie in den westlichen Gesellschaften hilflos ausgeliefert ist.[17]

Das gilt umso mehr für Colli, der eigentlich in Florenz an den von Montinari besorgten Mikrofilmen sitzt, seinen Partner ab 1962 aber einmal pro Jahr in Weimar besucht. Zum real existierenden Sozialismus fällt ihm kaum mehr ein, als dass er die Strafe der Deutschen für den Krieg darstellt. Obwohl ihm weder das Klima noch das Essen behagen und er sich von mitgebrachten Spaghetti ernährt, verklärt er Weimar umgehend zu einem mythischen Erinnerungsort. «Der erste Eindruck ist seltsam und wunderschön», schreibt er Anna Maria. «Hier ist alles ‹Geist›, und jeder Ort erweckt ein Lektüre-Erlebnis aus meiner Jugend zum Leben.» Ungläubig registriert er, wie viele große Namen sich auf engstem Raum zusammendrängen: Schopenhauer, Schiller, Lucas Cranach, Herder, Liszt ... «Die Orte, an denen ein großer Mann gelebt hat oder gestorben ist, haben dieselbe Macht wie die Musik», notiert er nach seinem Besuch im Goethe-Haus. Von den im Archiv verbrachten Tagen geht eine ähnlich starke Wirkung aus. Er registriert die «merkwürdige Ruhe» und die «Distanz zu allen Dingen», die ihn bei der Arbeit an Nietzsches Manuskripten überkommen: «Mein Leben gewinnt hier eine neue Dimension, eine größere Tiefe.» Zum ersten Mal seit Jahren verspürt er sogar eine poetische Inspiration.[18]

Mit dem Wagen, den ihnen Holtzhauer samt Fahrer zur Verfügung stellt, unternehmen die beiden Italiener Ausflüge durch Thürin-

Der Blick aus Collis Zimmer im Hotel Elephant: «Die Kirche in der Mitte ist die von Herder, wo er predigte und über Geschichte und andere Dinge schrieb. Am Horizont der Hügel von Buchenwald.»

gen und Sachsen, wo weitere Epiphanien auf Colli warten. Erst in der gähnenden Leere des Zentrums von Dresden begreift er das Ausmaß der Zerstörungen, die der Krieg angerichtet hat. Eine Aufführung der Matthäus-Passion am Karfreitag 1963 in der bis auf den letzten Platz gefüllten Leipziger Thomaskirche wird für den Atheisten zum «religiösen Erlebnis». In Naumburg dagegen die große Enttäuschung: von Nietzsche, der hier immerhin einen Teil seiner Jugend verbracht hat, «keine Spur». Auch in seinem Geburtsort Röcken kann niemand etwas mit Nietzsche anfangen, immerhin kommt Colli hier aber «alles noch so wie früher» vor: das «schlichte Kirchlein», das Pfarrhaus, der Ententeich und Nietzsches Grab, das ihn entfernt an das von Schopenhauer erinnert. «Je mehr man in der DDR den Depressionen des Alltags ausgesetzt ist», hat Amos Elon, der israelische Journalist, in sei-

133

nem oben zitierten Reisebericht geschrieben, «desto angenehmer ist es, in ferne Perioden der Vergangenheit zu flüchten.» Man könnte meinen, er habe Collis Briefe gelesen, um zu diesem Befund zu kommen.[19]

Das Handwerk des Lesens

Obwohl Montinari als ehemaliger Lektor der Edizioni Rinascità über beträchtliche herausgeberische Erfahrungen verfügt, kommt er sich in Weimar wie ein Anfänger vor. So unzweifelhaft es ihm erscheint, dass die existierenden Ausgaben nicht genügen, so wenig ist er sich darüber im Klaren, nach welcher Methode sie selber verfahren müssen, um Nietzsches Werk in definitiver Form zu edieren. Immerhin liegt es nahe, mit dem *Willen zur Macht*, dem Corpus Delicti der Nietzsche-Überlieferung, zu beginnen. Gestützt auf die im Anhang der Groß-oktavausgabe ausgewiesenen Fundstellen hatte Karl Schlechta die von Elisabeth ausgewählten Fragmente zwar in ihre ursprüngliche chronologische Reihenfolge gebracht und damit die nachträgliche Systematik aufgehoben, aber da er sich darauf beschränkt hatte, das von der Schwester publizierte Material zu ordnen, ging die «Manuskript-Situation», aus der die Aphorismen herausgebrochen worden waren, aus seiner Ausgabe ebenso wenig hervor.[20]

Montinari verbringt Wochen damit, die verschiedenen Hefte, in denen Nietzsche Material für seine «Umwertungsschrift» gesammelt hatte, zu entziffern, zu transkribieren und in eine zeitliche Abfolge zu bringen. Delio Cantimori, den er in dieser Zeit oft wegen philologischer Fragen konsultiert, liefert das entscheidende Stichwort: Er sei gespannt, schreibt er, «das Ergebnis der *recensio* des Manuskripts ‹Wille zur Macht›» zu sehen zu bekommen. Der Begriff verweist auf die mit Latinismen gespickte Fachsprache der Editionsphilologie, in die sich Montinari in Weimar autodidaktisch einzuarbeiten beginnt. Um ihm an dieser Stelle weiter folgen zu können, sind einige Bemerkungen zum textkritischen Verfahren unerlässlich.[21]

«Der achte April 1777, wo Friedrich August Wolf für sich den Namen stud. philol. erfand, ist der Geburtstag der Philologie», hat Nietzsche in seinen Aufzeichnungen zu der nie erschienenen fünften Unzeitgemäßen Betrachtung *Wir Philologen* notiert. Eine akademische Disziplin dieses Namens gibt es tatsächlich erst seit dem späten 18. Jahrhundert. Während sich ältere Philologen – darunter die berühmten italienischen Renaissance-Humanisten – auf ihre divinatorischen Fähigkeiten, also auf ihr Sprachgefühl und ihre Vertrautheit mit den antiken Autoren verlassen hatten, um deren Texte von Überlieferungsfehlern oder «Korruptelen» zu «heilen», erhoben deutsche Professoren wie der von Nietzsche genannte Friedrich August Wolf oder sein Berliner Kollege Karl Lachmann den Anspruch, ihre Disziplin genauso exakt wie die mathematischen Naturwissenschaften zu machen, indem sie die Methode der systematischen *recensio* als neuen Standard etablierten. Rezensieren bedeutet, einen überlieferten Text nicht nur nach offensichtlichen oder versteckten Fehlern abzusuchen, sondern mit sämtlichen verfügbaren Fassungen bis hin zur Erstausgabe oder zur ältesten erreichbaren Handschrift zu «kollationieren», das heißt abzugleichen, um seine gesamte Überlieferungsgeschichte zu rekonstruieren, wobei den älteren, ursprünglicheren «Textzeugen» naturgemäß der größere Wert zukommt. Auf diese Weise lassen sich nicht nur die Punkte lokalisieren, an denen sich Abweichungen, Mutationen, Fehler eingeschlichen und in nachfolgenden Ausgaben fortgepflanzt haben, bestenfalls gelingt es sogar, einen verlorenen «Archetypus», einen mit den Absichten des Autors identischen Urtext, zu rekonstruieren, der nicht einmal wirklich existiert haben muss, sondern als eine Art ideales Original allen späteren, im Lauf der Zeit korrumpierten Versionen zugrunde liegt. Auch innerhalb der Textkritik, heißt das, kann man den für viele Wissenschaften des 19. Jahrhunderts so typischen Trend zur Verzeitlichung erkennen: Genau wie die vergleichenden Anatomen, die Sprachwissenschaftler oder später die Evolutionsbiologen legten auch die Philologen eine besondere Vorliebe für Stammbäume, sogenannte *stemmata codicum*, an den Tag, in denen sich die weit verzweigte Nachkommenschaft näher oder weiter entfernter Archetypen synoptisch darstellen ließ. Vor allem Karl Lachmann, der Doyen der deutschen Editionsphilologie, handelte sich später den Vorwurf der Selbstüberschätzung ein, denn mit seiner Methode beanspruchte er nicht nur, die Intentionen des Autors zu rekonstruieren, sondern – in seinen eigenen Worten – dem Werk «eine vollkommenere Gestalt zu geben als die ist, in welcher der Verfasser es in die Welt gesetzt hat».[22]

Nun geht es Montinari darum zu zeigen, dass Nietzsche gerade *kein* Werk mit dem Titel *Der Wille zur Macht* in die Welt gesetzt hat, und auch sonst stellen sich ihm andere Probleme als den deutschen Philologen des 19. Jahrhunderts, die ihre Methoden im Umgang mit antiken und mittelalterlichen Codices entwickelt hatten. Aber Cantimori kann trotzdem mit vollem Recht von einer *recensio* sprechen, denn im Gegensatz zu seinen Vorläufern, die er später als «philologische Nullitäten» bezeichnet hat, stützt Montinari seine Rekonstruktion von Nietzsches Umwertungsschrift zum ersten Mal auf das gesamte verfügbare gedruckte und handschriftliche Material. Das erst nach Jahren formulierte, philologisch wasserdichte Ergebnis seiner Untersuchung lautet: Als Nietzsche seinen Verstand verlor, hatte er ein Werk mit dem Titel «Der Wille zur Macht» längst nicht mehr vorgesehen. Die Passagen seiner Aufzeichnungen, die er für publikationswürdig hielt, waren in seine letzten Bücher, die *Götzen-Dämmerung* und den *Antichrist*, eingeflossen. Alles Übrige dürfe man, so Montinaris Überzeugung, wenn überhaupt, dann nur in seinem authentischen Zusammenhang publizieren.[23]

Die Dekonstruktion des vermeintlichen Hauptwerks ist nur der Anfang. Je länger sich Montinari mit Nietzsches Handschriften beschäftigt, desto klarer wird ihm, dass sie mit dem gesamten Nachlass in gleicher Weise zu verfahren haben. «Eines scheint mir sicher», schreibt er Colli im August 1961. «Die Manuskripte müssen vollständig entziffert und transkribiert und Seite für Seite untersucht, das heißt chronologisch geordnet werden. Gestern z. B. habe ich eine Art Diagramm mit allen Aphorismen der *Morgenröte* erstellt, indem ich die Manuskripte, in denen sie enthalten sind, der Reihe nach durch-

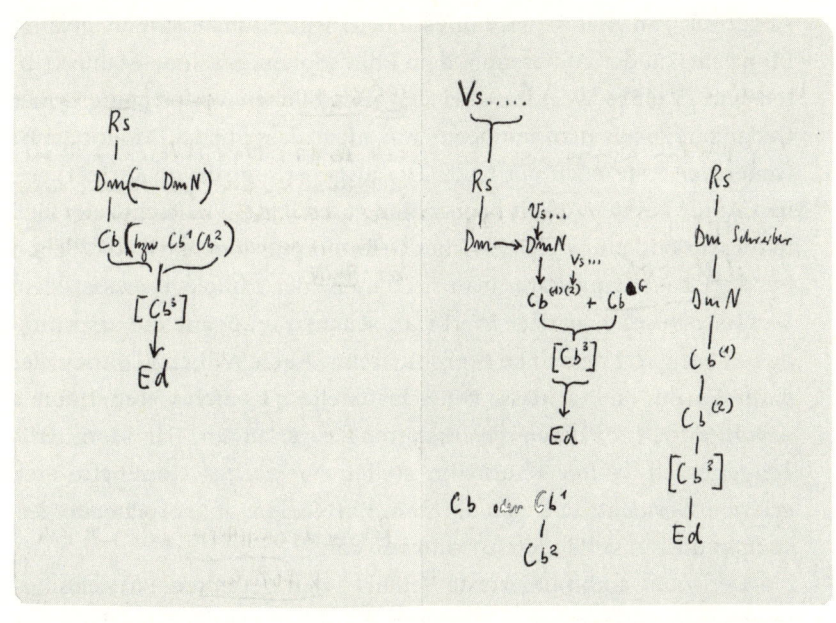

In Nietzsches Werkstatt: von den Vorstufen (Vs) über die Reinschrift (Rs), das Druckmanuskript (Dm) und diverse Korrekturbogen (Cb) bis zum Erstdruck (Ed)

gegangen bin. Zwei Dinge sind dabei herausgekommen: 1. Die Entstehungsgeschichte der *Morgenröte*, 2. Die genaue Chronologie der einzelnen Manuskripte. Eine gründliche Erschließung des ganzen Materials mit Lektüre und Transkription könnte zu noch genaueren philologischen Ergebnissen führen. Wenn das für den Nachlass zu einem von Nietzsche selbst veröffentlichten Werk wichtig ist, so noch weit mehr für die unzähligen nicht benutzten Manuskripte. Das heißt, die Lektüre und Transkription des gesamten Materials führt uns die Ausarbeitung eines Gedankens von einem Notizbuch zu einem Heft, von diesem zu einem weiteren Heft vor Augen. All das ist bisher nicht gemacht worden!»[24]

Während Colli – ähnlich wie Heidegger oder die Anhänger der George-Schule – darauf spekuliert, im Archiv auf den unmittelbaren

Ausdruck von Nietzsches dionysischer Inspiration zu stoßen, gelangt Montinari zu der Auffassung, dem Philosophen in seinen Manuskripten wie in einer Werkstatt bei der allmählichen Verfertigung seiner Gedanken zusehen zu können – was nicht dasselbe ist. Montinari ist weder der erste noch der letzte Herausgeber, der davon spricht, seinen Autor bei der Arbeit beobachten zu wollen – vielleicht zeigt sich in diesem Bild ein voyeuristischer Grundimpuls der Textkritik. Schon bei Karl Lachmann kann man nachlesen, der Philologe müsse «dem Verfasser in seine geistige Werkstatt schauen und ganz die ursprüngliche Thätigkeit desselben reproduciren». Auch Wilhelm Dilthey, der dafür eintrat, die Nachlässe von Schriftstellern zu archivieren, träumte davon, Zutritt zu deren «Werkstätten» zu erlangen. Für Montinaris Zeitgenossen Walter Kaufmann stellen Nietzsches Notizhefte eine «riesige Werkstatt voll von Skizzen, Entwürfen, abgebrochenen Versuchen und unvollendeten Träumen» dar.[25]

Der wohl ambitionierteste Versuch, den gesamten Entstehungsprozess eines literarischen Werkes abzubilden, geht auf den Tübinger Philologen Friedrich Beißner zurück. In seiner 1943, also mitten im Krieg, begonnenen historisch-kritischen Hölderlin-Ausgabe hatte er sämtliche Vorstudien und Überarbeitungsstufen aus dem Nachlass des Dichters in chronologischer Reihenfolge in einem labyrinthisch verschachtelten «Stufenapparat» dokumentiert. Beißners Devise lautete, das «räumliche Durcheinander» der Handschriften in ein «zeitliches Nacheinander» aufzulösen – freilich ohne dabei aus dem Blick zu verlieren, auf welches Ergebnis Hölderlin mit seinen Überarbeitungen selber aus gewesen war.[26]

Es leuchtet ein, dass Montinari sich an den deutschen Philologen orientiert. Der Vergleich der veröffentlichten mit den unveröffentlichten Varianten hat ihn davon überzeugt, dass «kein Bild, kein Wort, nicht einmal ein Interpunktionszeichen anstelle eines anderen» in Nietzsches Texten beliebig ist. Das macht die eigenmächtige Editionspolitik des Nietzsche-Archivs umso skandalöser. Die einzig angemessene Reaktion auf diese Überlieferungsgeschichte muss heißen, Nietzsches Werk aus *seiner* Perspektive zu rekonstruieren, eine Fassung zu erstellen, die *seine* Gedankengänge abbildet – und gerade für eine solche Fassung haben die Lachmanns und die Beißners die geeigneten Instrumente bereitgestellt.[27]

Auf Bitte von Helmut Holtzhauer macht Montinari sich im Sommer 1962 daran, die leitenden Gesichtspunkte der neuen Edition auszuformulieren: Die von Nietzsche selbst veröffentlichten Werke sollen auf Grundlage der Erstdrucke und unter Berücksichtigung der Vorstufen, die nachgelassenen Texte zum ersten Mal vollständig und in der Reihenfolge ihrer Niederschrift herausgegeben werden – was wegen Nietzsches Angewohnheit, seine Hefte aus beiden Richtungen zu beschreiben, eine aufwendige Rekonstruktion voraussetzt. Man muss eine weitere Notiz, die sich in Montinaris Nachlass erhalten hat, heranziehen, um zu verstehen, welcher Erkenntnisanspruch mit dieser Konzeption verbunden ist: «Wer die Notizhefte Nietzsches in ihrer chronologischen Reihenfolge liest, gewinnt ein genaues Bild seines Schaffens: alles liegt klar und konsequent vor seinen Augen, kein Zweifel ist möglich über die Absichten, die in Nietzsches Plänen zum Ausdruck kommen.» Am deutlichsten hat Montinari sein Selbstverständnis als Herausgeber einige Jahre später formuliert: *Che cosa ha veramente detto Nietzsche* – «Was Nietzsche wirklich gesagt hat» – lautet der Titel seiner einzigen Nietzsche-Monografie.[28]

Nietzsche ist eine Krankheit

Auch wenn ihn die Arbeit noch so sehr begeistert: Florenz mit Weimar zu vertauschen, ist für Montinari kein leichter Schritt. In den ersten Jahren wird sein Enthusiasmus nur von seiner Verzweiflung übertroffen. Während Colli mittlerweile eine siebenköpfige Familie hat, ist er mit Mitte dreißig noch immer Junggeselle und schwankt zwischen Deutschland und Italien, zwischen unterschiedlichen Lebensentwürfen, Überzeugungen und Frauengeschichten hin und her. In seinen Briefen an Colli ist von einer «beängstigenden Leere» die Rede. Er fühlt sich «erschöpft und innerlich verloren», sein Leben kommt ihm «verkehrt und schrecklich unsicher» vor. Nach seinem Bruch mit dem Marxismus hatte er sich zunächst wieder auf ihr gräkophiles Rollenspiel eingelassen und den Älteren als Ideengeber, Lehrer und Mentor akzeptiert. Doch in dem Maß, wie sich die «Aktion Nietzsche» in sein persönliches Anliegen verwandelt, wächst auch das Bedürfnis, sich von seinem *paedagogo* zu emanzipieren. «Es gibt einige Dinge, die wir klären müssen, weniger in Bezug auf die ‹Weltanschauung› als in Bezug auf das, was ich nötig habe, um ‹der zu werden, der ich bin›», deutet er, auf Nietzsche anspielend, im August 1961 an. Der Umgang mit dem selbstbewussten Colli bestärkt ihn immer wieder in dem Gefühl, keinen eigenen Standpunkt zu besitzen: «Oft fühle ich mich unförmig, grau, wie ohne Knochen.» Er klagt über seinen «undisziplinierten, schlaffen, faulen, trägen Charakter» und träumt von «Beständigkeit» und «innerem Gleichgewicht». An den langen Wochenenden in Weimar versucht er, die Defizite auf seine Weise zu kompensieren, indem er bilanziert, Rechenschaft ablegt und – wie schon bei früheren Gelegenheiten – systematische Selbsterforschung betreibt: «Um meinen Überlegungen Stetigkeit zu verleihen, habe ich angefangen, alles in ein Heft zu schreiben. Es ist klar, dass ich zu allem, was uns beschäftigt (Nietzsche, Wissenschaft, Politik etc.), eine eigene Meinung haben muss.»[29]

In einer Erinnerung an seinen Freund hat Cesare Cases einen Bogen bis ins 16. Jahrhundert geschlagen, als Lucca zwei Jahrzehnte lang ein Zentrum der mittelitalienischen Reformation gewesen war. Für Cases verkörperte Montinari, der sich den Protestanten seiner Heimatstadt in seiner *tesi di laurea* gewidmet hatte, das Erbe dieser nie abgerissenen Traditionslinie. Inwiefern die Reformation fortfuhr, das kulturelle Klima in Lucca zu prägen, nachdem die führenden Häretiker ins Exil gegangen waren, ist eine Frage, die nicht in wenigen Sätzen beantwortet werden kann. Aber angenommen, dass Cases Recht hat, dass wir uns Montinari tatsächlich als verkappten Protestanten vorstellen müssen – dann fügen sich sein antikatholischer Affekt und seine moralische Rigorosität, seine Schriftgläubigkeit und sein Hang zur Selbsterforschung wie Puzzleteile zu einem kohärenten Ganzen zusammen, das seiner Hinwendung zur Philologie eine quasireligiöse Note verleiht.[30]

«Ich werde schon noch herausfinden, wie ich meine Seele rette», schreibt er Colli im Oktober 1963. Der spirituellen Dimension seiner Entzifferungsarbeit ist er sich wohl bewusst. Und tatsächlich: Im Zusammenhang gelesen ergeben seine Briefe und Tagebücher, in denen sich philologische Beobachtungen mit Selbstdiagnosen vermischen, beinah so etwas wie ein Stück pietistische Bekenntnisliteratur. Am Anfang steht das Erweckungserlebnis, das Montinari im Angesicht von Nietzsches Schriften widerfährt. Es folgen die obligatorischen Krisen, Anfechtungen und Zweifel, die sich, von Momenten euphorischer Gewissheit unterbrochen, auch in seinem schmerzhaft ambivalenten Verhältnis zu Nietzsche manifestieren: Die Auseinandersetzung mit seinem Autor bedeutet für Montinari einen täglich aufs Neue zu führenden Kampf. Als «zimperlicher Ästhet», als Misanthrop und Reaktionär kann Nietzsche ihm schlagartig unerträglich werden – aber nur, um ihn im nächsten Moment wieder umso stärker in seinen Bann zu ziehen.[31]

Man könnte ein ganzes Buch darüber schreiben, wie Nietzsche gelesen wurde und wie diese Lektüre ihrerseits zu einem literarisch-philosophischen Topos geworden ist, schien sie doch immer mehr als eine nur intellektuelle Tätigkeit zu sein: das Erlebnis einer «seligen Trunkenheit», wie der Lebensreformer Emil Gött kurz vor der Jahrhundertwende seinem Tagebuch anvertraut hatte, eine diffizile «Kunst», wie Thomas Mann nach dem Zweiten Weltkrieg schrieb, oder pure «Intensität», wie Jean-François Lyotard in den 1970er Jahren erklären sollte – in jedem Fall ein Akt der Befreiung, der Subversion und Überschreitung, der die Grenzen von Philosophie und Dichtung, von Vernunft und Wahnsinn, von Lesen und Leben in Bewegung versetzte. Von dieser Regel macht auch Montinari keine Ausnahme. «Nietzsche ist weder ein poetisches Genie noch ein Philosoph, weder ein ‹Moralist› noch ein Psychologe», notiert er Ende 1963. «Nietzsche ist eine Krankheit. Jedes Wort, jeder Begriff, jeder Versuch von ihm finden in mir ein persönliches Echo. Nietzsche ist ein noch nicht gelöstes Problem – und auch ich bin ein noch nicht gelöstes Problem. Sobald ich beschließe, mich mit meiner Krankheit zu beschäftigen, beschäftige ich mich mit seiner – und umgekehrt.»[32]

Es hilft nur eines: die herkulische Arbeit zu absolvieren. Wie ein beflissener Schüler hält Montinari in seinen Briefen an Colli sein Pensum fest: «So sieht die Arbeit im Archiv aus: sieben Stunden täglich, mittags belegte Brote und Tee (Ich habe mir in Mailand eine Thermosflasche gekauft, aber so etwas gibt es jetzt auch hier!).» – «Heute habe ich nicht einmal zwanzig Minuten Mittagspause gemacht.» – «Heute habe ich 16 Seiten geschafft! Das alles strengt mich sehr an, aber es ist eine Anstrengung, die ich gerne, ich würde sogar sagen ‹mit Fanatismus› auf mich nehme.» Der Gang in den Lesesaal ist Lust und Qual und tägliches Exerzitium, das seinem Leben Stetigkeit verleiht. «Im Zustand der Depression», meldet er Colli aus der Talsohle einer seiner vielen Krisen. «Die einzigen Funken von Begeisterung kommen von der Arbeit, von Nietzsche.» Das liegt auch daran, dass er das Gefühl hat, dass diese Arbeit immer mehr ihm selbst entspricht: «Für mich erweist sich Nietzsche als große Prüfung. Ich weiß nicht, wie ich Dir erklären soll, dass diese Arbeit gerade deshalb immer mehr zu *meiner* Arbeit wird, weil sie so qualvoll ist.» Keine Erlösung ohne Leiden – auch in dieser Hinsicht folgt Montinari dem pietistischen Modell.[33]

In seinen Briefen an Colli lässt sich beobachten, wie seine spirituellen Bedürfnisse allmählich mit seinen philologischen Vorstellungen konvergieren. Schon 1954, als ihm in der Öde des Militärdiensts in Bari die ersten Zweifel an seiner Eignung zum kommunistischen Intellektuellen gekommen waren, hatte er sich gefragt, ob die «Suche nach Wahrheit» für ihn nicht die viel passendere Aufgabe als die politische Praxis sei. Zehn Jahre später ist die politische Praxis in den Hintergrund gerückt. Dafür gewinnt die Suche nach Wahrheit eine andere Qualität. In seinem ostdeutschen Exil entdeckt Montinari jene neuartige Gewissheit, die mit dem Prinzip der Buchstabentreue verbun-

Eine Postkarte aus dem Goethe- und Schiller-Archiv: «In diesem Zimmer befindet sich der ganze ‹Wille zur Macht› und außerdem eine Schreibmaschine, die unerbittlich transkribiert.»

den ist. Er sei «auf der Suche nach dem echten Nietzsche», teilt er Colli 1962 noch ohne besondere Emphase mit. Mit der Zeit entwickelt er jedoch einen regelrechten Urtext-Enthusiasmus. Er werde von einer «wütenden Leidenschaft für die Wahrheit» angetrieben, heißt es in einem Brief aus dem Folgejahr. Colli wird nicht entgangen sein, dass darin auch eine Anspielung auf Nietzsche steckt.[34]

Wie man weiß, ist Nietzsche der Philosoph, der den «Werth der Wahrheit» in Frage gestellt hat. In dieser Hinsicht ging er selbst über einen so radikalen Kritiker der bürgerlichen Gesellschaft wie Karl Marx hinaus. Die Provokation fing schon damit an, der Wahrheit überhaupt einen «Wert» zu unterstellen, war sie im Selbstverständnis des wissenschaftsgläubigen 19. Jahrhunderts doch gerade mit den Idealen der Objektivität, der Interesselosigkeit oder, wie es später bei dem Nietzsche-Leser Max Weber heißen sollte, der «Wertfreiheit» gleichbedeutend. Doch seitdem ihm über seiner Auseinandersetzung mit der Figur des Sokrates die ganze Fragwürdigkeit des Drangs zur Erkenntnis aufgegangen war, hörte Nietzsche nie wieder auf, diese optimistische Epistemologie als Irrglauben zu attackieren. «Was in uns will eigentlich ‹zur Wahrheit›?», lautete seine immer aufs Neue gestellte Frage – und seine Antwort lief darauf hinaus, den «Willen zur Wahrheit» als Ausdruck derselben christlich-asketischen, lebensfeindlichen Moral zu entlarven, als deren aufgeklärtes Gegenprinzip er sich für gewöhnlich ausgab. Der falschen Alternative ließ sich nur entkommen, wenn man die Wahrheit selbst als regulatives Prinzip aufgab. «Nichts ist wahr, Alles ist erlaubt», lautet daher Nietzsches berüchtigte Parole der Überschreitung, und es ist keine Überraschung, dass diese Stelle dem jungen Mussolini besonders gefallen haben soll.[35]

Wie hielt es Mussolini aber mit den anderen Stellen – den Stellen, an denen sich Nietzsche zu einer «Leidenschaft der Erkenntnis» bekannte, die den bisherigen Philosophen abgegangen sei? Denn anstatt bei der Negation der sokratischen Kultur stehenzubleiben, trieb er sie so weit ins Extrem, bis sie in die Affirmation eines noch radikaleren Wahrheitswillens umschlug. Dahinter verbirgt sich Nietzsches große Erzählung von Décadence und Nihilismus, die ihn – trotz seiner Ausfälle gegen die moderne Geschichtsphilosophie – als genuin modernen Denker ausweist: So wie Marx prophezeit hatte, dass die bourgeoise Klassenherrschaft an ihren inhärenten Widersprüchen zerbrechen würde, diagnostizierte Nietzsche nämlich die «Selbstaufhebung» des platonisch-christlichen Wahrheitsregimes – denn «alle grossen Dinge gehen durch sich selbst zu Grunde». In letzter Konsequenz müsse sich das Ethos der Wahrhaftigkeit gegen sich selber kehren und den «Willen zur Wahrheit» seiner lebensfeindlichen Logik überführen. Das Ganze im Tonfall der Dringlichkeit vorgetragen, denn anders als Marx, der auf den langfristigen Fortschritt der Produktivkräfte gesetzt hatte, hielt Nietzsche diesen Wendepunkt schon für gekommen – und zwar in Gestalt seiner eigenen Person. Er sei «décadent zugleich und Anfang», schrieb er in seiner Selbstdarstellung *Ecce homo*. Mit seiner obsessiven intellektuellen Redlichkeit und seiner Bereitschaft, jede errungene Überzeugung preiszugeben, sah sich der Abkömmling einer langen Linie protestantischer Geistlicher als beides: als Vollendung und Überwindung jener «zweitausendjährigen Zucht zur Wahrheit», für die das Christentum verantwortlich war.[36]

Der Ritter von der traurigen Gestalt

Montinaris Verwandlung in einen Philologen hat viele Gründe: die ideologische Krise der späten 1950er Jahre; die Aura der Handschriften im Goethe- und Schiller-Archiv; die wachsende Vertrautheit mit einem Autor, der ihn in seiner Buchstabentreue bestärkt. Die letzten Zweifel an der Natur seiner Mission dürften allerdings erst durch die Begegnung mit Erich Podach zerstreut worden sein.

Man wüsste gern, welche Zufälle den deutsch-ungarischen Juden, der während des Ersten Weltkriegs Kommunist und nach dem Zweiten Honorarprofessor für Systematische Kulturwissenschaft an der Universität Stuttgart geworden war, dazu bewogen hatten, ausgerechnet Nietzsche zu seiner Lebensaufgabe zu machen. Seit den 1920er Jahren bemühte er sich darum zu beweisen, dass Nietzsche nicht mehr als ein psychisch labiler Weltanschauungsschriftsteller gewesen sei. «Podachs Position ist in etwa die folgende», schreibt Montinari an Colli, nachdem er den Privatgelehrten bei seinem dritten Aufenthalt in Weimar im Frühjahr 1962 im Archiv kennengelernt hat. «Nietzsche ist kein ernstzunehmender Philosoph. Das gilt insbesondere für seine späten nachgelassenen Schriften, die den verzweifelten Versuch offenbaren, etwas zu sagen, ohne dazu in der Lage zu sein, und die sich darauf beschränken, alles zu zerstören, was jemals vor ihm gesagt worden ist. Politisch ist Nietzsche ein unerträglicher Dilettant und natürlich ein waschechter Reaktionär; in letzter Konsequenz ist er ein Komiker. Des Weiteren sind die Nietzscheaner eine verabscheuungswürdige Rasse, nicht nur die vulgären, sondern auch die kultivierten, zum Beispiel die ‹Georgiaster›, wie er sie nennt: Bertram, Karl Reinhardt, Kurt Hildebrandt und auch Salin. Allesamt Leute, die mit Hitler kein Problem gehabt hätten.»[37]

Nach den Enthüllungen Karl Schlechtas war Podach der Einzige gewesen, der, anstatt in das erneute Raunen um Nietzsches Nachlass einzustimmen, eine Anfrage ans Goethe- und Schiller-Archiv gerichtet hatte, um das Material persönlich in Augenschein zu nehmen – was sicherlich auch daran lag, dass er als alter Kommunist der DDR gegenüber keine politischen Vorbehalte hegte. «Sein Herz schlägt links», schreibt Montinari. «Heute steht er allen Parteien fern, aber er hat eine politische Vergangenheit, die der meinen ähnelt, nur dass sie viel schöner ist: Er war in Moskau, hat 1921 Lenin kennengelernt usw.» Noch spektakulärer erscheint ihm allerdings, dass Podach in den 1920er Jahren auch Lou Andreas-Salomé und der Witwe Franz Overbecks, Figuren aus Nietzsches persönlichem Umfeld, begegnet war. Als Veteran der alten, ideologischen Auseinandersetzungen verkörpert er inmitten der prosaischen Gegenwart des Archivalltags die Kontinuität einer legendären Vergangenheit.[38]

Im Zuge dieser Auseinandersetzungen muss Podach durch eine harte Schule des Verdachts gegangen sein. Er sieht sich auf allen Seiten von Widersachern umstellt. Karl Schlechta hält er für einen ehemaligen Erfüllungsgehilfen Förster-Nietzsches, der mit seinen Anschuldigungen von seiner eigenen Mitverantwortung ablenken will. Die Übrigen, die wie Heidegger oder Löwith die Legende des von den Kommunisten unter Verschluss gehaltenen Nachlasses verbreiten, seien dagegen vor allem um die Lebensdauer ihrer eigenen Interpretationen besorgt. «Hier in Deutschland ist leider das Interesse an den zentralen Nietzsche-Problemen gering», schreibt Podach an Colli. «Man kümmert sich nur um Deutungen, die in der Luft schweben.» Um selbst eine historisch-kritische Ausgabe in Angriff zu nehmen, fehlen ihm nicht nur die finanziellen Mittel. Die «schaffensanalytische Studie» *Ein Blick in Nietzsches Notizbücher*, die er 1963 veröffentlicht, ist ein eklektisches, teils philologisch sachliches, teils heftig Partei ergreifendes Werk, das neben Transkriptionen eines Teils der Umwertungsmanuskripte jede Menge eigene Thesen, polemische Seitenhiebe und Ansätze zu einer psychopathologischen Deutung Nietzsches enthält. «Mit diesem Buch erklärt er allen hohen Tieren der westlichen Nietzscheologie den Krieg», schreibt Montinari. Podach sei nicht nur der Einzige unter den Nietzsche-Forschern, dem Respekt gebühre – «Er ist der Einzige in Deutschland, der uns helfen kann».[39]

Das hat umso mehr Bedeutung, als Colli und Montinari inzwischen mit einem Verleger handelseinig geworden sind. Luciano Foà, seit Paveses Tod Collis wichtigster Ansprechpartner bei Einaudi, hat sich – ähnlich wie vor ihm Paolo Boringhieri – 1962 zusammen mit dem Büromaschinen-Unternehmer Roberto Olivetti selbständig gemacht und die von den Turinern verschmähten Rechte an einer italienischen Nietzsche-Ausgabe als Startkapital mitgenommen. Es steht allerdings außer Frage, dass das Risiko eines solchen Unternehmens unmöglich von den Adelphi Edizioni allein getragen werden kann. Zwar haben die Herausgeber längst entschieden, dass neben der italienischen auch eine deutschsprachige Ausgabe erscheinen soll, doch sowohl in der DDR als auch in der BRD ist Nietzsches Ruf zu fragwürdig, als dass die Suche nach einem deutschen Verleger aussichtsreich erscheint. Stattdessen gelingt es Foà und Colli im April 1962, den Pariser Gallimard Verlag für eine französische Nietzsche-Edition zu interessieren. Aber auch in Frankreich ist Nietzsche damals noch kein leicht vermittelbarer Autor, weshalb die Sommermonate mit langwierigen Detailverhandlungen vergehen.[40]

Unterdessen malt sich Erich Podach schon ihre zukünftige Zusammenarbeit aus. Er fühlt sich berufen, an der Edition mitzuwirken, und schwelgt in der Vorstellung, seine Gegner mit der Nachricht zu düpieren, «dass eine internationale Brigade mit Feuereifer sich an die Arbeit gemacht hat». Dagegen hält Montinaris anfängliche Begeisterung nicht lange an. «Obwohl ich von diesem Mann eine Menge lerne und obwohl wir uns politisch nahestehen», schreibt er, «strengt mich unsere Konversation sehr an.» Podachs Kampf gegen imaginäre Feinde grenzt an Paranoia. Im Übereifer seiner Monologe neigt er dazu, seine falschen

Zähne zu verlieren. In seiner rührenden Zerrüttung demonstriert er, was es bedeutet, die Objektivität der editorischen Arbeit aufzugeben und sich stattdessen im Kalten Krieg der Parteien zu verzehren. Der Brief, in dem er Podach die Unvereinbarkeit ihrer unterschiedlichen Herangehensweisen erläutert, wird daher für Montinari selbst zu einem entscheidenden Moment: Zum ersten Mal buchstabiert er sein neues Selbstverständnis als Philologe aus. Colli und er, schreibt er, würden sich weder mit einem bestimmten Lager identifizieren noch das Ziel verfolgen, mit ihrer Ausgabe eine bestimmte Sichtweise durchzusetzen. Ihre Absicht sei es lediglich, «ein auf Tatsachen begründetes, die Streitigkeiten der Anti- und Pronietzscheaner im Grunde fast ignorierendes, nüchternes, historisches Urteil» zu gewinnen.[41]

Politik der Tatsachen

Ein Urteil auf «Tatsachen» zu begründen, um den Streit der Parteien zu überwinden – aus diesem Halbsatz ließe sich die Geschichte einer ganzen Disziplin rekonstruieren. Zwar wurde die Textkritik erst im 19. Jahrhundert von deutschen Professoren in den Rang einer akademischen Wissenschaft erhoben, viele ihrer Errungenschaften reichen aber mindestens bis zu den Humanisten der italienischen Renaissance zurück. So plädierte Angelo Poliziano schon gegen Ende des 15. Jahrhunderts dafür, Manuskripte nicht divinatorisch, sondern auf der Grundlage von systematischem Vergleich zu emendieren. Piero Valeriano fügte seiner Virgil-Edition wenig später schon einen kritischen Apparat hinzu. Und Giannantonio Campano, der die ersten römischen Buchdrucker beaufsichtigte, bewies ein geschärftes Bewusstsein für die Differenz von Text und Deutung, wenn er im Vorwort zu seiner Livius-Ausgabe versicherte, er sei nie «ein neugieriger Interpret» gewesen, sondern beschränke sich darauf, «die Fehler der Schreiber zu korrigieren».[42]

In den Entwürfen zu seiner fünften Unzeitgemäßen Betrachtung

rühmt Nietzsche das «angreifende aktive Element» der alten «Philologen-Poeten», das für ihn in größtmöglichem Kontrast zum professo-
ralen Habitus der «Philologen-Gelehrten» seiner eigenen Epoche
stand. Tatsächlich hatten die Fortschritte, die die *ars critica* in der
Frühen Neuzeit machte, weniger mit weltabgewandter Gelehrsamkeit
als mit dem Aufflammen religiöser und politischer Konflikte zu tun,
was nicht verwundert, wenn man bedenkt, welche politische Relevanz die Autorität der schriftlichen Überlieferung in einer christlichen, von dynastischen Herrschaftsansprüchen geprägten Gesellschaft besaß. Während der italienische Humanist Lorenzo Valla mit
philologischen Mitteln demonstrierte, dass die «Konstantinische
Schenkung», die Urkunde, aus der die Päpste die Legitimität des Kir-
chenstaates ableiteten, eine Fälschung war, publizierte der französische Jurist und Historiker Jean Du Tillet im 16. Jahrhundert eine
Sammlung historischer Dokumente, um den Anspruch des Hauses
Valois auf die französische Krone zu untermauern. Es leuchtet ein,
warum man später von der «historisch-kritischen Methode» sprechen
sollte: Die Kritik der schriftlichen Quellen und die Ermittlung der historischen Tatsachen liefen in Fällen wie diesen beinah auf dasselbe
hinaus.[43]

Die wahre Stunde der Philologen schlug aber erst, als das christ-
liche Europa in zwei einander verfeindete Konfessionen auseinander-
fiel. Es steckt viel Richtigkeit in Nietzsches Beobachtung, dass zu den
Folgen der Glaubenskriege auch eine gesteigerte intellektuelle und
sprachliche Sensibilität gehörte. Erst die «feineren Streitigkeiten der
Secten», schreibt er in der *Fröhlichen Wissenschaft*, hätten die Gläubigen mit dem Gedanken vertraut gemacht, «dass das ‹ewige Heil der
Seele› an den kleinen Unterschieden der Begriffe hängt». Zwar hatten
schon die Gelehrten des Mittelalters gewusst, dass die Bibel ursprünglich nicht im Latein der Vulgata, sondern auf Hebräisch und Griechisch
verfasst worden war, doch erst durch die Schriftgläubigkeit der Protestanten nahm die theologische Fallhöhe solcher überlieferungs-
geschichtlichen Probleme dramatisch zu. Wenn alle Wahrheit, wie das
Sola-scriptura-Prinzip besagte, von der Heiligen Schrift ausging, dann

mussten Zweifel an deren Wortlaut die Fundamente des Glaubens berühren. Damit war die Bühne für einen großen philologischen Schlagabtausch bereitet: In der zweiten Hälfte des 17. Jahrhunderts verwickelten sich die protestantischen Hebraisten Louis Cappel und Johann Buxtorf in eine Debatte über die Frage, zu welchem Zeitpunkt die Vokalzeichen in den hebräischen Urtext des Alten Testaments eingeführt worden waren. Der Oratorianer Richard Simon, der die Sprengkraft solcher Auseinandersetzungen erkannte, veröffentlichte 1678 seine *Histoire Critique du Vieux Testament*, eine Überlieferungsgeschichte des Alten Testaments von den ältesten hebräischen über die griechischen bis zu den jüngsten lateinischen Fassungen, in der er zeigte, dass sich auf allen Stufen Mutationen, Abweichungen und Fehler eingeschlichen hatten. Das bot ihm, dem Katholiken, Gelegenheit, die Schriftfixierung der Protestanten als Absurdität zu widerlegen und für die Notwendigkeit einer kirchlichen Hierarchie zu plädieren.[44]

Auch der Meilenstein der historisch-kritischen Methode im späten 17. Jahrhundert, das *Dictionaire historique et critique* von Pierre Bayle, besitzt einen konfessionellen Hintergrund. Ernst Cassirer hat den Hugenotten, der zum Katholizismus und wieder zurück konvertierte und später in die toleranten Niederlande flüchtete, als «Galilei» der Geschichte bezeichnet: als denjenigen, der dem neuen «Begriff des Tatsächlichen», der im Zuge der philologischen und politischen Debatten an Plausibilität gewann, eine methodische und theoretische Grundlage gegeben habe. Auf den ersten Blick ist Bayles *Dictionaire* von 1696 nicht mehr als ein historisches Personenlexikon – König David hat ebenso wie Tacitus oder der französische Philologe Joseph Scaliger einen Eintrag –, ein Who is who des europäischen Bildungskanons. Doch auf den zweiten entpuppt es sich als Apologie einer neuen Art von Gewissheit, da der Verfasser nicht nur unzählige historische Fakten zusammenträgt, sondern seine überbordenden Fußnoten dazu nutzt, die methodische Strenge zu dokumentieren, mit der er in jedem einzelnen Fall die verfügbaren Dokumente gesichtet, verglichen und in Bezug auf ihre Glaubwürdigkeit beurteilt hatte, um nur dasjenige zuzulassen, was nach dem Zeugnis der Überlieferung ohne Zweifel der Fall gewesen war.[45]

Mit seinen «vérités de fait» bezog Bayle eine erkenntnistheoretische Rückzugsposition. Die Sprengkraft philosophischer und theologischer Wahrheiten hatte der politische Flüchtling am eigenen Leib erfahren. Nicht umsonst ist in den in seine Fußnoten eingeschmuggelten Digressionen so oft vom «Streit der Parteien» die Rede: Der Horizont, vor dem er seine Epistemologie der Faktizität entfaltete, war der religiöse Bürgerkrieg. Im Gegensatz zu den Meinungen und Dogmen, die die intellektuelle Öffentlichkeit des 17. Jahrhunderts in Unruhe versetzten, hatten die Fakten, denen er zum Durchbruch verhelfen wollte, die Eigenschaft, «allen Menschen gemeinsam» zu sein. Sie bildeten das Fundament einer geteilten Welt, auf die man sich auch dann noch einigen können musste, wenn der Konsens einer geteilten Weltanschauung zerbrochen war. Sich auf die mühevolle Verifikation historischer Tatsachen einzulassen, war für Bayle daher kein Selbstzweck und keine pedantische Übung, sondern eine politische Schule der Besonnenheit: «Bedeutet es etwa nichts, unseren unglücklichen Hang zu schnellen Urteilen zu korrigieren? Bedeutet es nichts, zu lernen, Gedrucktem nicht bereitwillig zuzustimmen? Besteht nicht das Wesen der Klugheit gerade darin, nicht allzu leichtgläubig zu sein?»[46]

Nach allem Gesagten muss es überraschen, dass ausgerechnet Nietzsche für Bayle eine besondere Vorliebe hegte. Schließlich ist Nietzsche für die Behauptung berüchtigt, es gebe keine Tatsachen, nichts, was der Fall sei, sondern nur perspektivische, vom Willen zur Macht geleitete Interpretationen. «Gerade Thatsachen giebt es nicht, nur Interpretationen.» – «Ein Sinn muß immer erst hineingelegt werden, damit es einen ‹Thatbestand› geben könne.» – «In Wahrheit ist Interpretation ein Mittel selbst, um Herr über etwas zu werden.» Solche Stellen, von denen sich in seinen veröffentlichten und unveröffentlichten Schriften viele weitere finden lassen, haben Nietzsche den Vorwurf eingetragen, dem sogenannten postfaktischen Zeitalter den Weg bereitet zu haben. Doch so einfach ist es nicht: Für jede Negation objektiver Wahrheit, für jede Stelle, an der er das Faktum – oder den

«Text», wie er als Philologe auch gerne sagte – zugunsten seiner Auslegung verwirft, lässt sich ein Beleg für die entgegengesetzte Behauptung finden, nach der es beim Denken auf nichts so sehr ankomme wie darauf, zwischen Tatsache – oder Text – und Interpretation zu unterscheiden. Im *Antichrist* zum Beispiel, seiner Streitschrift gegen das Christentum, scheint Nietzsche die ganze Infamie der Theologen mit ihrem «Unvermögen zur Philologie» zu identifizieren: «Unter Philologie soll hier, in einem sehr allgemeinen Sinne, die Kunst, gut zu lesen, verstanden werden, Thatsachen ablesen können, ohne sie durch Interpretation zu fälschen, ohne im Verlangen nach Verständniss die Vorsicht, die Geduld, die Feinheit zu verlieren. Philologie als Ephexis [d. h. Zurückhaltung, P. F.] in der Interpretation: handle es sich nun um Bücher, um Zeitungs-Neuigkeiten, um Schicksale oder Wetter-Thatsachen.» Nichts anderes hatte Pierre Bayle im Sinn gehabt, als er vor den Risiken überstürzter Urteile gewarnt hatte.[47]

Der Germanist Hendrik Birus hat einen eleganten Vorschlag gemacht, um Nietzsches widersprüchliches Verhältnis zu den Fakten aufzulösen: Wo er jede Möglichkeit einer Tatsachenwahrheit verwerfe, spreche er als Erkenntnistheoretiker, der, inspiriert von Schopenhauer und Kant, Entwürfe einer eigenen transzendentalen Philosophie skizziere. Wo er dagegen auf Faktizität, auf genauer Lektüre, auf der kategorischen Unterscheidung von Text und Interpretation beharre, spreche er als Kulturkritiker, der die «Kunst, gut zu lesen», aus seiner Disziplin, der Altphilologie, entwendet hatte, um sie zum Instrument eines neuen «historischen Philosophirens» zu machen, das aus den nebensächlichsten Details der Kulturgeschichte die weitreichendsten Schlüsse zog. Wenn Nietzsche schreibt, dass «alle Wissenschaft dadurch erst Continuität und Stetigkeit gewonnen» habe, «dass die Kunst des richtigen Lesens, das heisst die Philologie, auf ihre Höhe kam», dann kann man das also auch als Aussage über seine eigene fröhliche Wissenschaft verstehen, die mit ihrer Verbindung von schnellem und langsamem Denken, von essayistischer Finesse und akademischer Gründlichkeit bis heute nichts von ihrer Faszination verloren hat.[48]

Nieder mit den Philosophen!

Womit wir uns wieder Montinari zuwenden können, der in Nietzsches historisch-kritischer Philosophie das Vorbild für seine eigene Mission erkennt. «Vor allem *Menschliches, Allzumenschliches* ist das Buch, in dem ich fast alles unterschreiben würde», lässt er Colli wissen, der gerade mit diesem Titel besonders wenig anfangen kann, mit dem sich Nietzsche von Wagner abgekehrt und zumindest vorübergehend in einen Aufklärer verwandelt hatte: ein Manifest des rückhaltlosen Strebens nach Erkenntnis, eine Apologie der kleinen, «unscheinbaren Wahrheiten», die nur um den Preis der großen Überzeugungen zu haben seien. «Ueberzeugungen sind gefährlichere Feinde der Wahrheit, als Lügen»: Wenn Montinari diesen Aphorismus aus *Menschliches, Allzumenschliches* zu seinen Lieblingsstellen rechnet, dann deshalb, weil er in ihm die Moral seines eigenen Bildungsromans erkennt.[49] In seinem Vorsatz, die «Streitigkeiten der Anti- und Pronietzscheaner» zu ignorieren und sich bei seiner Entzifferungsarbeit nur auf nackte «Tatsachen» zu stützen, klingt ein fernes Echo nach: Ähnlich wie bei den Philologen und Historikern des konfessionellen Zeitalters ist auch Montinaris Hinwendung zu den Fakten nur als Fluchtpunkt seiner politischen Ernüchterung am Ausgang der Glaubenskriege des 20. Jahrhunderts zu verstehen.

Es sei das «Ende der Zeit metaphysischer Sicherheiten» gewesen, hat er sich später in einem Interview mit *il manifesto* erinnert, das ihn davon überzeugt habe, «dass das einzige Gegenmittel gegen zu abenteuerliche Spekulationen die historische und philologische Arbeit ist».[50] Ein Ende, das sich über ein ganzes Jahrzehnt erstreckt: Im Grunde hatte es schon 1948 angefangen, als die Kommunisten in Italien die ersten Parlamentswahlen verloren hatten. Es hatte seinen Schatten auf 1953 geworfen, als Montinari zum Zeugen des Aufstands in Ost-Berlin geworden war. Drei Jahre später, im *annus horribilis* der westeuropäischen Linken, hatte es schließlich seinen Lauf genommen. Wie viele seiner Genossen hätte Montinari nach 1956 auch ein militanter Liberaler werden oder sich einer der Gruppen der Neuen Linken anschließen können. Dass er der Partei, trotz allem, die Treue hielt und dass er nicht in den Höhen der Theorie, sondern auf dem Boden der philologischen Tatsachen nach neuer Gewissheit suchte, hat ebenso viel mit der Aura von Nietzsches Handschriften wie mit der Art und Weise seiner politischen Initiation zu tun. Bei seinem akademischen Lehrer Delio Cantimori hatte er in den späten 1940er Jahren einen Kommunismus kennengelernt, der sich durch seine Theoriefeindschaft und seinen historischen Wirklichkeitssinn auszeichnete. Weder zu den Lebensstilexperimenten noch zu den spekulativen Fantasien der Neuen Linken führte von diesem Kommunismus aus ein Weg. Dafür war der Rigorismus der Textkritik umso anschlussfähiger: Man brauchte sich nur an Cantimoris Beispiel zu orientieren.

Schon während der 1930er Jahre hatte sich der Professor im Zuge seiner wachsenden Distanz zum Faschismus von einem Idealisten à la Gentile in einen historischen Materialisten verwandelt, der die Arbeit im Archiv der philosophischen Spekulation vorzog. Doch erst in den 1950er Jahren, als der Kommunismus seine revolutionäre Intensität verlor und die ideologischen Fronten im Kalten Krieg erstarrten, wurde der Dienst an den historischen Fakten zu seinem letzten Engagement. «In diesem neuen Zeitalter muss sich die Geschichtswissenschaft ganz bewusst auf die Bibliografie, die Gelehrsamkeit und die Philologie zurückbesinnen: Es ist die einzige sichere Sache. So wie früher geht die gelehrte Geschichte auch heute aus dem Streit hervor. Sie ist die einzige brauchbare Waffe.» Das hatte Cantimori kurz nach den verlorenen Wahlen von 1948 notiert. Wie schon in den 1930er Jahren kam er auch in der veränderten politischen Situation auf die frühneuzeitlichen Glaubenskriege zurück. Wenn er sich erneut mit den Häretikern und konfessionellen Flüchtlingen des 16. und 17. Jahrhunderts identifizierte, dann allerdings weniger wegen ihrer politischen Radikalität als aus dem Grund, dass viele von ihnen akribische Geschichtsschreiber und Philologen gewesen waren. Mit Pierre Bayle, dem Virtuosen der historisch-kritischen Methode, verband ihn eine besondere Sympathie.[51]

Das Jahr 1956 wurde für Cantimori zu einem drastischen Einschnitt: Er sah sich gezwungen, nicht nur seine Loyalität zur Kommunistischen Partei, sondern seine Lebensbilanz als politischer Intellektueller überhaupt in Frage zu stellen. «Meine großen Irrtümer», liest man in seinen persönlichen Aufzeichnungen aus dieser Zeit: «1) zu glauben, ich würde etwas von Politik verstehen; 2) zu glauben, dass die Faschisten diejenigen gewesen seien, die die Revolution gemacht hätten; 3) mich zwischen den Kommunisten herumzutreiben; 4) nicht mit dem sterilen Moralismus à la Rousseau und Mazzini zu brechen; 5) in den PCI einzutreten; 6) meine Studien zu unterbrechen, um Marx etc. zu übersetzen. Sich in die Forschung zurückzuziehen, ist das einzige Gegenmittel. Ein chaotisches, richtungsloses Leben sauber zu Ende führen.» Hatte aus seinem Vorsatz des Jahres 1948 noch die Zuversicht gesprochen, einen neuen, objektiven Standpunkt im Jenseits der Ideologien zu gewinnen, so macht er in diesen Zeilen den Eindruck eines Mannes, der sich sein Scheitern eingesteht. Sarkastisch registrierte er seinen steigenden Alkoholkonsum – als hätte er seine ideologische Ernüchterung mit anderen Rauschmitteln kompensieren müssen. 1957 kündigte er dem PCI die Gefolgschaft auf. «Nicht, dass sich meine Überzeugungen geändert hätten», notiert er, «aber bestimmte Dinge verstehe ich nicht mehr, und daher kann ich für keine Partei mehr tätig sein.»[52]

Aus der gleichen Periode datieren Diagnosen, aus denen hervorgeht, dass Cantimori die Epoche des modernen Staates – und damit der europäischen Geschichte – insgesamt für beendet hielt. Zwar bestand seine Reaktion auf die epochale Enttäuschung gerade darin, sich demütig auf den Boden der historischen Tatsachen zurückzuziehen. Ganz konnte er der Versuchung, den Schiffbruch seiner politischen Ambitionen mit großer Geste zum geschichtsphilosophischen Schicksal zu überhöhen, aber trotzdem nicht widerstehen. Ähnlich wie viele der Radikalen, für die er sich in den 1930er Jahren interessiert hatte – Figuren wie Hendrik de Man, Ernst Jünger oder Carl

Schmitt –, begann auch Cantimori nach dem Krieg, mit Motiven jenes «posthistorischen» Denkens zu spielen, das die Verarbeitung des Traumas einer Generation politischer Intellektueller darstellt: Nachdem sich die Hoffnung, Geschichte «machen» zu können, als Hybris erwiesen hatte, ging von dem Gedanken, die historische Bewegung als ganze sei kristallin erstarrt, eine tröstliche Wirkung aus. Doch während de Man seinem persönlichen Posthistoire in einer Berghütte in den Alpen begegnete und während sich Jünger und Schmitt in die Waldeinsamkeit westdeutscher Mittelgebirge zurückzogen, fand der urbane Italiener Cantimori seine letzte Zuflucht in der Biblioteca Nazionale in Florenz, wo er sich, ohne weitere größere Publikationspläne zu hegen, zwischen den Quellen seiner unterirdischen Ketzergeschichte in einer zeitlosen Gegenwart aufhielt. Nach dem Verlust der ideologischen Horizonte bot der Glaube an die Arbeit letzten Halt.[53]

Auch seine Briefe an Montinari sind von der Melancholie dieser protestantischen Ethik durchzogen: «Das Entscheidende ist, dass wir arbeiten und dass es irgendwie weitergeht, dass wir den Karren unserer Arbeit recht und schlecht weiterziehen», ermahnt er den Jüngeren – und ermutigt ihn, sich nicht mit Deutungsfragen aufzuhalten, sondern sich ganz auf die Rekonstruktion von Nietzsches Wortlaut zu konzentrieren. «Nieder mit den Philosophen, es leben die Philologen!», lautet Cantimoris Maxime, die zugleich die Quintessenz seiner eigenen Erfahrung als politischer Intellektueller enthält. In den letzten Jahren seines Lebens gefiel er sich in der Rolle eines Handwerkers, der – unbehelligt von weltanschaulichen Prätentionen – nichts weiter wollte, als seinem ehrlichen Tagwerk nachzugehen: «Für die Arbeit eines Drechslers z. B., eines Schreiners, Maurers etc. gilt: Die Arbeit ist entweder gut oder schlecht gemacht. Politische, ideologische Voraussetzungen etc. haben keine Bedeutung. Das gilt genauso für die Arbeit des Historikers.»[54]

Wie stark Montinari von diesem Rollenmodell geprägt ist, kann man daran erkennen, dass er das Selbstbild des ehrlichen Handwerkers nach Cantimoris Tod als intellektuelles Vermächtnis übernimmt. Als Colli ihm in den späten 1960er Jahren vorwirft, es mit der philologischen Sorgfalt zu übertreiben, entgegnet er, er habe den Ehrgeiz, nach allen Regeln der Kunst zu verfahren – «so wie ein guter Schuster, der gute Schuhe macht». Für den Älteren, der sich nach wie vor in der Welt der vorsokratischen Weisen verortet, kann in dieser Auskunft wenig Verbindendes gelegen haben: Im alten Griechenland repräsentierte der «Banause» schließlich einen von jeder Erleuchtung ausgeschlossenen Stand. Dagegen scheint Montinari endlich die ihm gemäße Rolle gefunden zu haben: Noch in den 1980er Jahren, als Fellow des West-Berliner Wissenschaftskollegs, sollte er sich als Außenseiter im erlesenen Kreis der Ordinarien stilisieren, wenn er darauf beharrte, «ein Philologe, ein harter Arbeiter, im Grunde nichts weiter als ein Handlanger» zu sein.[55]

In diesem Understatement schwingt vieles mit: der Klassenstandpunkt des sozialen Aufsteigers, die proletarischen Sympathien des Kommunisten und ein Antiintellektualismus, der typisch für die alte Linke ist. Vor allem liegt darin aber die Antwort auf ein Jahrhundertproblem: Auf der Suche nach einem Weg, um aus dem Spannungsfeld der Ideologien auszusteigen, tauschte Montinari – wie Bayle, wie Cantimori – die großen Scheine weltanschaulicher Überzeugungen gegen die kleine Münze der Buchstabentreue ein.

Seine Metamorphose zum Philologen ist weitgehend abgeschlossen, als ihn im November 1963 der Brief eines jungen französischen Philosophen erreicht. «Im Kulturzentrum von Royaumont wird vom 3. bis 7. Juli 1964 das VII. Internationale Philosophische Colloquium stattfinden», schreibt Gilles Deleuze. «Das diesjährige Thema lautet Nietzsche. Martial Gueroult, Professor am Collège de France und Vorsitzender des Komitees, bittet mich, Ihnen mitzuteilen, dass er ebenso erfreut wie geehrt wäre, wenn Sie die Einladung, an diesem Colloquium teilzunehmen, annehmen würden.»[56]

5. Warten auf Foucault

Cerisy-la-Salle 1972

Der Nietzscheanismus der zweiten Jahrhunderthälfte ging in den 1960er Jahren von Frankreich aus. Während westdeutsche Exegeten kaum mehr als moderat existentialistische Lesarten anzubieten hatten, wurde Nietzsche in Paris zum Vordenker einer neuen Philosophie der Differenz gemacht. Es war nicht das erste Mal, dass seine dortigen Anhänger in ihm einen Wesensverwandten zu erkennen meinten – was viel damit zu tun hat, dass Nietzsche seinerseits so stark von französischen Autoren beeinflusst war. Schon um die Jahrhundertwende, als die ersten Übersetzungen und wenig später die ersten *Œuvres complètes* im Avantgarde-Verlag Mercure de France erschienen waren, hatten viele französische Leser den Eindruck gehabt, es mit einem paneuropäischen oder sogar französischen Schriftsteller zu tun zu haben – so wenig deutsch erschienen ihnen Nietzsches aphoristischer Stil und seine kaum im Zaum gehaltenen antideutschen Affekte. Und hatte er nicht selbst vorausgesagt, dass man ihn eher «in Paris und New-York» als in «Europa's Flachland Deutschland» verstehen werde?[1]

Auf diese Prophezeiung hätten sich auch Georges Bataille und seine Mitverschwörer aus der Geheimgesellschaft Acéphale berufen können, die das von den Nationalsozialisten an Nietzsche begangene Unrecht wiedergutmachen wollten, indem sie ihn als Gewährsmann einer radikalen moralischen Freiheit reklamierten. Batailles dionysische Saturnalien waren so obskur, dass die wenigsten Zeitgenossen überhaupt etwas von ihnen mitbekommen haben. Auf die französische Nietzsche-Renaissance der Nachkriegszeit übte er dafür einen umso größeren

Vorangehende Doppelseite:
«ich habe meinen Regenschirm vergessen» (unten rechts). Eine Tatsachen-
beschreibung? Ein Gedanke? Ein Zitat?

Einfluss aus. Von den Referenten, die 1964 in Royaumont zusammen-kamen, waren fast alle auf die eine oder andere Weise von Bataille ge-prägt: Pierre Klossowski und Jean Wahl, die zu den Gründungsmitglie-dern von Acéphale gehörten, aber auch Gilles Deleuze, der 1943, im Sommer, in dem Colli in Lucca seine Auserwählten um sich versammelt hatte, mit achtzehn Jahren im Salon des Linkskatholiken und Jules-Verne-Anhängers Marcel Moré von Bataille und Klossowski in seine ersten Gespräche über Nietzsche verwickelt worden war.[2]

Allein gegen die Nietzsche-Mafia

Auf Montinari übt Deleuzes Einladung eine elektrisierende Wirkung aus: Endlich bietet sich die lange ersehnte Gelegenheit, ihre Ausgabe der internationalen Fachöffentlichkeit zu präsentieren. Dagegen fin-det Colli, sie haben Wichtigeres zu tun, als ihre Zeit mit akademischen Debatten zu verschwenden. «Bitte verzeih mir», schreibt er Monti-nari, der darauf drängt, eine Strategie für ihren Auftritt zu entwerfen, «ich gebe Royaumont nicht die Bedeutung, die Du der Sache gibst.» Zumal er argwöhnt, dass man sie nicht mit offenen Armen empfangen wird. Zwar taucht der Name von Heidegger nicht auf der Liste der Vortragenden auf, aber Rudolf Boehm, der Professor aus Löwen, der seit Jahren wie ein hungriger Geier über Weimar kreist, und Karl Löwith, neben Heidegger und Jaspers *die* Nietzsche-Autorität in Deutschland, sind dabei. In einem Artikel in der *Neuen Rundschau* hatte Löwith das Vorhaben einer weiteren Nietzsche-Gesamtausgabe erst jüngst in die Nähe von Leichenfledderei gerückt. Offenbar will er ihre Edition in der deutschen Verlagsbranche diskreditieren. Man könnte meinen, Colli habe sich mit Erich Podachs Paranoia infiziert. Wie aus seinen Briefen hervorgeht, glaubt er nicht einmal, dass «Guru Karl» auf eigene Rechnung agiert, sondern dass es sich nur um die «erste Phase des Angriffs» handelt, den das akademische Establish-ment gegen sie im Schilde führt.[3]

Montinari beharrt trotzdem darauf, die Einladung anzunehmen. Nur wenn sie die «Fakten darlegen», schreibt er, und die Mängel der existierenden Ausgaben demonstrieren, werde es ihnen gelingen, «Löwiths Manöver» zu vereiteln und die «hohen Tiere der Nietz-scheologie» auf ihre Seite zu ziehen. Schließlich gestattet ihm Colli, einen Vortrag auf Deutsch in beider Namen zu verfassen. «Aber er sollte kurz sein und Dir nicht zu viel Zeit wegnehmen.» Vor allem sei es wichtig, dass sie ihr eigentliches Ziel nicht aus den Augen verlie-ren: «Für uns kann es nur um diese beiden Ergebnisse gehen: 1) Boehm in Bezug auf seine Veröffentlichung entmutigen 2) einen guten Ein-druck auf Löwith machen, damit er aufhört, unsere möglichen Ver-leger unter Druck zu setzen.» Die Chance, auch nur eines dieser Ziele zu erreichen, hält er für gering.[4]

Wie zu Beginn dieses Buches geschildert, geht die Konferenz tatsäch-lich wenig vielversprechend los. Von Seiten der Nietzsche-Prominenz schlägt ihnen schon während der Anreise offenes Misstrauen ent-gegen; zudem haben die Veranstalter Montinaris Vortrag auf den Sonn-tagmorgen, also den undankbarsten Zeitpunkt der ganzen Tagung ge-legt. Anhand von zahlreichen Textbeispielen erläutert er, warum eine neue Nietzsche-Ausgabe «heute nicht nur von philologischem Inter-esse» sei. Obwohl es *kleine* Auslassungen, Fehllektüren, Sinnverdre-hungen sind, die er präsentiert, fühlt er sich zu weitreichenden Folge-rungen berechtigt. Er konstatiert die Unhaltbarkeit der bisherigen Überlieferung, hebt ausdrücklich die «sorgfältige» Archivierung durch die zuständigen Stellen der DDR hervor und stellt die Rekonstruktion des authentischen Texts in Aussicht. Genau wie Nietzsche seinerzeit den Theologen empfiehlt er den Philosophen, derweil mit der Inter-pretation zu pausieren.[5]

An Montinaris Vortrag schließt sich der erste Teil des kulturellen Rahmenprogramms an, zu dem ein Konzert des Juillard-Quartetts mit Werken von Mozart, Debussy und Schubert und eine Exkursion nach Chantilly gehören. Was für ein himmelweiter Unterschied zu den nächtlichen Ritualen, die Bataille und seine Mitverschwörer in Nietzsches Namen abgehalten hatten! Wenn Royaumont als Urszene eines neuen wilden Denkens erinnert wird, dann sicher nicht, weil hier die Gepflogenheiten des akademischen Tagungsbetriebs unterlaufen worden wären. Im Gegenteil: Konferenzen wie diese tragen zu Nietzsches Verwandlung von einem politischen Weltanschauungsschriftsteller in einen akademischen Philosophen bei. Dazu muss sein kompromittiertes Vermächtnis allerdings ins Metaphorische und Metaphysische verschoben werden. Wer Nietzsche wörtlich nehme, hatte Thomas Mann schon 1947 erklärt, der sei verloren. Walter Kaufmanns Bemerkung, Nietzsches Bücher ließen sich «leichter lesen, aber schwerer verstehen als die Bücher fast jedes anderen Denkers», läuft in der Sache aufs Gleiche hinaus. Und auch das Genie von Heideggers Lesart besteht darin, Nietzsches Begriffe in jene nebulöse Sphäre zu entrücken, in der sein eigenes Denken zu Hause ist. Sucht man nach einer generellen Devise der Nietzsche-Deutung nach dem Krieg, dann lautet sie, nicht in die Falle seiner offensichtlichen, buchstäblichen Bedeutung zu gehen. «Keinerlei Plumpheit und Geradheit ist zulässig, jederlei Verschlagenheit, Ironie, Reserve erforderlich». Mit diesen Worten hatte Thomas Mann die neue «Kunst», Nietzsche zu lesen, charakterisiert.[6]

Auch die französischen Philosophen, die in Royaumont die Grundlinien ihres fluiden Denkens skizzieren, machen von dieser Kunst Gebrauch. Auch Gilles Deleuze warnt davor, Nietzsche auf allzu naheliegende Weise zu verstehen, den «Willen zur Macht» mit dem «Wunsch zu beherrschen», die «Starken» mit den politisch «Mächtigen» oder die «ewige Wiederkehr» mit der monotonen «Rückkehr des Gleichen» zu verwechseln. Pierre Klossowski, der die Kontinuität der Zwischenkriegs-Bohème verkörpert, schlägt in dieselbe Kerbe, wenn er die These von Nietzsches aggressivem Individualismus dementiert. Seine tragische Wahrheit sei nämlich erst im Moment seines geistigen Zusammenbruchs ans Licht gekommen, als er – seine Wahnsinnszettel mit Christus und Dionysos unterzeichnend – den Verlust seiner persönlichen Identität besiegelt und sich dem Einheitsgebot der monotheistischen Zivilisation entzogen habe. Michel Foucault verhilft solchen weitreichenden Deutungen zu einem stabilen Fundament, als er am letzten Tag der Konferenz seine Theorie der Interpretation vorstellt. Unter Berufung auf Nietzsches Überlegungen zum Verhältnis von Text und Exegese skizziert er die Konturen einer grenzenlosen Hermeneutik, die sich keinem Urtext mehr verpflichtet weiß: «Es gibt kein absolut Erstes, das zu interpretieren wäre, denn im Grunde ist alles immer schon Interpretation.»[7]

Kein Wunder, dass Colli und Montinari diese intellektuelle Atmosphäre nicht geheuer ist. Die «Welt ohne Sein, ohne Einheit, ohne Identität», von der Deleuze spricht, kollidiert mit ihrem intellektuellen Habitus. «Klossowski ist mir genauso egal wie Dir», schreibt Colli bei späterer Gelegenheit an seinen Freund. Und wenn in ihren Briefen vom «großen Foucault» oder vom «unvergleichlichen Gilles» die Rede ist, dann meist mit ironischer, wenn nicht sarkastischer Distanz. Vor allem die Theorie der überbordenden Interpretation muss ihre Bemühungen ad absurdum führen. Wenn nämlich alle Versuche, den authentischen Nietzsche zu rekonstruieren, hinfällig sind, dann ist nicht nur das Projekt einer historisch-kritischen Ausgabe zum Scheitern verurteilt – dann lässt sich nicht einmal mehr ein prinzipieller Einwand gegen die Art und Weise formulieren, wie seine Schwester mit seinem Erbe umgesprungen ist.[8]

Deleuze hat später bemerkt, für seine Generation sei es nicht mehr darum gegangen, Nietzsche vom Vorwurf des Faschismus freizusprechen – das hätten Bataille und Klossowski schon für sie erledigt. Dagegen ist die Buchstabentreue von Colli und Montinari von dem Bedürfnis getrieben, Nietzsche endlich selbst zu Wort kommen zu lassen, bevor man sein Werk erneut zur Interpretation freigibt. Stärker noch als eine epistemologische verbirgt sich hinter ihrem Befremden gegenüber den französischen Nietzscheologen eine ethische Differenz.[9]

Against Interpretation

Selbst wenn man sich seinen radikalen Schlussfolgerungen nicht anschließen mag – mit seiner Kartierung der Interpretationsverfahren legt Foucault ein erstaunliches Gespür für den Zeitgeist an den Tag. Er plädiert ja nicht nur dafür, die regulative Instanz des Urtextes zu kassieren, sondern identifiziert die Frage der Auslegung als Schlüsselproblem der geistigen Situation der Zeit. Schon im späten 19. Jahrhundert hatte der deutsche Philosoph Wilhelm Dilthey prophezeit, das Geschäft der Philosophen werde in Zukunft in der Deutung der Klassiker bestehen. Doch erst im epigonalen Klima der Nachkriegszeit, als mit der Diagnose vom «Ende der Geschichte» auch Mutmaßungen über das Ende der Philosophie auf die Tagesordnung intellektueller Selbstvergewisserungen gelangten, schlug die Stunde der Hermeneutik. Maßgeblich war dafür Nietzsches Philosophie der Interpretation, der Heidegger in der Zwischenzeit ein fundamentalontologisches Fundament eingezogen hatte: Zu den Charakteristika des «Daseins», das er als Modus der menschlichen Existenz bestimmt hatte, gehörte es, sich immer schon auslegend zur Welt verhalten zu müssen. *Wahrheit und Methode*, die «philosophische Hermeneutik», die der Heidegger-Schüler Hans Georg Gadamer 1960 publizierte, wurde in den ersten Jahren nach ihrem Erscheinen an deutschen Universitäten wie eine Programmschrift der neuen Geisteswissenschaften herumgereicht: Für Disziplinen, die darauf bedacht waren, die unterbrochenen Traditionslinien wieder aufzunehmen und sich das kulturelle Erbe von Neuem anzueignen, bot sie ein willkommenes Organon. Doch konnte die Kunst der Auslegung darüber hinaus nicht sogar die Rolle einer neuen Grundlagenreflexion übernehmen, die die Philosophie in ihrer herkömmlichen Form obsolet machen würde? Neue Lehrstühle, neue Zeitschriften und neue Institutionen wie die Forschergruppe «Poetik und Hermeneutik» oder die «Abteilung für Hermeneutik», die der Judaist Jacob Taubes, einer der deutschen Teilnehmer des Colloquiums von Royaumont, Anfang der 1960er Jahre an der Freien Universität in West-Berlin gegründet hatte, zeugen davon, wie viel man sich quer durch alle Disziplinen von dem neuen Paradigma versprach. Dass auch in Frankreich vergleichbare Diskussionen geführt wurden, geht aus den Protokollen von Royaumont hervor. Im Anschluss an Foucaults Vortrag wollte einer der französischen Zuhörer wissen, ob die von ihm beschriebenen Interpretationstechniken nicht dazu geeignet seien, die «Nachfolge» der Philosophie zu übernehmen.[10]

Der Siegeszug der Hermeneutik rief auf der anderen Seite auch heftige Gegenreaktionen hervor. Im intellektuellen Klima der Nachkriegszeit war sie zugleich große Hoffnungsträgerin und Emblem für dessen reaktionären Geist. In Royaumont stellte Jean Wahl immerhin schon die Hypothese in den Raum, dass die Gegenwart «krank von Interpretationen» sei – ein Gedanke, den der deutsche Philosoph Herbert Schnädelbach in den 1980er Jahren mit der Diagnose des «morbus hermeneuticus» aufgriff. Foucault selbst, der die Entfesselung der Exegese 1964 noch für eine Denknotwendigkeit der modernen Epoche zu halten schien, kämpfte mit seinen diskursanalytischen Aufräumarbeiten seit den 1970er Jahren gegen die hermeneutischen «Systeme der Diskursvervielfachung» an. Und sogar Jacob Taubes stellte sich gegen Ende der 1960er Jahre die Frage, ob die Hermeneutik «nicht mit Haut und Haaren der Gegenaufklärung verhaftet» sei. Doch niemand hat die Aversion gegen die Interpretation so früh und so dezidiert wie die amerikanische Kritikerin Susan Sontag zum Ausdruck gebracht, die 1964, im selben Jahr, in dem sich die Nietzsche-Forscher in Royaumont versammelten, ihren berühmten Essay *Against Interpretation* schrieb. Genau wie Foucault stellte Sontag fest, dass ihre Zeit von einer beispiellosen «Interpretationsgier» gekennzeichnet sei, doch zog sie aus dieser Beobachtung entgegengesetzte Schlüsse: Wo Foucault eine Inflation von Sinn erblickte, diagnostizierte sie den Verlust von Unmittelbarkeit. In Wendungen, die verraten, wie stark sie ihrerseits von Nietzsches zweiter Unzeitgemäßer Betrachtung beeinflusst war, entlarvte sie das Wuchern der Exegese als Symptom eines verkopften, ästhetischer Erfahrung verschlossenen Zeitalters und plädierte dafür, zum sinnlichen Erlebnis zurückzukehren.[11]

Wäre Giorgio Colli Sontags Essay damals bekannt gewesen, er hätte ihr ohne Zweifel zugestimmt. «In Wahrheit muß Nietzsche in keiner Weise interpretiert werden», schrieb er im Ankündigungstext zur italienischen Gesamtausgabe. «Man braucht ihm bloß Gehör zu schenken.» Sicherlich wäre Colli auch mit einer weiteren Beobachtung von Susan Sontag einverstanden gewesen, dass nämlich die Interpretation eine «radikale Taktik» darstelle, um unzeitgemäße Werke den Ansprüchen einer nachgeborenen Leserschaft gerecht zu machen, indem man ihnen eine vom Wortlaut abweichende, «wahre» oder «eigentliche» Bedeutung unterschob. War das nicht genau die Operation, die die Nietzscheologen der Nachkriegszeit an Nietzsche vollzogen? Über Kafka, einen weiteren Autor, der die Exegeten im 20. Jahrhundert «wie Blutegel» angezogen habe, bemerkt Sontag, er sei «zum Opfer einer Massenvergewaltigung» durch «Armeen von Interpreten» geworden. Solche drastischen Formulierungen sind den beiden italienischen Philologen fremd, doch in der Sache – und in Bezug auf Nietzsche – vertreten sie ohne Zweifel eine ähnliche Position. Nach ihren vorsichtigen Kommentaren zu urteilen, kommen ihnen die französischen Philosophen wie Vergewaltiger vor.[12]

Fernsehen in Reinhardsbrunn

Trotz allem Unbehagen muss man ihre Reise nach Royaumont als Erfolg verbuchen. Zwar gelingt es nicht, die Philosophen davon zu überzeugen, mit dem Interpretieren aufzuhören. Doch Foucault und Deleuze sagen ihre Mitarbeit als Co-Herausgeber der Gallimard-Ausgabe zu. Und ausgerechnet Karl Löwith bietet an, bei der Suche nach einem deutschen Verlag zu helfen.[13]

Nach seiner Rückkehr in die DDR fällt Montinaris Leben in den Takt der entzifferten Seiten, der kleinen Triumphe und Anfälle von

Verzweiflung zurück – bevor es bald darauf eine wunderbare Wendung nimmt. Auch in dieser Hinsicht folgt seine Geschichte den Gattungskonventionen pietistischer Erweckungsliteratur. Schon dass er Colli schreibt, er sei nach Weimar «wie nach Hause zurückgekehrt», setzt einen neuen Akzent. Als Colli ihm im August 1964 seinen jährlichen Besuch abstattet, staunt er darüber, welches Ansehen sein Freund in der Kleinstadtgesellschaft inzwischen genießt. Aus Mazzino sei ein «mezzo padrone», ein «kleiner Chef», geworden, schreibt er in seinem Bericht an seine Frau. Bei der Feier, die aus Anlass von Goethes 215. Geburtstag am Frauenplan stattfindet, muss Montinari unzählige Hände schütteln und wird vom DDR-Fernsehen interviewt.[14]

Zu seiner Integration in die Weimarer Gesellschaft trägt seine Verbindung mit Sigrid Oloff, einer Fotolaborantin aus dem Goethe- und Schiller-Archiv, bei, die genau wie er in der Villa Silberblick logiert. In der Vergangenheit haben Montinaris Liebesaffären stets für Euphorie und Verzweiflung, für existenzielle Krisen und nicht zuletzt für massiven Zeitverlust gesorgt. Doch zu Collis Überraschung scheint die neue Geliebte einen heilsamen Einfluss auf seinen Partner auszuüben. «Was diesmal fehlt, ist der quälende, sentimentale Zug, der Mazzinos Liebesverhältnisse sonst begleitet.» Im Oktober, Colli ist inzwischen nach Italien zurückgekehrt, deutet Montinari Heiratspläne an: «Giorgio, ich bin glücklich. An Sigrids Seite finde ich Frieden. Meine Knoten und Verwicklungen lösen sich, meine Unrast lässt nach.» Während manche seiner alten Genossen in dieser Zeit beginnen, mit neuartigen Beziehungsmodellen zu experimentieren, nimmt Montinari Kurs auf den Hafen der bürgerlichen Ehe – eine Entwicklung, der der *pedagogo* postwendend seinen Segen erteilt: «Ich bin mir sicher, dass Du jetzt die Reife hast, um über die Ehe in ihrer ganzen Bedeutung nachzudenken. Ich glaube, dass sich Dein Leben von Grund auf ändern wird.»[15]

Wer seinen Segen dagegen zurückhält, ist das zuständige Ministerium. «Es scheint, dass wir eine Erlaubnis der DDR-Behörden brauchen», schreibt Montinari, «und zwar weil Sigrid, wenn sie Italienerin würde, zur Ausreise berechtigt würde. Leider wissen wir nichts

Sigrid Oloff und Mazzino Montinari, 1964

Genaues.» Es schließen sich langwierige Behördengänge bis in die Hauptstadt an. Montinari verflucht die Politik der italienischen Regierung, deren Weigerung, die DDR als Staat anzuerkennen, seine Situation noch komplizierter macht. Doch auch seine Loyalität zum Sozialismus wird auf eine harte Probe gestellt. In seinen Briefen aus dem Winter 1964/65 schimpft er über «kleine Bürokraten, die keine Verantwortung übernehmen wollen», und meldet Rückfälle in schwarze Melancholie: «Manchmal sage ich mir, dass es unmöglich ist, glücklich zu sein.» Mit seinen Transkriptionen fällt er weit hinter das vereinbarte Soll zurück. Er sollte längst in Florenz sein, um mit Colli am philologischen Apparat zu arbeiten. Als im April die Auskunft ergeht, dass er seinen Wohnsitz permanent in die DDR verlegen muss, um die Ehegenehmigung zu erhalten, verliert Colli die Geduld: «In Deinem letzten Brief eröffnest Du mir, dass Du bereit bist, auf unabsehbare Zeit in Weimar zu bleiben, wenn es nicht anders geht, und dass es Dir egal ist, wovon Du leben wirst. Das verschlägt mir die

Sprache.» Was soll aus ihrer Ausgabe und was aus ihrer Freundschaft werden, wenn man Montinari obendrein dazu zwingt, die ostdeutsche Staatsbürgerschaft anzunehmen? Was, wenn er zugunsten seiner Ehe seine Freiheit aufgibt?[16]

Dank der Vermittlung von Karl Löwith kommt wenigstens in ihre Suche nach einem deutschen Verleger endlich Bewegung. Alle bisherigen Bemühungen waren nicht nur an den brancheneigenen Berührungsängsten, sondern auch an Montinaris Kompromisslosigkeit gescheitert. Der Beck-Verlag? «Mit dem nationalsozialistischen Nietzsche-Kult verbunden – für immer.» Kröner? «Wenn ich daran denke, dass sie stillschweigend den *Willen zur Macht* weiterdrucken, kriege ich eine große Wut.» Umso größer war Montinaris Freude gewesen, als sich im August 1964, kurz nach der Rückkehr aus Frankreich, Siegfried Unseld bei Colli gemeldet hatte, um sein Interesse an einer deutschen Lizenzausgabe im Insel Verlag zu signalisieren. Es gehe nicht um «nationale Prestigefragen», hatte Walter Boehlich, der zuständige Lektor, versichert. Doch «über einen kleinen, freilich sicheren Kreis von Bibliotheken und Fachgelehrten hinaus» erwartete Unseld keine großen Absatzchancen. Beinahe wäre Nietzsche ins Umfeld der Suhrkamp-Kultur geraten, aber das Angebot von 150 000 DM hatte Colli nicht ausgereicht.[17]

Dafür ist er jetzt, im Frühjahr 1965, während Montinari von der DDR verschluckt zu werden droht, mit dem in West-Berlin ansässigen De-Gruyter-Verlag im Gespräch. Auch bei De Gruyter tut man sich schwer damit, die Rechte an einer deutschen Nietzsche-Ausgabe zu kaufen, die im Kielwasser fremdsprachiger Parallelaktionen folgt. «Wir werden De Gruyter davon überzeugen müssen», schreibt Montinari, «dass die Ausgabe etwas völlig anderes darstellt, dessen Bedeutung durch die Existenz einer italienischen und französischen Ausgabe nicht geschmälert wird.» An irgendeinem Punkt scheint sich Löwith, mittlerweile ein militanter Unterstützer ihres Unternehmens, mit der Bemerkung eingeschaltet zu haben, es sei eine «nationale Schande», falls die Verhandlungen scheitern sollten. Vielleicht trägt das dazu bei, die Deutsche Forschungsgemeinschaft zu mobilisieren, deren Finanzierungszusage den Ausschlag dafür gibt, dass schließlich ein Vertrag zustande kommt.[18]

Die Wende in Montinaris persönlichen Angelegenheiten rückt dagegen erst in Sicht, als er seine Parteifreunde vom PCI einschaltet, der mangels offizieller Kanäle in Fällen wie diesem seine Schatten-diplomatie betreibt. Anfang Juni 1965 erscheint die Lage noch so gut wie aussichtslos. «Man muss Geduld haben und darf sich keine Illusionen machen», schreibt Montinari. Umso überraschender, dass das Paar, nachdem der Bräutigam seinen offiziellen Wohnsitz nach Weimar verlegt hat, im Juli heiraten und die anschließenden Flitterwochen auf Schloss Reinhardsbrunn im Thüringer Wald verbringen darf: «Appartement mit Wohn- und Schlafzimmer, Bad, Fernseher (!), Radio: 60 Mark am Tag», berichtet Montinari nicht ohne Stolz. Dass ihre Wahl auf Reinhardsbrunn gefallen ist, hat dennoch nichts mit einer besonderen Vorliebe für den Charme realsozialistischer Luxus-enklaven zu tun. Der Kompromiss, auf den sich die Funktionäre ge-einigt haben, beinhaltet die Abmachung, dass Sigrid Montinari die DDR trotz ihrer Ehe mit einem Italiener bis auf Weiteres nicht ver-lassen darf.[19]

Im September bringt sie einen Sohn zur Welt. Als im August 1966, also elf Monate später, Drillinge folgen, schickt Walter Ulbricht ein Glückwunschtelegramm. Spätestens ab diesem Punkt ist Montinari in Weimar eine bekannte Persönlichkeit. Mit seinen Zigarren, seinem kleinen Fiat und seinem Stall voll Kindern muss er in der ostdeutschen Kleinstadt eine markante Gestalt gewesen sein.[20] In einer entscheiden-den Hinsicht tappen die Bürger Weimars allerdings im Dunkeln: Dass er sich in ihrer Stadt aufhält, um einen gewissen Nietzsche zu edieren, ist ein gut gehütetes Geheimnis.

Der verfemte Denker

Helmut Holtzhauer hatte ihm seinerzeit nur unter einer Bedingung freie Hand gewährt: dass seine Arbeit, wie sich Montinari in einem seiner Briefe an die Auslandssektion des PCI ausdrückte, «eine rein private» war. Im Umkehrschluss verweist diese Einschränkung auf die Tatsache, dass es für Nietzsche in der DDR bis in die 1980er Jahre keinen Platz im öffentlichen Leben gab. Die Publizistik deutscher Ost-Emigranten und sowjetischer Kulturoffiziere, von der die Schließung des Nietzsche-Archivs in den späten 1940er Jahren flankiert worden war, hatte den «geistigen Urheber des Faschismus» zum Erzfeind des Sozialismus stilisiert. Anders als in den westlichen Besatzungszonen, wo die Stimmungslage nach dem Krieg, wenn auch nicht in der Terminologie, so doch in der Sache ähnlich gewesen war, wurde dieses Verdikt in der DDR zur Linie der offiziellen Kulturpolitik. Mit der *Zerstörung der Vernunft* verlieh Lukács dem Kurzschluss von Nietzsche auf Hitler eine theoretische Basis. Wolfgang Harich, dem Rezensenten der *Zeitschrift für deutsche Philosophie*, zufolge handelte es sich bei dem Buch, das Montinari 1954 in Ost-Berlin gelesen hatte, um «die wohl tiefste und überzeugendste Nietzschekritik, die je geschrieben wurde». Mit Ernst Bloch und Hans Mayer gingen in den frühen 1960er Jahren Nietzsches letzte prominente Fürsprecher in den Westen. Seither existierten keine konkurrierenden Lesarten mehr.[21]

Nietzsches weitere Rezeptionsgeschichte spielte sich daher, wenn überhaupt, dann im Verborgenen ab: keine Publikationen, keine Debatte, keine Erinnerungspolitik. Als Montinari 1961 zum ersten Mal die Villa Silberblick betrat, hatte er feststellen müssen, dass «alles, was mit Nietzsche zu tun hat», verschwunden war. Bei ihren gemeinsamen Ausflügen wunderte sich Colli später darüber, dass es, abgesehen von Nietzsches Grabstein, weder in Naumburg noch in Röcken irgendwelche sichtbaren Spuren gab. Für die Einheimischen schien Nietzsche ein Unbekannter zu sein. Erst 1982 wurden Grab und Geburtshaus unter Denkmalschutz gestellt.[22]

Heideggers Unterstellung, Nietzsche werde von den Kommunisten unter Verschluss gehalten, besaß insofern doch einen wahren Kern: Für DDR-Bürger war das gefährliche Schriftgut im Goethe- und Schiller-Archiv in der Tat unzugänglich. Die Nietzsche-Forscher, denen Montinari über die Jahre im Lesesaal begegnete, kamen aus der Schweiz, aus Japan, ja selbst aus Australien – nur ein ostdeutscher Gelehrter war nicht dabei. Wie Radeberger Pils oder Köstritzer Schwarzbier wurde Nietzsches Nachlass als Exportartikel behandelt, der – wenn auch nicht immer gegen harte Devisen – für das nicht-sozialistische Ausland vorgesehen war.[23]

Mit seiner Arbeit unterliegt Montinari in Weimar daher einer Art inoffizieller Schweigepflicht. Seit 1964 wird er zudem von einem Mitarbeiter des Ministeriums für Staatssicherheit observiert. Die Berichte des Informanten zeichnen das Bild eines asketischen Philologen, der sich ganz auf seine Tätigkeit im Archiv konzentriert: «Montinari ist persönlich sehr anspruchslos, den Verlockungen des ‹Wirtschaftswunders› überhaupt nicht zugänglich. Aller Luxus fließt an ihm ab, er will nur arbeiten.» Für den IM kommen in diesen Tugenden Montinaris kommunistische Überzeugungen zum Ausdruck. Zwar bekenne er sich nicht zum «historischen und dialektischen Materialismus», dafür agiere er seine politischen Überzeugungen aber «im Praktischen» aus, besuche die Mai-Paraden, lese die richtigen Tageszeitungen und tauche «aus wirklichem Interesse» bei den Mitarbeiterversammlungen auf. Abgesehen von seinen Verdiensten im italienischen Klassenkampf finden Montinaris Charaktereigenschaften besondere Erwähnung: «Ich bin der Meinung, daß irgendwelche Doppelzüngigkeiten oder Unehrlichkeiten bei ihm ausgeschlossen sind.» In Bezug auf Nietzsche seien keine bedenklichen Interpretationen von ihm zu erwarten, denn «Montinari stellt nicht dar, er ediert nur». Der DDR gegenüber sei er grundsätzlich positiv eingestellt: «Montinari betont immer wieder, daß unter den Bedingungen, die die DDR geschaffen hat, eine Nitzsche-Philologie [sic!] ungefälscht möglich sei, während doch bis zu Kriegsende der Nachlaß, die Handschriften Nitzsches in

173

den Händen von sehr stark entweder nazistisch beeinflußten oder rein faschistischen Leuten war, die einen Nitzsche zurecht gemacht haben, der ihnen in den Streifen paßte.»[24]

Das Lob sozialistischer Kulturpolitik, das der IM mit sichtlicher Genugtuung überbringt, schlägt hier unversehens in eine revisionistische Lesart um. Offenbar ist ihm entgangen, dass die Hypothese von Nietzsches Fälschung der orthodoxen Lukács-Linie widerspricht. «Auf alle Fälle ist es gut», gibt er weiter zu Protokoll, «daß ein Schriftsteller, der mißbraucht worden ist von den Nazis und in der ganzen Welt einen Namen hat, frei von Entstellungen, Weglassen und Fälschungen dargeboten wird, rein philologisch.» Offenbar hat er sich Montinaris Position zu eigen gemacht.[25]

Im Grunde verrät die Akte «Gießhübler» mindestens genauso viel über den Spitzel wie über dessen Zielperson. Vor allem lässt sich ihr ein bedrückendes Porträt des Karriereakademikers als Inoffizieller Mitarbeiter entnehmen: Als wissenschaftlicher Angestellter der Nationalen Forschungs- und Gedenkstätten, als überzeugter Linker, der während seines literaturwissenschaftlichen Studiums in Leipzig mit dem späteren Republikflüchtling Hans Mayer und dem «Konterrevolutionär» Wolfgang Harich in Kontakt gekommen und anschließend selbst wegen «revisionistischer Haltung» aus der SED ausgeschlossen worden war, weist «Gießhübler» – seinen Decknamen hatte der Fontane-Spezialist aus *Effi Briest* gewählt – für einen Informanten besonders günstige Eigenschaften auf: im Grunde «ein positiver DDR-Bürger», wie seine Anwerbungsakte vermerkt, aber politisch ausreichend vorbelastet, um jederzeit erpressbar zu sein.[26]

Seine wissenschaftlichen Ambitionen geben der Stasi einen zusätzlichen Hebel in die Hand. Besonders in Deutschland, wo der Nachwuchs Jahre, wenn nicht Jahrzehnte damit verbringt, auf einen Lehrstuhl zu warten, sind akademische Karrieren seit jeher Hängepartien. Der deutsche Sozialismus scheint von dieser Regel keine Ausnahme gemacht zu haben. Wie mit einer Karotte winkt die Stasi mit der Aussicht auf Beförderung, auf eine Professur, auf eine renommierte Stelle in der Hauptstadt: «Dem IMS wurde mitgeteilt, daß zu gegebener Zeit eine derartige Möglichkeit geprüft wird», heißt es zu wiederholten Malen in den Treffberichten. Obendrein wird «Gießhübler», zu dessen Zielpersonen nicht nur die ausländischen Gastwissenschaftler, sondern auch Helmut Holtzhauer und Karl-Heinz Hahn, der Archivdirektor, gehören, seinerseits von einem anderen IM beobachtet. Wie aus seiner Akte hervorgeht, hatte die Stasi in den Nationalen Forschungs- und Gedenkstätten schon während der 1960er Jahre ein dichtes Netz von Informanten installiert.[27]

Nietzsches schmutziges Geheimnis

Der Vertrag mit De Gruyter, der nach langwierigen Verhandlungen im Dezember 1965 schließlich zustande kommt, bedeutet für Montinari eine Zäsur. «Erst mit der deutschen Edition bekommt meine Arbeit all dieser Jahre einen Sinn», schreibt er Cantimori. Das liegt nicht nur daran, dass man vom «echten Nietzsche» streng genommen nur im deutschen Original sprechen kann, sondern hat auch damit zu tun, dass Montinari die kritischen Apparate der italienischen und französischen Ausgaben schon nicht mehr für ausreichend hält. Die Rekonstruktion der «Vorstufen», der Anspruch, die Genese von Nietzsches Werk von den ersten Entwürfen bis zu den ausformulierten Aphorismen nachvollziehbar zu machen, entspricht dem seit dem 19. Jahrhundert erreichten Stand der Editionsphilologie. Doch mittlerweile ist Montinari klargeworden, dass bei Nietzsche ein weiterer Faktor berücksichtigt werden muss: «Das große Problem sind Nietzsches ‹Quellen›», schreibt er Cantimori – ein Problem, das ihn schon seit geraumer Zeit beschäftigt, das aber erst jetzt, in der zweiten Hälfte der 1960er Jahre, zu seinem Hauptanliegen wird.[28]

Nietzsche hat immer wieder betont, wie wichtig es für ihn gewesen sei, sich von den Fesseln der Schriftgelehrsamkeit zu befreien. Wegen seiner schlechten Augen, heißt es in *Ecce homo*, habe er sich zusammen mit der Philologie auch von der «Bücherwürmerei» verabschieden müssen. «Wir gehören nicht zu Denen, die erst zwischen Büchern, auf den Anstoss von Büchern zu Gedanken kommen», liest man in der *Fröhlichen Wissenschaft*. Wie Montinari mit der Zeit aber immer klarer wird, hat das wenig mit der Wahrheit zu tun. Nietzsche war nicht nur bis ans Ende seines produktiven Lebens ein hungriger Leser geblieben – noch stärker als bei anderen Philosophen hing sein Denken von seiner Lektüre ab. Einen ersten aufsehenerregenden Fund hatte Montinari bei der genauen Durchsicht der vierten Unzeitgemäßen Betrachtung *Richard Wagner in Bayreuth* gemacht: Der Text war zu großen Teilen aus Wagner-Zitaten zusammenmontiert. «Ich habe mir in der Bibliothek alle Werke von Wagner (9 Bände) genommen», schreibt er Colli, «und habe eine große Menge von Zitaten gefunden. *Wagner in Bayreuth* ist voll davon.» Was Wagner selbst für die Hommage eines Geistesverwandten gehalten hatte – «Wo haben Sie nur die Erfahrung von mir her?» –, war also in Wirklichkeit schon eine verschlüsselte Provokation gewesen, bevor Nietzsche kurze Zeit später den offenen Bruch mit dem Komponisten vollzog.[29]

Gestützt auf ein überreiches Indizienmaterial, zu dem neben Nietzsches Exzerpten auch die Unterstreichungen und Randbemerkungen in seinen Büchern gehören, begibt sich Montinari auf eine Spurensuche, die ihn für den Rest seines Lebens beschäftigen wird: «Nietzsches Anleihen bei Büchern, die er las, übertreffen alle Vorhersagen. Habe ich Dir gesagt, dass ich zwei Nietzsche zugeschriebene Aphorismen des *Willens zur Macht* gefunden habe, die nichts anderes sind als die Übersetzung zweier Passagen aus Tolstoi und Renan? Wir müssen aufpassen.» Man braucht nicht viel Phantasie, um sich vorzustellen, wie zeitaufwendig diese Suche ist. Hinter jedem Wort von Nietzsche kann sich ein verborgener Verweis verstecken. «Gestern sieben Stunden gearbeitet und *ein* Zitat gefunden», berichtet Montinari. «Die Zitate von Burckhardt über die Griechen sind – wenigstens für jetzt – unmöglich zu finden.» Einmal mehr meint er, in der Arbeit «ersticken» zu müssen. Auf der anderen Seite ist er voller Stolz auf seinen «philologischen Scharfsinn» und hat das Gefühl, etwas «Sensationellem» auf der Spur zu sein.[30]

Mit seinem neuen Apparat betritt Montinari tatsächlich philologisches Neuland, bedeutet die Rekonstruktion von Nietzsches Quellen doch nichts anderes, als den Begriff der «Vorstufe» neu zu definieren. Um die Entstehung der Werke eines Autors wie Nietzsche nachvollziehen zu können, so lautet seine Entdeckung, reicht es nicht aus, die Überarbeitung der Entwürfe und das Feilen an den Formulierungen zu dokumentieren – auch dessen Lektüre und die Art, wie er sich das Gelesene anverwandelt hat, gehören dazu. Man kann das auch anders formulieren: Anstatt aus der Fülle seiner dionysischen Inspiration zu schöpfen, hatte Nietzsche manche – oder sogar viele – seiner Ideen stillschweigend von anderen Autoren übernommen. Montinari ist sich bewusst, dass diese Erkenntnis die Frage nach Nietzsches Originalität aufwirft. «Die Montage in *Wagner in Bayreuth*», versichert er Colli, «tut der Größe Nietzsches keinen Abbruch.» Es sei zwar möglich, dessen Denkanstöße zu lokalisieren, «das formende, ordnende, auswertende Prinzip dieser Impulse» bleibe er aber trotzdem selber. Als Praktiker der Philologie hat Montinari wenig Interesse, aus seiner Entdeckung eine Theorie der Autorschaft oder des Werkbegriffs zu destillieren. Wo aber doch, da zeigt er sich bemüht, auch Nietzsches Lesefrüchte als eigene Leistung zu deklarieren: «Nietzsches Lektüre anderer Autoren – durch (meistens) versteckte Zitate in seinen Schriften, durch Exzerpte im Nachlaß, durch Randglossen, Unterstreichungen und andere Lesespuren in Bänden seiner Bibliothek belegt – ist Bestandteil des Werks. Sie gehört somit in den Text, weist aber gleichzeitig über den Text hinaus.»[31]

Giorgio Colli, der in Nietzsche einen intuitiven Denker sieht, kommen solche Definitionsversuche spitzfindig vor. Schon in der Vergangenheit haben sie über den Umfang der Apparate gestritten, doch erst als Montinari mit seiner Quellenforschung anfängt, bekommt ihr Streit eine grundsätzliche Dimension. Es geht nicht nur darum, dass Montinaris «philologischer Irrsinn» zu weiteren Verzögerungen führt; Colli wirft seinem Partner obendrein «wissenschaftlichen Übereifer» vor: «Wozu das alles? Zu Nietzsches Andenken? Ich glaube nicht. Um Dich als exzellenter Wissenschaftler zu fühlen?

Um Lesern wie Wolfgang Müller-Lauter zu gefallen?» Montinaris Eingeständnis, nach seiner Rückkehr eine akademische Karriere anstreben zu wollen, verstärkt ihre wechselseitige Entfremdung. Obwohl Colli selbst seit Jahren in Pisa unterrichtet, betrachtet er die Universität nach wie vor als Negation einer philosophischen Existenz. «Du musst immer daran denken», erinnert er den Jüngeren, «dass für mich in unserem ganzen Unternehmen zwei Elemente zentral sind, nämlich Nietzsche ‹in Ehren zu halten› und seine Wirkung auf die Gegenwart zu fördern.» Daher möchte er keine Edition verantworten, die Nietzsche selber nicht gefallen hätte. Zudem möchte er sich an Leser richten, «die weder Idioten noch Pedanten sind». Ein Apparat, der neben den herkömmlichen Vorstufen auch noch Nietzsches Lektüre dokumentiere, drohe dagegen nicht nur, «hypertroph» zu werden: Er mache Nietzsche im Gewebe seiner Querbezüge unkenntlich. «In der Vergangenheit lag Dir unsere Aufgabe am Herzen, den Rausch und den Mythos um Nietzsche zu zerstören. Hüte Dich davor, in die entgegengesetzte Haltung zu verfallen, die in meinen Augen keineswegs besser ist.»[32]

Tod eines Autors

Im Juni 1967, während in West-Berlin die Studentenproteste eskalieren, erscheint in Paris der lange erwartete und mehrfach verschobene erste Band der französischen Ausgabe: *Le gai savoir*, inklusive der nachgelassenen Fragmente aus den Jahren 1881 und 1882 von Pierre Klossowski neu aus dem Deutschen übersetzt. Mit Genugtuung registriert Colli, dass der Startschuss ihrer Edition von einem kräftigen Presseecho begleitet wird. In ihrer gemeinsam verfassten Einleitung und in Interviews im *Figaro* und in *Le Monde* scheuen sich die prominenten Co-Herausgeber Deleuze und Foucault nicht, große Erwartungen zu schüren: Sie stellen unpubliziertes Material und neue Erkenntnisse in Aussicht, und während Habermas in Frankfurt Nietzsches

Antiquiertheit bekräftigt, bringen sie ihn als hochaktuellen Denker in die Diskussion.[33]

Schon in *Les mots et les choses*, dem Buch, mit dem er in Frankreich im Jahr zuvor berühmt geworden war, hatte Foucault mit Nietzsche die Episteme der Gegenwart beginnen lassen: Mit der Chiffre der ewigen Wiederkehr habe Nietzsche die «Verheißungen der Dialektik», also die Vorstellung einer kontinuierlichen, fortschrittlichen Geschichte «verbrannt» und mit dem Tod Gottes und der Ankündigung des Übermenschen die Diagnose vom Verschwinden des Menschen vorweggenommen. Vor allem aber habe er mit der Einsicht, dass die Wörter keine Instrumente unvoreingenommener Erkenntnis, sondern eine opake Wirklichkeit sui generis darstellten, jene «radikale Reflexion über die Sprache» eröffnet, in deren Tradition Foucault sein eigenes Denken verortete. Er zitierte Nietzsches berühmte Befürchtung aus der *Götzendämmerung*, «wir werden Gott nicht los, weil wir noch an die Grammatik glauben». Zu dieser radikalen erkenntniskritischen Haltung sei Nietzsche durch seine sprachwissenschaftlichen Studien gelangt. «Viele Fachleute», erklärt Foucault im *Figaro*, würden sich «mit Nietzsches philologischen Anfängen» schwertun. Für ihn selbst stellt Nietzsches akademische Profession dagegen den Schlüssel zu seinem Denken dar. In seiner Funktion als Mitherausgeber hatte er sich sogar dafür starkgemacht, auch Nietzsches philologische Frühschriften mit in die französische Ausgabe aufzunehmen – eine Initiative, die daran gescheitert war, dass der Verleger für diese Arbeiten keine Interessenten sah.[34]

Hier irrte Claude Gallimard, denn wenn die französische Edition eine besondere Resonanz hervorruft, dann deshalb, weil Nietzsche in Frankreich als visionärer Theoretiker einer neuen Sprache wiederkehrt. Das «Kernproblem» von Nietzsches Philosophie, erläutert Foucault in *Le Monde*, finde sich «in der Diskursform selbst reproduziert». Zwischen dem Vorhaben von Colli und Montinari, Nietzsche in authentischer Form zu publizieren, und den Lesarten der Pariser Poststrukturalisten scheint dadurch wider Erwarten eine Art prästabilierter Harmonie zu bestehen. Die Tatsache etwa, dass Nietzsche daran gescheitert war, sein letztes Hauptwerk zu verfassen, und stattdessen nur verstreute Fragmente zurückgelassen hatte, verliert in diesen Lesarten alle biografische Zufälligkeit und verwandelt sich in ein Symptom für den «Untergang des Buches» schlechthin – ein Ereignis, dem die französischen Denker größte Bedeutung beimessen. Wenn die Philosophie nämlich, wie Jacques Derrida, Maurice Blanchot, Roland Barthes und Philippe Lacoue-Labarthe in beinah monotoner Einmütigkeit wiederholen, in ihrer herkömmlichen Weise an die Form des Buches gebunden gewesen sei, dann verrate die Unfähigkeit, Bücher zu schreiben – oder zumindest zu beenden –, dass mit Nietzsche etwas anderes an ihre Stelle getreten sei. «Wenn sich die Welt Nietzsches», schreibt Maurice Blanchot 1969, «nicht in einem Buch und am wenigsten in demjenigen darstellt, das ihm unter dem Titel *Der Wille zur Macht* vom Dünkel der Kultur aufgeredet wurde, so weil sie uns von außerhalb jener Sprache ruft.» In dieses Außerhalb des philosophischen Diskurses vorzudringen, das Blanchot mit Nietzsches «fragmentarischer Schrift» identifiziert, ist Anliegen seiner eigenen Schreibweise. Auch Deleuze plädiert dafür, sich von Nietzsche zu neuen «Ausdrucksweisen» verleiten zu lassen. Die Straßburger Philosophen Philippe Lacoue-Labarthe und Jean-Luc Nancy weisen nach, dass Nietzsches «désœuvrement», sein Scheitern an der Form des Buches, schon lange vor dem *Willen zur Macht* begonnen habe. Nietzsches «bedeutendste philosophische Einsicht», so fasste ein deutscher Leser die französische Diskussion später zusammen, sei die «Zurücknahme des Werkgedankens» gewesen. Nicht die inhaltliche, sondern die formale Transgression stellt demnach sein eigentliches Vermächtnis dar.[35]

«Es sieht so aus», schreibt Colli im Frühjahr 1967, «als sei das ‹Nietzsche-Fieber› in Frankreich heftiger denn je.» Der Zeitpunkt für das Erscheinen des ersten Bandes scheint ideal zu sein. Die Herausgeber müssen aber feststellen, dass ihrer Ausgabe erbitterter Widerstand entgegenschlägt. Das erste Vorzeichen kommender Unannehmlichkeiten ist ein Leserbrief in *Le Monde*, der auf den ersten Blick ganz harmlos wirkt. Der Philosoph Jean Beaufret erlaubt sich, höflich auf ein Versehen hinzuweisen: Die angeblich «unveröffentlichten» Fragmente, die *Le Monde* als Teaser für die neue Edition abgedruckt hat, seien in der Kröner-Ausgabe des *Willens zur Macht* enthalten und überdies schon seit den 1930er Jahren ins Französische übersetzt. Mit seiner Richtigstellung deckt Beaufret mehr als einen peinlichen Fehler auf – er stellt die Daseinsberechtigung der neuen Ausgabe in Frage, denn auch im editorischen Nachwort von *Le gai savoir* ist pauschal von «unveröffentlichten» (anstatt von «nachgelassenen») Fragmenten die Rede, und wenn die Herausgeber nicht zu wissen scheinen, ob und welche ihrer Textstellen schon an anderem Ort erschienen sind, wird ihre Behauptung, über den Stand der bisherigen Überlieferung hinauszugehen, lächerlich. Man muss nicht paranoid sein, um zu mutmaßen, dass sich hier der lange Arm von Heidegger geltend macht, der in Beaufret seinen Mann in Frankreich gefunden hat. «Durch die Hinzufügung einiger Aphorismen, Notizen und zusätzlicher Entwürfe wird man unser Verständnis von Nietzsche nicht verändern», schreibt Jean-Michel Palmier, ein weiterer Heideggerianer, wenig später in *Le Monde*. «Das Unternehmen von Colli und Montinari ist bei Weitem nicht so neu, wie man behauptet hat.»[36]

Bei Gallimard, wo die mehrfache Verschiebung des Erscheinungstermins schon für schlechte Stimmung gesorgt hat, zieht der Lapsus der «unveröffentlichten» Fragmente Schuldzuweisungen nach sich. Für Colli und Montinari besteht kein Zweifel, auf wessen Versagen der Fehler zurückzuführen ist. So bereitwillig Deleuze und Foucault der neuen Ausgabe nämlich ihre Namen geliehen haben, so wenig haben sie zu deren Zustandekommen beigetragen. Seit ihrem Treffen in Royaumont, schreibt Colli dem zuständigen Lektor Dionys Mascolo, hätten die beiden Co-Herausgeber nie wieder von sich hören lassen und auch auf keine ihrer Rückfragen zur Übersetzung reagiert. «Ich muss gestehen, dass der Band in zu großer Eile und ohne klare Verantwortlichkeiten produziert wurde», räumt Mascolo ein; Deleuze sei häufig krank gewesen; Foucault halte sich seit 1966 in Tunesien auf. Als Foucault im April 1968 schließlich ganz von seiner Herausgeberfunktion zurücktritt, will er diesen Schritt explizit nicht als Ausdruck von Kritik oder mangelndem Interesse missverstanden wissen. «Aber sollte es vorkommen», richtet Mascolo Colli aus, «dass er mit diesem oder jenem Punkt nicht übereinstimme, habe er aus der großen Entfernung kaum irgendwelche Einflussmöglichkeiten.» Weil er in letzter Zeit überdies ins Kreuzfeuer öffentlicher Kritik geraten sei, denke Foucault, «es wäre für die Ausgabe besser, wenn sie nicht mit seinem Namen belastet ist».[37]

Worin die wahren Beweggründe für Foucaults Rückzug bestehen, stellt sich erst nach einem weiteren Jahr heraus. Um zu verstehen, worum es geht, muss man noch einmal auf das Exposé zurückkommen, in dem Montinari 1962 die editorischen Prinzipien ihrer Ausgabe formuliert hatte. Neben dem Grundsatz, Nietzsches Notizbücher vollständig und in chronologischer Reihenfolge zu publizieren, hatte er damals auch festgehalten, was alles *nicht* berücksichtigt werden sollte: «Aus unserer Ausgabe wird alles ausgeschlossen bleiben, was man nicht als Nietzsches eigenen Ausdruck ansehen kann (d. h. insofern es nichts über sein Denken und seine Persönlichkeit aussagt) und was als blosse Wiederholung betrachtet werden kann. Es werden folglich persönliche Notizen und Anmerkungen von nur äußerem und zufälligem Inhalt (z. B. Andeutungen finanzieller Fragen, wie Zahlungen, Rechnungen, Voranschläge, Notizen über die zeitliche Ansetzung von Vorlesungen, Fahrpläne und Gasthöfe u. s. w.) beiseite gelassen; desgleichen die Paraphrasen und die Auszüge aus Büchern anderer Autoren.»[38]

In nahezu unveränderter Form taucht dieser Passus im editorischen Nachwort auf, das schon Jean Beaufret eine offene Flanke geboten hatte und das jetzt, ein knappes Jahr nach seiner Demission als mitverantwortlicher Herausgeber, auch Foucault als Zielscheibe seines Angriffs dient. Im Februar 1969, in seinem berühmten, vor der Société française de philosophie gehaltenen Vortrag «Was ist ein Autor?», unternimmt er es, die Kategorien von Autorschaft und Werk zu dekonstruieren: «Wenn man zum Beispiel daran geht, die Werke Nietzsches zu veröffentlichen, wo soll man Halt machen?», fragt er da. «Man soll alles veröffentlichen, gewiss, aber was heißt dieses ‹alles›?

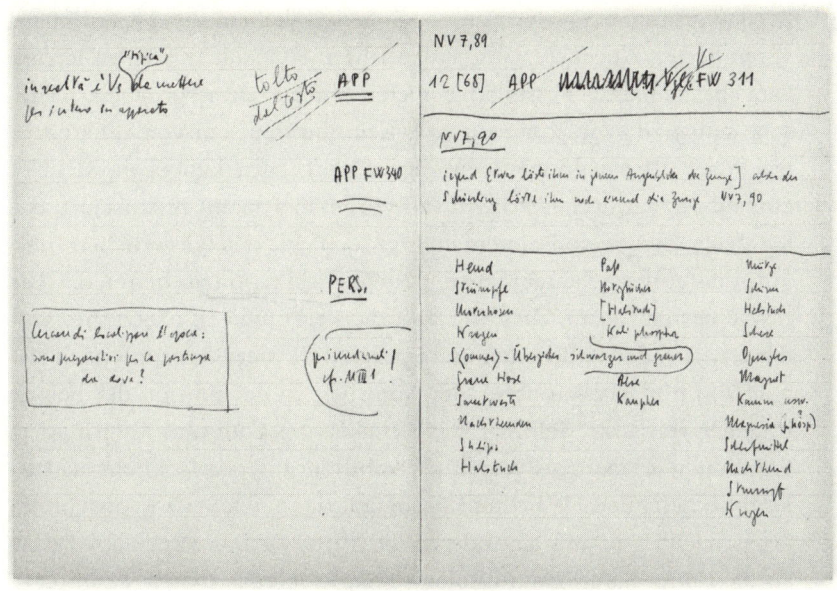

Schlafmittel, Samtweste, Opernglas: «Wie lässt sich aus den Millionen von Spuren, die jemand nach seinem Tod hinterlässt, ein Werk definieren?»

Alles, was Nietzsche selbst veröffentlicht hat, einverstanden. Die Entwürfe seiner Werke? Zweifellos. Die geplanten Aphorismen? Ja. Ebenso die Streichungen, die Randbemerkungen in den Notizbüchern? Ja. Aber wenn man in einem Notizbuch voller Aphorismen einen bibliographischen Nachweis, einen Hinweis auf eine Verabredung, eine Adresse oder einen Wäschereizettel findet: Werk oder nicht Werk? Aber warum nicht? Und so weiter ad infinitum. Wie lässt sich aus den Millionen von Spuren, die jemand nach seinem Tod hinterlässt, ein Werk definieren? Die Theorie des Werks existiert nicht, und denen, die naiv daran gehen, Werke herauszugeben, fehlt eine solche Theorie, und ihre empirische Arbeit kommt rasch zum Erliegen.»[39]

Das ist unmissverständlich an die Adresse von Colli und Montinari gerichtet, deren Herausgebertätigkeit zwar niemals «zum Erliegen» gekommen war, auf deren Schwierigkeiten, die mit Gallimard vereinbarten Abgabetermine einzuhalten, Foucault in seinem letzten Satz aber beinah gehässig anzuspielen scheint. Dem Vorhaben, Nietzsche selbst zu Wort kommen zu lassen und ihm sein von allen nachträglichen Übermalungen gereinigtes Werk zurückzugeben, stellt er ein anderes «ethisches Prinzip» entgegen, das darauf hinausläuft, das Spiel der Zeichen von diesem mit der Ideologie des bürgerlichen Individuums einhergehenden Zwang zur Identifikation zu befreien.[40] Die Ironie besteht darin, dass Foucault die Kenntnis von Nietzsches wilder *écriture*, der «Millionen von Spuren», die der Philosoph nach seinem Tod hinterlassen hatte, der Mitarbeit an der Edition der beiden Italiener verdankt. Soll man das Debakel, das Colli und Montinari in Frankreich erleben, als Verrat, als Nobilitierung oder schlicht als Dialektik bezeichnen? Was ihre Edition auf der einen Seite so anschlussfähig macht, gibt auf der anderen die Mittel zu deren Zurückweisung an die Hand. Sämtliche philologischen Probleme, denen sie im Lauf der 1960er Jahre begegnet waren, werden von ihren französischen Lesern zu philosophischen Grundsatzfragen erhoben – aber nur, um den Beweis zu führen, dass ihre Bemühungen, im Chaos von Nietzsches Gekritzel die Stimme eines Autors zu finden und die Grenzen eines Werks zu definieren, ihn kaum weniger als seine vormaligen Herausgeber entstellen.

Eine besondere Rolle kommt in dieser Dialektik Montinaris Quellenforschung zu. Die Entdeckung, dass Nietzsche viele seiner Ideen weniger dem Blitz der Intuition als der Lektüre anderer Autoren verdankte, will er, wie oben beschrieben, ausdrücklich nicht als Relativierung von dessen Originalität verstanden wissen. Für die Franzosen ist dagegen schon der Begriff Teil eines obsoleten Vokabulars. 1967 entwickelt Julia Kristeva ihre Theorie der «Intertextualität», der zufolge «jeder Text» die «Absorption und Transformation eines anderen Textes» darstellt. In seinem bekannten Aufsatz knüpft Roland Barthes im selben Jahr an diesen Gedanken an, wenn er schreibt, der «Tod des Autors» sei mit der «Geburt des Lesers» gleichbedeutend, da sich hinter jeder literarischen Produktion die Rezeption bereits zirkulierender Diskurse verberge: «Der Text ist ein Geflecht aus Zitaten, die aus den tausend Brennpunkten der Kultur stammen.» Zwar haben Kristeva und Barthes dabei vor allem den modernen Roman von Cervantes bis Michel Butor im Sinn, in dem Montagekünstler Nietzsche finden ihre Theorien wenig später aber ihre paradigmatische Präzedenzfigur.[41]

1971 geben die bereits erwähnten Straßburger Philosophen Philippe Lacoue-Labarthe und Jean-Luc Nancy eine französische Übersetzung von Nietzsches wenig bekannten philologischen Schriften zur Rhetorik heraus – darunter ein Vorlesungsmanuskript aus dem Wintersemester 1872/73, Skizzen zu einem geplanten Buch *Über den Kampf von Kunst und Erkenntnis* sowie dessen kurze, unvollendete Einleitung *Ueber Wahrheit und Lüge im aussermoralischen Sinne*. In diesen zu Lebzeiten nie publizierten, nach der *Geburt der Tragödie* verfassten Texten hatte Nietzsche zum ersten Mal jenen fundamentalen Zweifel an der Wahrheit angemeldet, der zum Markenzeichen des neuen französischen Denkens wird: «Was ist also Wahrheit? Ein bewegliches Heer von Metaphern, Metonymien, Anthropomorphismen, kurz eine Summe von menschlichen Relationen, die, poetisch und rhetorisch gesteigert, übertragen, geschmückt wurden, und die nach langem Gebrauche einem Volke fest, canonisch und verbindlich dünken.» Kein einziges von Nietzsches geflügelten Worten dürfte in den folgenden Jahren häufiger als diese Passage aus *Ueber Wahrheit und Lüge* zitiert worden sein. Noch entscheidender als die Erkenntnis des trügerischen Charakters der Wahrheit und der tropischen Natur der Sprache ist für Lacoue-Labarthe und Nancy allerdings die Entdeckung, dass sie sich auch in der Form von Nietzsches Texten niederschlägt. Nachdem er daran gescheitert war, seine Forschungen zur Rhetorik in einem Buch zusammenzufassen, habe Nietzsche sich nicht nur von der systematischen Schreibweise, sondern auch von dem Anspruch verabschiedet, seinen Text mit seiner Autorstimme zu identifizieren. Mittels akribischen Quellenstudiums, das Montinaris Spurensuche ähnelt, weisen sie nach, dass Nietzsche seine Thesen zum figurativen Charakter der Sprache bis in die Formulierungen hinein den Werken längst vergessener zeitgenössischer Sprachwissenschaftler entlehnt hatte. Einmal mehr entpuppt er sich als Bastler, der mit den Versatzstücken der Kultur des 19. Jahrhunderts spielt. Hatte Nietzsche nicht selber geschrieben, er komme sich «oft wie der Krickelkrakel vor, den eine unbekannte Macht übers Papier zieht, um eine neue Feder zu probieren»? Sollte er, wie Heidegger behauptet hatte, auch der letzte Denker der metaphysischen Epoche gewesen sein: In seiner Vorwegname eines subjektlosen Schreibens zeigt sich, dass er den Illusionen des Logozentrismus immer schon entronnen war.[42]

«Nimmt man diese Zusammenhänge ernst», hat der schon erwähnte Kafka-Herausgeber Gerhard Neumann mit Blick auf die französische Debatte geschrieben, «so kann es dem Editor, der sich für einen nüchternen Handwerker gehalten hat, Angst und Bange werden.» Bei dem Handwerker Montinari scheint das zunächst nicht der Fall zu sein. Dass die Franzosen einen «Krieg» anzetteln würden, hatte er schon vor Erscheinen von *Le gai savoir* geahnt. Und bis ihm die philologischen Konsequenzen des neuen philosophischen Zeitgeists aufgehen, wird noch einige Zeit vergehen. Das Jahr 1967/68 verbringt er damit, den *Zarathustra* ins Italienische zu übersetzen und für den Apparat der deutschen Ausgabe zu kommentieren, eine Arbeit, die ihn angesichts zahlreicher «sublimer Entzifferungen» mit besonderer Genugtuung erfüllt. «Die Tage vergehen, und ich versenke mich immer tiefer in den Apparat, aber auch in die Ideen und in die Welt des *Zarathustra*», schreibt er Colli im Mai 1967 – um anderthalb Jahre später zu berichten, er sei soeben «aus den Visionen und Ewigkeitstaumeln des dritten *Zarathustra*» wieder aufgetaucht. In der Zwischenzeit haben sich der Tod von Benno Ohnesorg, der Mai '68 und der Prager Frühling ereignet. Doch diese politischen Vorfälle scheinen Montinari nur aus großer Ferne zu erreichen. In seinen Briefen aus West-Berlin, wo er sich damals regelmäßig aufhält, um mit De Gruyter zu konferieren, ist von opulenten Mittagessen im Europa-Center und von Ausflügen ins Charlottenburger Nachtleben die Rede, während man Hinweise auf die rebellierenden Studenten vergeblich sucht.[43]

186

1969 stößt Montinari in den sekretierten Beständen des alten Nietzsche-Archivs auf ein unbekanntes Kapitel aus *Ecce homo*, in dem Nietzsche auf eine Weise über seine Schwester geschrieben hatte, die man nur als Verwünschung bezeichnen kann: «Mit solcher canaille mich verwandt zu glauben wäre eine Lästerung auf meine Göttlichkeit.» Die spektakuläre Entdeckung liefert einen letzten Beweis dafür, wie stark Nietzsches Texte von Elisabeth manipuliert worden waren. «Unsere Edition wird wirklich eine Zäsur bedeuten», prophezeit Montinari seinem Partner in euphorischer Stimmung. Während sich seine Entzifferungsarbeit in Weimar langsam ihrem Ende zuneigt, denkt er sich zukünftige editorische Projekte aus – darunter eine Ausgabe von «Nietzsches Gesprächen» und einen kommentierten Katalog von «Nietzsches Lektüre», der die gesamte von ihm konsultierte Literatur samt Anstreichungen und Randglossen enthalten soll. Über eine Gesamtedition von Nietzsches Briefwechsel haben sie zu diesem Zeitpunkt schon einen weiteren Vertrag mit De Gruyter abgeschlossen. Er sei vom «Dämon der Philologie» besessen, schreibt Montinari – «und das gefällt Dir sicher nicht».[44]

Seit ihrem Zerwürfnis über die Grenzen der Textkritik hat Colli sich zunehmend aus der operativen Arbeit zurückgezogen. Während Montinari im Lauf des Jahres 1969 von weiteren «Entzifferungswundern» berichtet, bringt er nach jahrzehntelanger Bedenkzeit die Summe seiner philosophischen Überlegungen zu Papier. «Es macht mich glücklich, endlich ein Philosoph zu sein», schreibt er beim Erscheinen der *Filosofia dell'espressione*, «das war es, worauf es immer ankam. Leider fürchte ich, dass mein Buch für alle anderen so gut wie unverständlich sein wird.» Die Sorge ist nicht ganz unbegründet: Den De-Gruyter-Lektor, der meint, das Buch hätte irgendetwas mit Expressionismus zu tun, klärt Montinari darüber auf, dass sich hinter dem Titel der Entwurf einer dualistischen Metaphysik verbirgt – und obwohl er selbst mit Collis Ideen seit seinem fünfzehnten Lebensjahr vertraut ist, befürchtet auch er, dem Buch nicht gewachsen zu sein. «Wenn ich es in die Hand bekomme, wirst Du, glaube ich, ein bisschen warten müssen, bevor Du erfährst, ob ich es verstanden habe.»[45]

Parallel bereitet Montinari seine Rückkehr nach Italien vor. Es gelingt ihm, einen Lehrauftrag am Institut für Germanistik der Sapienza in Rom zu organisieren und seine Parteifreunde für eine weitere Intervention zu seinen Gunsten zu gewinnen. Im Januar 1970 reicht Sigrid Montinari ihren Antrag auf Ausbürgerung ein. In ihrem Weimarer Umfeld erlegen sich die Eheleute Stillschweigen auf. Montinari möchte den Moment hinauszögern, schreibt er, ab dem man «mich nicht mehr als ‹einen von uns› ansehen wird». Offenbar mit Erfolg: Anfang 1970 gibt IM Gießhübler, der ihn seit sechs Jahren observiert, noch zu Protokoll, mit einer baldigen Ausreise des Italieners sei nicht zu rechnen. Zehn Monate später ziehen die Montinaris nach Italien um. Gießhüblers letztem Bericht ist anzumerken, dass er sich von seiner Zielperson hintergangen fühlt: «Bevor der Prof. M. Ende Oktober dieses Jahres unsere Republik mit seiner gesamten Familie verließ und nach Italien zurückkehrte, wurde er nochmals vom IMS in dessen Wohnung eingeladen. Hierbei konnte er feststellen, daß es sich bei dem Prof. M. um eine Person handelt, die eine negative Grundhaltung zu allen politisch-ideologischen Fragen zum Ausdruck brachte. Er lehne die gesamte sozialistische Staatsform ab. Prof. M. sei gegenüber dem IMS noch nie so offen und ehrlich über seine wahre politische Einstellung gewesen.» Der Informant meint auch zu wissen, worauf dieser Sinneswandel zurückzuführen ist: «Er sehe diese Grundeinstellung des Prof. Montinari in unmittelbarem Zusammenhang mit der seit Jahren betriebenen Nitsche-Forschung.»[46]

Quote Unquote

Während Montinaris Spitzel zu guter Letzt also doch zur orthodoxen Lukács-Linie zurückfindet, nimmt in Frankreich Nietzsches Verwandlung in einen radikalen Denker der Sprache ihren Lauf. Mit *Humain, trop humain* und *Aurore* erscheinen die nächsten Bände der Gallimard-Ausgabe, derweil das verunglückte editorische Nachwort aus *Le gai savoir* eine nicht abreißende Folge von Addenda, Berichtigungen und Rechtfertigungen nach sich zieht. «Dieser Fehler hat das Prestige unserer Edition nicht nur in Frankreich erschüttert», schreibt Colli an den Verleger. Montinari, für den die deutsche Ausgabe den State of the Art darstellt, ist selbst der Meinung, dass die französische Edition «schlecht gemacht» ist.[47] Im Juli 1972, während er sich zu weiteren Archivrecherchen in Weimar aufhält und Colli mit anderen Dingen beschäftigt ist, kulminiert ihre Wirkungsgeschichte in einem Showdown, der in den Annalen der französischen Geistesgeschichte seinen festen Platz gefunden hat.

Unter dem programmatischen Titel *Nietzsche aujourd'hui?* findet in diesem Sommer in Cerisy-la-Salle in der Normandie die zweite große Bestandsaufnahme des französischen Nietzscheanismus statt, und allein der Umfang der Tagung verrät, wie stark die Bedeutung des deutschen Denkers seit den mittleren 1960er Jahren gewachsen ist: Mit Ausnahme von Foucault, der als Gastprofessor an der University at Buffalo unterrichtet, sind beinah alle großen Namen der französischen Gegenwartsphilosophie vertreten. Mit Sarah Kofman und Sylviane Agacinski tauchen unter den Vortragenden zum ersten Mal auch Frauen auf. Die Beiträge, die schon im Jahr darauf in gedruckter Form erscheinen, summieren sich zu tausend Seiten auf. Doch es ist der Tonfall, der die eigentliche Differenz zum *Colloque de Royaumont* markiert: Der Umgang ist informeller, die Auseinandersetzung direkter, die Sprache unprofessoraler geworden. Wie sich den Diskussionsprotokollen entnehmen lässt, gehört es zum Selbstverständnis der neuen nietzscheanischen Linken, die Regeln des gepflegten akademischen Diskurses in Frage zu stellen.

So erweist Jean-François Lyotard in seinem Vortrag über die dionysische Natur des Kapitalismus den «Menschen der Steigerung» seine Reverenz, zu denen er «Popkünstler», «Hippies und Yippies» und «Verrückte» zählt: «Sie sind Nietzsche viel näher als seine Leser», erklärt der Professor. «Eine Stunde ihres Lebens enthält mehr an Intensität als tausend Worte eines Berufsphilosophen.» Auch Deleuze, der akademische Philosophen als «Bürokraten der reinen Vernunft» be-

zeichnet, spricht sich und seinesgleichen in seinem Referat über
«Nomaden-Denken» die Legitimation, über Nietzsches Aktualität zu
befinden, ab. Die Frage müssten «junge Musiker, junge Maler und
Cineasten» beantworten. «Wir alle hier Versammelten sind zum größten Teil schon zu alt.» An Deleuzes Äußerungen aus dieser Zeit lässt
sich am besten ablesen, mit welchem kulturrevolutionären Anspruch
die Tilgung von Mensch und Subjekt, von Autor und Buch aus dem
Arsenal kultureller Sinnstiftung verbunden ist. Während Roland Barthes die «Entfernung des ‹Autors›», den Versuch, die Personalisierung
des literarischen Diskurses ihrer Selbstverständlichkeit zu berauben,
1967 noch als Brecht'schen «Verfremdungseffekt» bezeichnet hatte,
war Deleuze schon damals an ihren unmittelbaren politischen Effek-
ten interessiert gewesen: «Wenn wir ein wenig flüssiger werden, wenn
wir uns der Zuweisung des Ich entziehen, wenn es keinen Menschen
mehr gibt, an dem Gott seine Strenge ausüben oder durch den er sich
ersetzen lassen kann, dann verliert die Polizei den Kopf.» Und während Barthes die Überzeugung artikuliert hatte, es sei illusorisch, den
kulturellen Codes *ganz* entgehen zu wollen – «kann doch ein Code
nicht zerstört, sondern nur ‹gespielt› werden» –, führt Deleuze jetzt,
in Cerisy, mit Nietzsche die Utopie einer «absoluten Decodierung» ins
Feld. Auch für ihn geht diese Decodierung von einem Sprachereignis
aus: «Nietzsche bemächtigte sich der deutschen Sprache, um eine
Kriegsmaschine aufzubauen, die etwas im Deutschen Uncodierbares
passieren lassen sollte.» Auch er hält es für notwendig, die alten Formen des Denkens zu zertrümmern. Doch begnügt er sich nicht damit,
Nietzsches revolutionäre Geste in seinem Schreiben aufzuspüren:
«Nicht auf der Ebene der Texte gilt es zu kämpfen.» Die Mikrologie
der genauen Lektüre hat für Deleuze daher nur nachgeordnete Bedeutung. Um Nietzsches Kräfte freizusetzen, sei es vielmehr notwendig,
eine Beziehung zu einer «außertextuellen Praxis» herzustellen.[48]

Das ist unmissverständlich gegen Jacques Derrida gerichtet, dessen «Die Frage des Stils» betitelter Vortrag im *close reading* eines einzigen, denkbar belanglosen Satzes kulminiert. Seine virtuose, sämtliche
Konventionen akademischer Philosophie missachtende Kommentie-

rung einiger Fragmente aus der *Fröhlichen Wissenschaft* in der Gallimard-Ausgabe ist vieles: der Versuch, Heideggers Nietzsche-Interpretation mit Heidegger zu überbieten, der Nachweis, dass in den Texten des notorischen Frauenfeindes Nietzsche zugleich ein Weibliches bejaht werde, das alle Vorstellungen von Wesen, Identität und Wahrheit überschreite, und *last but not least* eine schallende Ohrfeige für Colli und Montinari, die alle Demütigungen, welche die beiden seit 1967 über sich ergehen lassen müssen, in den Schatten stellt. Derrida spießt ein Fragment auf, das Montinari unter die Inedita von *Le gai savoir* aufgenommen hatte: «ich habe meinen Regenschirm vergessen», hatte Nietzsche – in Anführungszeichen – in einem seiner Notizbücher notiert. In seiner akribischen Befragung demonstriert Derrida die Absurdität, die darin liege, diesen Satz – wie seine «frischfröhlichen Leser» aus Italien – einem Autorsubjekt namens Nietzsche zuschreiben zu wollen: «Vielleicht ein Zitat. Vielleicht wurde es irgendwo aufgelesen. Wir werden niemals *sicher* wissen, was Nietzsche hat tun oder sagen wollen, als er diese Worte notierte. Nicht einmal, ob er irgend etwas *gewollt* hat.» Natürlich kommt auch Derrida an dieser Stelle auf das unselige editorische Nachwort zurück. In der Erklärung der Herausgeber, nur Nietzsches «eigene» Texte berücksichtigt zu haben, will er das «Monument eines hermeneutischen Somnambulismus» erkennen, «in dem jedes Wort mit seelenruhiger Sorglosigkeit einen Ameisenhaufen von Problemen der Kritik verdeckt». Sein Punkt ist nicht, dass der vergessene Regenschirm gegen das Kriterium des «Eigenen» verstoße, sondern dass dieses Kriterium Nietzsches Œuvre als ganzem unangemessen sei: «Die Gesamtheit von Nietzsches Text ist vielleicht, in höchstem Maße, vom Typ ‹ich habe meinen Regenschirm vergessen›.» Und auch dieser Befund lässt sich noch einmal verallgemeinern. Derrida schließt sein Referat mit der Forderung, eine «epochale Herrschaft der Anführungszeichen» über all jene schweren Signifikanten wie «Wahrheit», «Einheit», «Sinn» etc. zu errichten, die mit dem westlichen «Phallogozentrismus» verschwägert seien. Wenn man die steile Karriere schriftlicher, gestischer und gesprochener Gänsefüßchen seit den 1980er Jahren bedenkt, kann man zu dem Schluss kommen, dass zumindest die akademische Welt der westlichen Hemisphäre dieser Forderung in weiten Teilen nachgekommen ist.[49]

In Abwesenheit von Colli und Montinari obliegt es Richard Roos, dem französischen Germanisten, der zeitgleich mit Schlechta die Fälschungen von Nietzsches Schwester publik gemacht hatte, die Sache der Philologie zu verteidigen. In seinem bis heute lesenswerten Vortrag «Règles pour une lecture philologique de Nietzsche» blättert er das ganze Panorama der Überlieferungsgeschichte auf – von Nietzsches Nazifizierung über den «Genuss, mit Fragmenten zu jonglieren», bis zu der Versuchung, seine reaktionären Ideen ins Ästhetische und Metaphorische zu wenden –, um daraus die Notwendigkeit einer buchstabengetreuen, geduldigen Lektüre abzuleiten, wie sie Nietzsche selbst gefordert habe: «Wer, außer dem Philologen, liest heute noch so? Wer bringt dem Geschriebenen heute noch jenen Respekt entgegen, der dazu verpflichtet, sich im Angesicht des Textes selber auszulöschen?» Roos' Forderung, die Nietzsche-Edition müsse zur Rekonstruktion der Textentstehung, zur Identifikation der Quellen und zur Aufhellung des historischen Kontextes beitragen, hätte von Montinari selber kommen können. Und obwohl er auf die verpönten Instanzen des «Sinns» und der «Autorschaft» rekurriert, hätten ihm die Philosophen seine Eloge auf die Philologie womöglich durchgehen lassen – wenn er nicht auf die Idee gekommen wäre, sein Metier am Ende voller Pathos als «asketische Disziplin im Dienst der Wahrheit» zu glorifizieren.[50]

In der anschließenden Diskussion geht Bernard Pautrat, ein Derrida-Schüler, der zu den Organisatoren der Tagung gehört, auf diese Provokation wie auf ein rotes Tuch los: «Sie sagen uns: Hier ist ein Text, er hat seine Wahrheit, Sie haben sogar *die* Wahrheit gesagt; indem man sich mit diesem Text beschäftige, könne man *wirklich* herausfinden, was der *echte* Nietzsche *wirklich* sagen wollte ... Glauben Sie tatsächlich, dass es eine Wahrheit des Textes gibt und dass Sie objektiv und neutral, ohne ideologische Vorannahmen oder politische Intentionen, verfahren können?» Worauf sich Roos, seinerseits polemisch, dafür entschuldigt, das Wort nicht ostentativ in Anführungszeichen gesetzt zu haben, «so wie Sie es hier jedes Mal machen, wenn über den Gebrauch eines Begriffs gestritten wird». Das klingt so, als hätten die französischen Nietzscheaner schon 1972 die Geste der auf Ohrenhöhe gekrümmten Finger benutzt, um sich von den schweren Signifikanten zu distanzieren. Die Debatte endet damit, dass Pautrat Roos vorwirft, mit seiner Philologie eine «Polizei-Maschine» installieren zu wollen, die – flankiert von ihren Schwesterdisziplinen Psychiatrie und Pädagogik – eine einzige Funktion besitze: nämlich die Macht der Norm zu garantieren und Nietzsche ein weiteres Mal dem Zwang der gesellschaftlichen Ordnung zu unterwerfen: «Was ich gegen Sie geltend mache, ist das Recht, wenn nicht auf Nomadismus, dann wenigstens auf Vandalismus. Sie werden es niemals schaffen, mir zu beweisen, dass Nietzsche den Texten, die er gelesen hat, nicht selbst wie ein Vandale begegnet ist.»[51]

Es ist nicht verwunderlich, dass Roos mit seiner Forderung einer philologischen, den Absichten des Autors und der Wahrheit verpflichteten Lektüre den Zorn der Linksnietzscheaner auf sich zieht: Nach dem Verblassen der großen Utopien verkörpert der subversive, wildernde Leser die letzte Schwundstufe des revolutionären Subjekts – eine Figur, die genau wie Montinaris Handwerker auf den Verlust politischer Hoffnungen reagiert. Wie wenig seine Generation noch mit einer Philologie anfangen kann, die sich der buchstäblichen Wahrheit verpflichtet fühlt, spricht Michel Foucault, der Theoretiker der Disziplinarmacht, drei Jahre später in einem bereits in der Einleitung dieses Buches zitierten Interview mit dem *Magazine littéraire* aus: «Die einzige Anerkennung, die man einem Denken wie dem Nietzsches bezeugen kann, besteht darin, daß man es benutzt, verzerrt, mißhandelt und zum Schreien bringt. Ob einem die Kommentatoren Treue bestätigen oder nicht, ist völlig uninteressant.»[52]

Salz	40, I links	für ein Eckzimmer u. Waldstr
Zucker		Gustav-Adolf. Zugang
Eier	29, I	44, III 20 Mark

Ich selber bin 100 Mal radikaler als W. oder

Sch., deshalb bleiben es doch meine verehrtesten
weichen
Lehrer: ob ich schon jetzt zu meiner Erholung

u. Erquickung ganz andere Musik nöthig habe als

die W.'s, u, beim Lesen Sch.'s, jetzt leicht

unwillig w mich langweile, oder verdrießlich werde.

Des Falschen u. Oberflächlichen ist zu Viel darin.

M. „Unzeitgemäßen" sind für bedeuten

für mich Versprechungen: was sie für Andere sind,

weiß ich nicht. Glauben Sie, daß ich längst nicht

mehr leben würde, wenn ich diesen Versprechungen

nur um Einen Schritt breit ausgewichen wäre!

Viell. kommt noch ein Mensch, der entdeckt, daß von

M. A. an ich nichts gethan habe als meine

Versprechen erfüllen. Das, was ich freilich jetzt die

Wahrheit nenne, ist etwas ganz Furchtbares u. Ab-

stoßendes: und ich habe viel Kunst nöthig, um

schrittweise die M. zu einer völligen Umdrehung

ihrer höchsten Werthschätzungen zu überreden.

86 Theresienstr.

2-6: KGW VII 4/2, 641, Anm. 195 (irrtümlich als
Fußnote 196 gedruckt)
8-44: KGB III 3, 75, Be Nr. 617

8: W.] > Wagner
10: Sch.] > Schopenhauer
18: unwillig] ¿
20: Falschen] ¿
40: viel] ¿

6. Burn After Reading

Berlin 1985

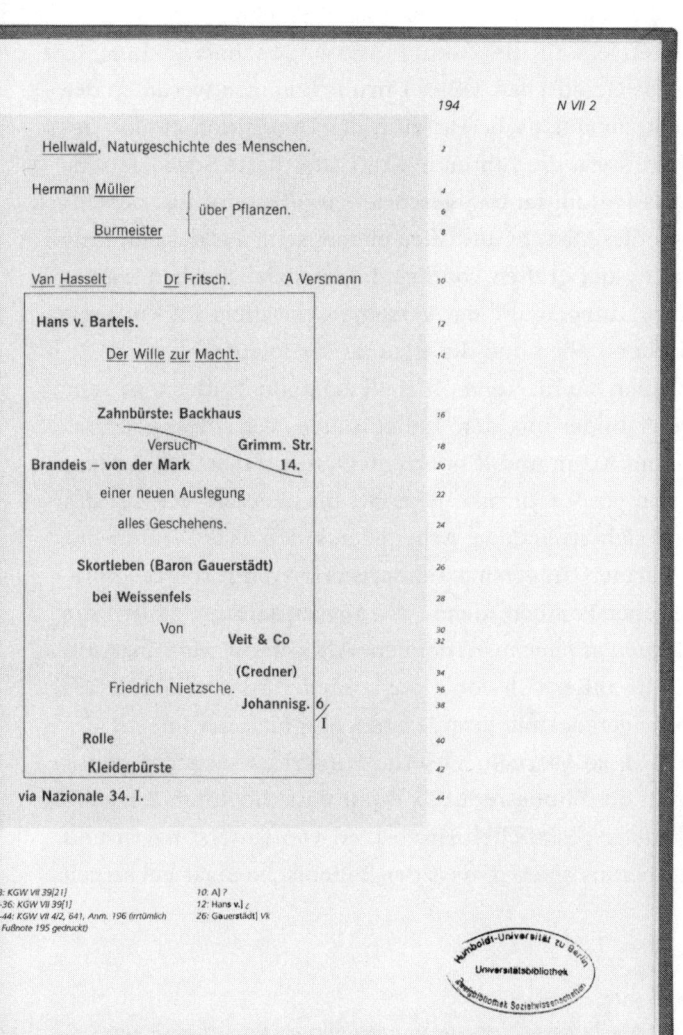

Hellwald, Naturgeschichte des Menschen.   *2*

Hermann Müller   *4*

               } über Pflanzen.   *6*

    Burmeister   *8*

Van Hasselt   Dr Fritsch.   A Versmann   *10*

Hans v. Bartels.   *12*

     Der Wille zur Macht.   *14*

      Zahnbürste: Backhaus   *16*

        Versuch   Grimm. Str.   *18*

Brandeis – von der Mark   14.   *20*

     einer neuen Auslegung   *22*

     alles Geschehens.   *24*

   Skortleben (Baron Gauerstädt)   *26*

   bei Weissenfels   *28*

       Von   *30*

         Veit & Co   *32*

         (Credner)   *34*

  Friedrich Nietzsche.   *36*

          Johannisg. 6/   *38*

                I

  Rolle   *40*

   Kleiderbürste   *42*

via Nazionale 34. I.   *44*

2-8: KGW VII 39[21]
14-36: KGW VII 39[1]
16-44: KGW VII 4/2, 641, Anm. 196 (irrtümlich
als Fußnote 195 gedruckt)

10: A] ?
12: Hans v.] ζ
26: Gauerstädt] Vk

«Es ist mir bewußt, daß ich von einem sozialistischen Staat mit einer folgerichtigen, stetigen, in die Zukunft weisenden Entwicklung in eine kapitalistische Gesellschaft voller Unruhe kommen werde, in der aber eine starke kommunistische Partei in der Opposition zu den bestehenden Verhältnissen die führende Kraft ist», hatte Sigrid Montinari in ihrem Aussiedlungsantrag geschrieben. «Es wird das persönliche Anliegen meines Mannes und auch meines sein, aus der Kenntnis und Wertschätzung der großen Vorzüge dieses sozialistischen Staates der DDR die Verbindungen und das Verstehen vor allem auf kulturellem Gebiet zwischen Italien und der DDR zu vertiefen.»[1]

So offensichtlich sie hier den offiziellen Jargon bedient, so sehr entspricht ihre Schilderung den italienischen Verhältnissen: Das Land, in das sie mit Mann und Kindern im Oktober 1970 übersiedelt, ist tatsächlich von großer Unruhe geprägt. Im «heißen Herbst» des Vorjahres hatten sich streikende Arbeiter aus den Fiat-Werken mit Studenten der Turiner Universität solidarisiert. Wenig später explodierte die erste jener Bomben, denen die 1970er Jahre in Italien die Bezeichnung als *anni di piombo* verdanken. Als sich die Montinaris in der Nähe der Collis außerhalb von Florenz niederlassen, melden sich die *Brigate Rosse* gerade mit ihren ersten Flugblättern im Stil der westdeutschen RAF zu Wort. In vielerlei Hinsicht ähnelt das politische Klima dem in der Bundesrepublik – nur dass die Roten Brigaden aus einem noch tiefer gestaffelten Hinterland von Unterstützern und Sympathisanten heraus agieren, dass der italienische Staat bei seinen

Bürgern insgesamt weniger Rückhalt genießt und dass es neben dem linken auch einen rechten Terrorismus gibt.[2]

Man kann sich des Eindrucks nicht erwehren, dass Montinari 1970 nicht nur in seine Heimat, sondern auch in die Geschichte zurückkehrt. Parallel zu seiner langsam anlaufenden Universitätskarriere findet er nach Jahren der Isolation zwischen Nietzsches Papieren in Florenz zur politischen Parteiarbeit zurück. Das Leben in der DDR hat ihn zwar dem real existierenden Sozialismus, der Linken an sich aber keineswegs abspenstig gemacht, und der Moment ist günstig, um sich im PCI zu engagieren, der unter dem neuen Parteichef Enrico Berlinguer in den 1970er Jahren seine zweite Blütezeit erlebt. Montinari gehört zu den Anhängern des *compromesso storico*, des strategischen Pakts mit der christdemokratischen Minderheitsregierung, mittels dessen Berlinguer seine Partei – ähnlich wie sein Vorgänger Togliatti – auf einen parlamentarischen, staatstragenden Kurs einschwören will. Mit dem «Nihilismus» der radikalen Linken geht Montinari hart ins Gericht. «Auch wir haben unsere Terroristen», erklärt er bei einer Parteiversammlung im November 1977, kurz nach den Ereignissen des Deutschen Herbstes, «vielleicht etwas weniger intellektuell und etwas armseliger, aber genauso gefährlich und fanatisch wie diejenigen in Westdeutschland. Auch wir haben unsere ‹K-Gruppen›, wie man sie dort nennt, also die verschiedenen pseudorevolutionären Zirkel; auch wir haben deklassierte, vom alltäglichen politischen Kampf gelangweilte Kleinbürger, die den Mythos der Guerilla kultivieren; auch wir haben reaktionäre Kräfte, für die es in Italien gar nicht genug Terror geben kann, da sie die Strategie der Eskalation gegen den Fortschritt der demokratischen Kräfte verfolgen.» Und auch Italien, so könnte man hinzufügen, erlebt seine politische Katastrophe, als Aldo Moro, der Parteichef der Christdemokraten und Architekt des «historischen Kompromisses», ein halbes Jahr später von den Roten Brigaden entführt und vor den Augen der italienischen Öffentlichkeit hingerichtet wird.[3]

Anarchie der Atome

Für Montinari wird die Lage dadurch verkompliziert, dass sich die Radikalen aller Couleur in diesen Jahren immer öfter auf Nietzsche berufen. Nietzsche ist nicht nur der erklärte Lieblingsautor eines neofaschistischen Brigadisten wie Giancarlo Esposti, der 1974 bei einem Feuergefecht mit Carabinieri ums Leben kommt; in den späten 1970er Jahren wird er zunehmend auch von der «nihilistischen» Linken zitiert. 1978, kurz nach der Moro-Entführung, stellt Montinari wie viele andere Beobachter des politischen Spektrums eine «Verschiebung des ideologischen Tonfalls» fest: Mittlerweile vergehe kaum ein Tag, an dem Nietzsches Name nicht «in der linken Presse» auftauche. Mit ihrer Edition hatten Colli und er dazu beitragen wollen, ihren Autor vor ideologischer Vereinnahmung zu bewahren. Stattdessen müssen sie beobachten, wie er einer erneuten Politisierung, wenn auch unter umgekehrtem Vorzeichen, zum Opfer fällt. Die «Nietzscheanisierung der Linken», deren Auswirkungen noch in den Kulturkämpfen des neuen Jahrtausends spürbar sind, macht sich in den 1970er Jahren nicht nur in Frankreich, sondern auch in Italien bemerkbar. Deleuze hatte davon gesprochen, sich der «Zuweisung des Ich» zu entziehen. Die neue Revolte, schreibt der Triester Germanist Claudio Magris, sei gegen die «tausendjährige Idee vom rationalen und einheitlichen Subjekt» und damit gegen die Möglichkeitsbedingung herkömmlicher linker Befreiungsbewegungen selbst gerichtet. Für die nietzscheanische Linke manifestiere sich die Tyrannei der Einheit selbst noch im Mutwillen des revolutionären Individuums. Statt in das Spiel der Repräsentation politischer Interessen einzutreten, ziele diese Linke daher darauf ab, «zentrifugale und anarchische Energien» freizusetzen und jede Identität «im Meer der Triebe» aufzulösen.[4]

Das Leitmotiv dieser neuen Bewegung, die Apotheose der Differenz, die Bejahung des Vielen, die Kritik an allen Formen und Vorstellungen von Einheit, hatte Nietzsche selbst schon im Fin de Siècle diagnostiziert. In seiner Spätschrift *Der Fall Wagner* ist eine kleine

Symptomatologie der «décadence» enthalten, die sich wie eine Prophezeiung der postmodernen Linken liest: «Das Wort wird souverain und springt aus dem Satz hinaus, der Satz greift über und verdunkelt den Sinn der Seite, die Seite gewinnt Leben auf Unkosten des Ganzen – das Ganze ist kein Ganzes mehr. Aber das ist das Gleichniss für jeden Stil der décadence: jedes Mal Anarchie der Atome, Disgregation des Willens, ‹Freiheit des Individuums›, moralisch geredet, – zu einer politischen Theorie erweitert ‹gleiche Rechte für Alle›.»[5]

Der alte Linke Montinari erblickt in der «Anarchie der Atome» ein reaktionäres Phänomen. Mit Besorgnis registriert er die Zarathustra-Graffitis, die während der «autonomen» Proteste von 1977 auf den Mauern italienischer Universitätsgebäude auftauchen. Für den an Gramsci geschulten Kommunisten repräsentieren sie «einen neuen Nietzsche-Mythos, der Elemente der konservativen Ideologie mit solchen der linken Theorie zusammenwirft». Er diagnostiziert einen politisch ambivalenten Synkretismus, der, in den Kanälen der Massenmedien zirkulierend, die kulturelle Hegemonie des PCI in Frage stellt.[6]

Auch Giorgio Colli, der die Fertigstellung der Edition aus halber Distanz verfolgt, muss damit gehadert haben, dem großen Unzeitgemäßen als Modeautor wiederzubegegnen. Das hindert ihn aber nicht daran, die öffentliche Aufmerksamkeit, die ihm als «Wiederentdecker» Nietzsches zuteilwird, mit beinah kindlicher Freude zu genießen. Zu seiner eigenen Überraschung empfindet er es als «angenehme Abwechslung», Fernsehinterviews zu geben. Für eine Homestory gewährt er der RAI sogar Zugang zu seinem Familiendomizil in den Florentiner Hügeln. In dieser Stimmung entsteht *Nach Nietzsche*, ein Buch, in dem er seine jahrzehntelangen Meditationen über Nietzsche in geschliffenen Aphorismen kondensiert. Neben den Nachworten, die er den Bänden der italienischen Ausgabe beigesteuert hat, ist es sein zugänglichstes Werk.[7]

Seine chronische Geldnot kann es trotzdem nicht lindern. «Massive finanzielle Probleme», liest man unter den in Stenogrammstil verfassten Eintragungen des Jahres 1976 in seinem Tagebuch. Die Situation zwingt ihn dazu, sich auf ein weiteres monumentales Edi-

Colli in seiner Sehnsuchtsland-
schaft, Kap Sunion, 1962

tionsvorhaben einzulassen: *La sapienza greca*, eine auf elf Bände berechnete kommentierte Ausgabe der überlieferten Fragmente der Vorsokratiker. Derridas Kritik des «Phonozentrismus» geflissentlich ignorierend kehrt er zu den oralen Ursprüngen des abendländischen Denkens zurück. «Das Herz und der Geist sind noch jung», notiert er, vielleicht um sich selber Mut zu machen. Es heißt, der späte Colli habe am liebsten auf Altgriechisch kommuniziert. Die ersten beiden Bände der *Sapienza greca* sind gerade erschienen, als er zwei Jahre später, im Januar 1979, im Alter von einundsechzig an einem Aneurysma stirbt. Für den Linksnietzscheanismus aus Frankreich hatte er bis zuletzt nur Verachtung übriggehabt.[8]

Die Roten Brigaden der Textkritik

Für Montinari, den Collis Tod tief verstört zurücklässt, wird das französische Denken erst zur ernsthaften Bedrohung, als sich sein Einfluss auf dem Gebiet der Editionsphilologie geltend macht. Als sinnfälliges Datum bietet sich die Frankfurter Buchmesse von 1975 an, auf der der kleine, linksradikale Verlag Roter Stern mit großem Aplomb das Projekt einer neuen Hölderlin-Ausgabe vorstellt, die den Anspruch erhebt, alle bisherigen Editionen – und namentlich die Stuttgarter Ausgabe von Friedrich Beißner – überflüssig zu machen.[9]

Montinari, der sich als regelmäßiger Besucher der Frankfurter Messe im Publikum befunden haben dürfte, müssen die langhaarigen Hölderlin-Herausgeber schon aufgrund ihres apodiktischen Tonfalls wie die Roten Brigaden der Textkritik erschienen sein: Dietrich Sattler, der Initiator des Vorhabens, ein Graphiker ohne philologische Ausbildung, scheut sich nicht, Anklänge an die Reformation wachzurufen, wenn er die existierenden Editionen mit dem Machtapparat der katholischen Kirche, seine Mitstreiter und sich dagegen mit den protestantischen Häretikern vergleicht, die sich «des Worts bemächtigt» hätten, um Hölderlin «auf Biegen und Brechen» den philologischen «Hohepriestern» zu entwenden und seinen rechtmäßigen Lesern zurückzugeben: «Die Zeit, in der eine Klasse von Mittlern den Unmündigen das vorweg als eine unzumutbare Last abnahm, was allein menschenwürdig ist, neigt sich sichtbar zum Ende», lautet seine Prophezeiung. Mit einiger Verzögerung scheint der Geist der antiautoritären Revolte auch in der Editionsphilologie angekommen zu sein.

Die Prämisse der Frankfurter Herausgeber lautet, dass Hölderlin selbst ein Revolutionär gewesen sei, in dessen Wahnsinn der letzte Widerstand gegen das «Übergewicht der Verhältnisse» und in dessen Unverständlichkeit die «Schwierigkeit, Zwang und Normen abzuwerfen», zum Ausdruck komme. Um seinen exemplarischen Akt der Rebellion für die Gegenwart zu retten, müsse daher jede Form von

«Textselektion» unterbleiben, müsse alles – gerade auch die späten, unvollendeten, vom sogenannten Wahn gezeichneten Werke – in maximaler Vollständigkeit, Authentizität und Zugänglichkeit veröffentlicht werden. Was Sattler im Weiteren skizziert, ist das Verfahren, das man heute als «textgenetische Edition» bezeichnet und das sich in seiner Darstellung wie eine Revolte gegen alteuropäische Privilegien ausnimmt: Nicht mehr die Treppe der «Vorstufen», die zum abgeschlossenen Werk führt, sondern den Schreibprozess in seinem ganzen Variantenreichtum gelte es zu dokumentieren. Den nahezu unleserlichen, immer wieder überschriebenen Palimpsesten von Hölderlins Spätwerk hatte Beißner in minutiöser Entzifferung formal durchgearbeitete Gedichte abgetrotzt. Aber «ging es jemals um Gedichte?», lautet Sattlers provokativ gestellte Frage. Er plädiert dafür, auf die «Zwangsjacke eines nachklassischen Formidols» zu verzichten und die fremdartigen Blätter als «Möglichkeitslabyrinthe» divergierender Lesarten zu edieren, von denen keine als endgültig anzusehen sei. Das impliziert die Einebnung der Differenz von Resultat und Variante, von Fragment und Vorstufe und die Aufhebung der räumlichen Trennung von Lesetext und Apparat.

Genau wie Beißner beabsichtigen die Frankfurter Herausgeber, in einer seinen Stufenapparaten vergleichbaren «Phasenanalyse» die Zeitschichten der Textentstehung auseinanderzulegen. Doch neben das chronologische tritt in ihrer Ausgabe ein topografisches Prinzip. Ihre augenfälligste Innovation besteht darin, zum ersten Mal in flächendeckender Weise mit Faksimiles zu arbeiten, einer Technik, die seit der Verbreitung der ersten fotomechanischen Verfahren im 19. Jahrhundert zugleich die große Versuchung und das Anathema der Editionsphilologie gewesen war: Darauf zu verzichten, das «räumliche Durcheinander» der Handschriften in ein «zeitliches Nacheinander» aufzulösen, kam den Vertretern des Faches, nach einer Formulierung von Bernard Cerquiglini, dem «Abschied vom Denken» gleich. Es steht außer Frage, dass diese Abwehrhaltung viel mit professioneller Selbstbehauptung zu tun hatte. Insofern berührt Sattler mit seiner kulturrevolutionären Rhetorik durchaus einen wunden Punkt. Mit seinen Faksimiles will er nicht nur das Versprechen vollständiger Authentizität einlösen, sondern mit ein und demselben Handstreich die Leser ermächtigen: «Die durchgängige Abbildung aller für die Beurteilung wichtiger Handschriften im Faksimile und in einer typografisch differenzierten Umschrift macht den Benutzer der Frankfurter Ausgabe weitgehend unabhängig von den Herausgebern.»[10]

Im Feuilleton herrscht ungeteilte Begeisterung: «Ein Einzelner, ein Autodidakt gar, tritt gegen die gesamte – in sich zerstrittene – Mannschaft der Hölderlin-Forscher an.» Selbst ausgewiesene Hölderlin-Spezialisten äußern sich anerkennend. Obwohl alles andere als leicht zu lesen, sind die ersten Bände sogar ein Publikumserfolg. Auch Montinari dürfte vieles von dem, was Sattler ausführt, sympathisch gewesen sein. Schließlich war auch er als Dilettant und als Linker in die Philologie geraten; und schließlich hatte auch er es mit einem Autor zu tun, dessen amorphes Spätwerk von seinen vorherigen Herausgebern unzulässig «auf Linie» gebracht worden war. Auf der anderen Seite bedient er sich genau jener traditionellen Editionsverfahren, denen die Frankfurter Herausgeber den Kampf ansagen. Wenn Sattler die Drohung ausspricht, die Stuttgarter «mit jedem Band» der Frankfurter Ausgabe «hinfälliger» zu machen, dann gilt das im Prinzip auch für Montinaris eigene Edition. Vor allem aber muss Montinari Sattlers politische Rhetorik befremdet haben. Mit der Absage an den «Wahnsinn der Normalität», mit dem Bekenntnis zu «Anarchie» und «Widerstand» klingt er genau wie jene «deklassierten Kleinbürger», die in Italien den *compromesso storico* gefährden.[11]

Hat der neue Linksnietzscheanismus inzwischen auch in der Editionsphilologie das letzte Wort? Mit ihren erschöpfenden typografischen Umschriften scheinen sich die Frankfurter Herausgeber an einem Denker wie Michel Foucault zu orientieren, der gefordert hatte, die «Millionen von Spuren, die jemand nach seinem Tod hinterlässt», wenn überhaupt, dann gleichberechtigt zu behandeln. Anders als Foucault zeigen sie zwar keine Scheu, von Hölderlins «Intentionen» zu sprechen, aber mit den Absichten eines herkömmlichen Autors haben diese Intentionen nur noch wenig zu tun. Vor allem wird der

Autor von seinen textgenetischen Editoren nicht mehr in erster Linie als Schöpfer eines Werks, sondern eher als eine Art schreibendes Tier betrachtet. Seine Rolle scheint sich darauf zu beschränken, Spuren auf Papier hinterlassen zu haben. Hatte der späte Hölderlin überhaupt noch Gedichte verfassen und veröffentlichen wollen? Stellen seine Blätter nicht vielmehr, wie Sattler meint, das von jeder Publikationsabsicht entkoppelte «Protokoll einer individuellen Selbstbehauptung» dar?[12]

Solche neuartigen, radikalen Fragen müssen auch einen Nietzsche-Philologen aufhorchen lassen. «Ich kenne keinen tieferen Unterschied der gesammten Optik eines Künstlers als diesen», hatte Nietzsche im fünften Buch der *Fröhlichen Wissenschaft* geschrieben: «ob er vom Auge des Zeugen aus nach seinem werdenden Kunstwerke (nach ‹sich› –) hinblickt oder aber ‹die Welt vergessen hat›.» Welcher Sorte von Künstlern er sich selber zugehörig fühlte – denen, die ein Werk, oder jenen, die nur Schrift hinterließen –, geht aus diesem Eintrag aber nicht hervor. Aus seiner Vorliebe, laufend neue Titel für ungeschriebene Bücher zu erfinden, spricht auf der einen Seite eine ausgeprägte Wirkungsabsicht. Auf der anderen Seite lassen sich aber genauso viele Äußerungen finden, die sein Desinteresse an potentiellen Lesern belegen. «Mihi ipsi scripsi» – «ich schrieb es für mich selbst» –, lautete die Devise, die er, vielleicht auch um Enttäuschungen vorzubeugen, während der Arbeit am *Zarathustra* für sich erkoren hatte. Aus der Tatsache, dass er das Buch an «alle und keinen» adressierte, geht dieselbe Ambivalenz hervor. «Wie könnte ich für Leser schreiben? … Aber ich notire mich, für mich», liest man noch in einem Notizbuch aus den späten 1880er Jahren. Die Frage nach Nietzsches Adressaten wird zusätzlich dadurch verkompliziert, dass er davon überzeugt war, seiner Zeit um eine, wenn nicht um mehrere Generationen voraus zu sein.[13]

Dietrich Sattler hat behauptet, dass Montinari auf der Frankfurter Buchmesse «1975 oder 1976» den Versuch unternommen habe, ihn für die Edition von Nietzsches späten Notizbüchern zu gewinnen. Sollte Montinari aufgegangen sein, dass gerade dieses Material, aus dem Elisabeth den *Willen zur Macht* komponiert hatte, nach einer radikaleren philologischen Methode verlangte, dann hat er diese Erkenntnis zehn Jahre lang für sich behalten. Luciano Zagari, ein Germanist aus Neapel, der ihn in den 1980er Jahren am Wissenschaftskolleg kennenlernte, ist nicht der Einzige, der sich daran erinnert, mit welcher «radikalen Kritik» Montinari Sattlers Verfahren gegenüberstand: Hölderlins Spätwerk als «unendliches *work in progress*» zu edieren, hielt er für einen Anachronismus, der den Dichter in einen Modernen verwandele. Vor allem aber schien ihm das Misstrauen seiner Zunft gegenüber dem Faksimile in Fleisch und Blut übergegangen zu sein: Auf einen bereinigten Lesetext zu verzichten und stattdessen das ganze Chaos der Manuskripte auszubreiten, bedeute, einen kryptischen Autor wie Hölderlin vollends der Unlesbarkeit auszuliefern. «Es wäre naiv, anzunehmen, der mit Hölderlins Art nicht vertraute Leser könne den Dschungel in-, über- und untereinandergeschriebener Tintenzeichen lesend oder gar verstehend durchdringen», hatte Rolf Michaelis, der Literaturchef der *Zeit*, 1975 geschrieben. Wenn man die in Grauschleiern versinkenden Textlabyrinthe der Frankfurter Ausgabe durchblättert, versteht man, was er meint. Auch Montinari hätte diesem Urteil zweifellos zugestimmt: Anstatt Autoren wie Hölderlin — oder Nietzsche — zugänglicher zu machen, trug die technische Reproduktion in seinen Augen zu ihrer weiteren Verrätselung bei.[14]

Nietzsche im Taschenbuch

Von den etwa vierzig geplanten Bänden ihrer eigenen Ausgabe liegt Ende der 1970er Jahre gerade einmal die Hälfte vor. Um Nietzsches neue Popularität nicht zu verpassen, greift De Gruyter dem langsamen Mahlen der editorischen Mühle 1980 durch eine fünfzehnbändige *Kritische Studienausgabe* im Deutschen Taschenbuch Verlag vor. Noch 1976 hatte die *Süddeutsche Zeitung* geschrieben, die neue Nietzsche-Edition gehe an der Öffentlichkeit nahezu unbemerkt vorbei. Im Jahr darauf hatte der *Merkur* die erste hymnische Besprechung gebracht. Pünktlich zum Erscheinen der Taschenbuchausgabe, die von neuen Biografien, Anthologien und einem Sonderband des *Rowohlt Literaturmagazins* flankiert wird, rufen die Zeitdiagnostiker schließlich auch in der Bundesrepublik die «Wiederentdeckung Nietzsches» aus. «Die Mächtigkeit seiner Flöze war doch größer, als man zeitweise angenommen hatte», schreibt das *Deutsche Allgemeine Sonntagsblatt*. Mit einigen Jahren Verspätung werde, so Claudio Magris, jetzt auch in Nietzsches Heimatland die «Fahne einer wilden Autonomie» gehisst. Um «Linken» und «Grünen», «Stadt-Indianern» und «Nomaden» vor Augen zu führen, mit wem sie es in Wirklichkeit zu tun haben, buchstabiert Rudolf Augstein im *Spiegel* Nietzsches Gemeinsamkeiten mit Hitler aus: den Traum vom Künstlertum, das ständige Herumlaborieren mit Diäten, den Drang, das persönliche Versagen zum «Weltenbrand» zu hypostasieren … Die Pariser Nietzscheaner, deren Werke auch auf dem deutschen Buchmarkt immer präsenter sind, hält Augstein für eine neue Generation von Zerstörern der Vernunft. Er zieht es vor, sich an den Schriften von «Nietzsches Schüler» Giorgio Colli zu orientieren, dessen Meditation *Nach Nietzsche* er als «strikte und strenge» Lesart des gefährlichen Denkers lobt.[15]

Doch welche Rolle spielt die neue Ausgabe? Welchen Anteil hat sie an der Nietzsche-Renaissance? Mit dieser Frage, die Colli und Montinari in Frankreich seit den späten 1960er Jahren verfolgt, tun sich auch die deutschen Kritiker schwer. Sicher, der «leidige Streit um Nietzsches vermeintliches Hauptwerk» darf endgültig als erledigt gelten. Dazu kommt die Berichtigung kapitaler Lesefehler, durch die sich die Bedeutung mancher Textstellen geradezu in ihr Gegenteil verkehrt. Und auch die Fülle unbekannter Fragmente stellen eine große editorische Leistung dar. Trotz allem: Ein völlig anderer Autor kommt bei alldem nicht heraus. Ein neues Nietzsche-Bild sei nicht zu erwarten, hatte Montinari dem *Spiegel* schon bei Erscheinen ihrer ersten Bände demütig anvertraut. Allenfalls macht der Nietzsche der neuen Ausgabe einen weniger abgründigen Eindruck: «Der geniale Zauberer, der den Schlüssel für eine neue Ära der Menschheit in der Hand hält, war ein Trugschluß», schreibt die *Süddeutsche Zeitung*. «Sichtbar wird ein bürgerlicher Pastorensohn, ein genialer Nachzügler der romantischen Epoche, der einen verzweifelten, neurotischen Kampf gegen die Mächte der eigenen Vergangenheit (Christentum, Wagner, Schopenhauer) führt.»[16] Zu einem ähnlichen Ergebnis war seinerzeit schon Erich Podach gelangt.

Doch man darf die Bedeutung der *Studienausgabe* nicht nur an ihren inhaltlichen Neuerungen messen. Bei Nietzsches Wiederentdeckung kommt es nämlich, mit einem Begriff des Literaturtheoretikers Gérard Genette, nicht allein auf die Texte, sondern auch auf die Paratexte an. Es macht einen Unterschied, dass sein Werk seit 1980 in einer modernen, von zwei italienischen Antifaschisten herausgegebenen Paperback-Ausgabe vorliegt, deren minimalistisches Weiß die Umstände seiner dunklen Rezeptionsgeschichte neutralisiert. In der Ideengeschichte der Bundesrepublik stellt die *Studienausgabe* das Pendant zur Hegel-Edition von Suhrkamp dar: Erst dadurch, dass es gelingt, Nietzsche in der Spätphase der *paperback revolution* doch noch in einen erfolgreichen Taschenbuchautor zu verwandeln, tritt er vollends aus dem Schatten des Nationalsozialismus und wird zum nächsten großen Ding im langen Sommer der Theorie.[17]

Für Montinari ist diese unverhoffte Wertschätzung allerdings mit einem großen Missverständnis verbunden. Nicht nur, dass die «autonome» Linke seinen Lieblingsautor kooptiert; seine Edition wird darüber hinaus zum Vehikel einer Lesart, die Nietzsches französische Interpreten bestätigt. Das liegt daran, dass sie das Gravitationszentrum des Werks – einmal mehr – hin zu den unveröffentlichten Fragmenten verschiebt. Auf beinah 5000 Seiten werden diese Fragmente – von den Exzerpten des jungen Professors bis zu den letzten Wahnsinnszetteln – wie ein über zwei Jahrzehnte geführtes, fortlaufendes «intellektuelles Tagebuch» dargeboten. Walter Kaufmann hatte seinerzeit davor gewarnt, die «abgebrochenen Versuche und unvollendeten Träume» aus Nietzsches Notizbüchern mit «endgültigen Positionen» zu verwechseln. Doch darum geht es Nietzsches neuen Lesern gar nicht. Weit davon entfernt, sein Gekritzel für endgültig zu halten, sind sie gerade von dessen ephemerer Vorläufigkeit fasziniert. Hier, in dieser Perlenkette unredigierter Fragmente, entdecken sie den wertvollen, von keiner Verwertungsabsicht und keinem verlegerischen Eingriff reglementierten Rohstoff eines Denkens, das – darf man den französischen Philosophen glauben – gerade in der Überschreitung generischer Formen seine charakteristische Sprengkraft entfaltet. «Nicht Nietzsches Resultate, sondern wie er zu ihnen gelangte, die Stationen der ‹Verfertigung der Gedanken›, die Wege von Begriffen und Metaphern sind das, worauf die Edition und die mit ihr korrespondierenden Interpretationen aufmerksam machen», schreibt Henning Ritter in der *FAZ*. Man könnte auch sagen, dass Nietzsches Vermächtnis in einen anderen Aggregatzustand übergeht: Hatte Elisabeth Förster-Nietzsche den Nachlass ihres Bruders strategisch zum *Werk* erhoben, so wird er durch Colli und Montinari zu einem durchgehenden *Text* nivelliert. In dieser «Staubwolke» diskursiver Ereignisse stellen die von Nietzsche zu Lebzeiten veröffentlichten Bücher kaum mehr als zufällige Verdichtungen dar.[18]

Die Quellenforschung, auf die sich Montinari in den 1980er Jahren zunehmend konzentriert, trägt maßgeblich zu dieser Lesart bei. In einer Serie von Artikeln hat Henning Ritter den «philologischen Stil der Nietzschelektüre» umkreist, die damals im Umfeld der neuen Ausgabe tonangebend wird. Durch die Suche nach seinen Lesefrüchten habe sich das Verständnis Nietzsches «tief gewandelt». Aus dem «Verkünder stärkster Worte und letzter, unüberbietbarer Gedanken» sei ein «Rezeptionsorgan» geworden, das Versatzstücke der europäischen Kultur des 19. Jahrhunderts als *bricolage* zusammengeführt habe – ein «guter Europäer», ein «mit Gedanken Spielender», ein «Nietzsche für Leser», entnazifiziert, aber zugleich um jede eigene Agenda gebracht. Roland Barthes hatte den Text als «Geflecht aus Zitaten» definiert; Derrida hatte die Gesamtheit von Nietzsches Sätzen mit imaginären Anführungszeichen versehen wollen. Montinaris Schüler setzen diese philosophischen Motive in philologische Forschung um. Hatte man in der ersten Hälfte des 20. Jahrhunderts versucht, Nietzsches Denken um jeden Preis auf den Begriff zu bringen, besteht ihr Ehrgeiz darin, seine schweren Zeichen im Labyrinth der Verweise zu zerstreuen. «Je näher man einen Text von ‹Nietzsche› anschaut, desto mehr verschwindet Nietzsche als Autor», schreibt der Nietzsche-Philologe Glenn Most – man beachte, dass er «Nietzsche» selbst in Anführungszeichen setzt.[19]

In den 1980er Jahren, während die Dekonstruktion des Autors Nietzsche fortschreitet, unternimmt Montinari vergebliche Versuche, die Geister, die er gerufen hat, zu exorzieren. Er erinnert daran, mit seinen Forschungen lediglich den historischen Kontext von Nietzsches Denken erhellen zu wollen. Er plädiert dafür, Nietzsches Montagetechnik als vollwertige schöpferische Leistung anzuerkennen. Der Verdacht, einer erneuten Mystifizierung Vorschub zu leisten, fügt seinem Erfolg dennoch einen Beigeschmack von Vergeblichkeit hinzu. «Ich schlafe schlecht, wache drei bis vier Mal auf, habe schwärzeste Gedanken», schreibt er Anna Maria, Collis Witwe, 1981, «alles löst sich auf und lässt ein Gefühl des Scheiterns zurück.» Anstatt als Gewährsmann persönlicher Freiheit ist Nietzsche als postmodernes Subjekt zurückgekehrt. «Zu dieser Wiederkehr», schreibt Montinari, «hat unsere Ausgabe wesentlich beigetragen.»[20]

Die große Verschwörung

Auch auf der anderen Seite des Eisernen Vorhangs wird Nietzsches Comeback im Westen registriert. Heinz Malorny, ein wissenschaftlicher Mitarbeiter im Ost-Berliner Zentralinstitut für Philosophie, macht in der Bundesrepublik der späten 1970er Jahre ein Klima «nihilistischer Destruktion und pseudorevolutionären, anarchistischen Umsturzes» aus. «Die Sex-Welle in Film und Literatur, Pop und Beat, die Gammler, Hippies und Provos, der Drogenmißbrauch oder die stromlinienförmigen Autotypen erscheinen als zeitgenössische ‹Wiedergeburt› des Dionysos», schreibt er, in seiner Terminologie noch eher auf der Höhe der 1960er Jahre, während in der BRD schon *Wir*

Kinder vom Bahnhof Zoo die Bestsellerlisten anführt. Den geschichts-philosophisch versierten Beobachter kann der nietzscheanische Zeit-geist nicht überraschen: Er sei als Ideologie einer «Bourgeoisie im Endstadium ihrer Herrschaft» anzusehen. Keine Rede davon, dass auch in der DDR, wo seit den Tagen Georg Lukács' zu Nietzsche so gut wie nichts publiziert worden ist, Anfang der 1980er Jahre ein zarter Tauwind weht: Die ersten Dissertationen werden geschrieben, die ersten Ausgaben in Angriff genommen, die seit Jahrzehnten auf Eis liegenden Pläne für eine Nietzsche-Dokumentationsstätte in der Villa Silberblick hervorgeholt. Eine ökumenische Tagung im Magdeburger Sebastianum widmet sich 1982 der Frage, «warum heute viele Men-schen, besonders aus der jüngeren Generation, sich dem lange Zeit verfemten Philosophen zuwenden». Selbst das Ministerium für Staats-sicherheit, das auf die neuen Nietzsche-Aktivitäten ein wachsames Auge hat, empfiehlt, «in der nächsten Zeit auf diesem Gebiet etwas mehr zu tun und hier nicht der bürgerlichen Ideologie und ihrer Pro-paganda allein das Feld zu überlassen». Kurt Hager, im Politbüro für Kulturangelegenheiten zuständig, verfolgt dieselbe Linie, wenn er drei Jahre später dafür plädiert, den Klassenfeind in Zukunft als Teil des nationalen Erbes anzusehen.[21]

In diesem Klima gibt Montinari 1985 zusammen mit seinem alten Bekannten, dem Direktor des Goethe- und Schiller-Archivs Karl-Heinz Hahn, in der Edition Leipzig eine großformatige Faksimile-Ausgabe von Nietzsches Reinschrift des *Ecce homo* heraus. Schon um den Fort-gang der Edition nicht zu gefährden, hatte er seine guten DDR-Kon-takte niemals schleifen lassen. Bis in die 1980er Jahre stattet er den Weimarer Beständen regelmäßige Besuche ab. Parallel steigt er zum Doyen der internationalen Nietzsche-Forschung auf. Er gibt die ein-flussreichen *Nietzsche-Studien* heraus, vermittelt zwischen ost- und westdeutschen Wissenschaftlern und genießt in den letzten Jahren seines Lebens das Privileg einer Art stehender Einladung ans West-Berliner Wissenschaftskolleg. «Ganz allmählich, ohne daß er es merkte, vor allem, ohne daß er es wollte, fiel ihm Macht in die Hände», schreibt Cesare Cases in seinem Nachruf. «Es genügte ein Zeichen von ihm, und die DDR bewilligte Reisen, die BRD Stipendien, und Verleger schenkten Studienausgaben.»[22]

Mit seinen aufwändigen Reproduktionen und einem Verkaufspreis von 290 DDR-Mark ist der *Ecce homo* – das erste und letzte von Nietzsches Werken, das jemals in der DDR gedruckt worden ist – eigentlich für den Export vorgesehen. Nach einem Echo in der Bundesrepublik sucht man jedoch vergebens. Die ebenso kurze wie turbulente Rezeptionsgeschichte des Buches spielt sich im Inland ab: Im Dezember 1985, kurz nach Auslieferung, stößt Wolfgang Harich im Schaufenster einer Buchhandlung in der Berliner Friedrichstraße auf den *Ecce homo*. Er drängt das Personal, den Band aus der Auslage zu entfernen, verursacht ein Handgemenge, muss unverrichteter Dinge das Feld räumen und erstattet Anzeige auf der nächsten Polizeistation. Die Beamten sind insofern irritiert, als es sich bei dem inkriminierten Buch nicht um Westliteratur handelt – ein Umstand, der für Harich natürlich den eigentlichen Skandal darstellt. Am Abend desselben Tages formuliert er eine Eingabe an den Ministerpräsidenten Willi Stoph: «Hiermit möchte ich Sie dringend darum ersuchen, wirksam den in Gang befindlichen Bestrebungen entgegenzutreten, in der Deutschen Demokratischen Republik eine ‹Renaissance› des Erbes von Friedrich Nietzsche herbeizuführen.» Es folgt eine seitenlange Exkommunikation, die in der Behauptung gipfelt, Nietzsche sei «die reaktionärste, menschenfeindlichste Erscheinung, die es in der gesamten Entwicklung der Weltkultur von der Antike bis zur Gegenwart gegeben hat».[23]

Es ist nicht die erste Petition, die Harich in Sachen Nietzsche versendet, doch nach dem Ereignis auf der Friedrichstraße steigt die Schlagzahl seiner Interventionen. 1956 hatte der Nachwuchswissenschaftler seine glänzende Karriere gegen die Wand gefahren, als er den sowjetischen Botschafter für die Schaffung eines gesamtdeutschen, entmilitarisierten Staates zu gewinnen suchte – ein verrückter, von der Stalin-Note inspirierter Coup, der faktisch die Entmachtung Walter Ulbrichts bedeutet hätte. Wie oben erwähnt, hatte zu Harichs Umfeld damals auch der junge Germanistikdozent Hans-Heinrich

Reuter gehört, der später als IM Gießhübler tätig werden sollte. Nach langjähriger Haft in Bautzen wurde Harich, herzkrank, paranoid und ideologisch «geläutert», als Verlagsgutachter kaltgestellt. Doch auch in subalterner Position ließ er es sich nicht nehmen, die Rolle des ideologischen Querulanten zu spielen, der es als seine Aufgabe betrachtete, die reine Lehre – wenn nötig im Alleingang – gegen «pflaumenweiche Liberale» und andere Kompromissler zu verteidigen. Genau wie Georg Lukács, sein intellektuelles Idol, war Harich als junger Mann ein glühender Nietzsche-Fan gewesen. In den 1980er Jahren dürfte er dagegen der letzte Deutsche gewesen sein, der es dem Autor des *Zarathustra* nach wie vor zutraute, allein durch die fortgesetzte Wirkung seiner Schriften den Untergang des Sozialismus herbeizuführen.

Dass Nietzsche mittlerweile von einem volkseigenen Verlag gedruckt werden darf, bestätigt Harichs schlimmste Befürchtungen. In einer Kaskade von Briefen an verschiedene Kulturfunktionäre und sogar an Honecker persönlich fordert er die «knallharte öffentliche Verdammung Nietzsches ‹ex cathedra›», empfiehlt die Einrichtung einer Arbeitsgruppe, um einen «Anti-Nietzsche-Sammelband» zu kompilieren, und scheut sich nicht, die in seinen Augen Verantwortlichen für die ostdeutsche «Nietzsche-Renaissance» zu denunzieren. Dabei kommt er immer wieder auf die «philologische Legende» zurück, «die da besagt, dass Nietzsche, an sich ein ehrenwerter Humanist, nur durch seine böse faschistische Schwester ins Reaktionäre verfälscht worden sei und dass die neue Edition, von Colli und Montinari, es erlaube, das falsche Bild endlich zu korrigieren». Die Prachtedition des *Ecce homo* ist für ihn nicht zuletzt deshalb ein solcher Affront, weil einmal mehr der «Nietzsche-Bruder» Montinari dahintersteckt. Als Harich im Oktober 1987 feststellen muss, dass das Buch im Club der Kulturschaffenden «Johannes R. Becher» noch immer zum Kauf angeboten wird, tritt er aus dem Kulturbund aus.[24]

Was soll man von der Nietzsche-Debatte halten, die in den letzten Tagen der DDR ein jahrzehntelanges öffentliches Schweigen bricht?

Schon weil es mindestens ebenso sehr um Lukács wie um Nietzsche geht, wirkt sie wie ein ideologisches Nachhutgefecht. 1986 publiziert der Ost-Berliner Philosophiehistoriker Heinz Pepperle in *Sinn und Form* einen Artikel, in dem er Lukács' Nietzsche-Deutung verteidigt – allerdings nicht, ohne dabei in zeittypischem Spagat zugleich für «differenziertere Einschätzungen» einzutreten. Es ist kurios, dass der Stein des Anstoßes auch diesmal von Montinari kommt. Wenn es um Nietzsche geht, führt an dem Italiener in der DDR offenbar kein Weg vorbei. Mit siebenjähriger Verspätung reagiert Pepperle nämlich auf einen 1979 erschienenen Aufsatz, in dem Montinari seinen Autor gegen die symmetrischen Fehllektüren von Alfred Baeumler und Georg Lukács in Schutz genommen hatte. Erst durch die postume Übermalung durch den Reaktionär und durch den Stalinisten, so seine an Thomas Mann angelehnte Argumentation, sei Nietzsche in einen «strammen Nationalsozialisten», ja überhaupt in einen politischen Autor verwandelt worden. «Verstiegener geht es nicht», lautet Pepperles Urteil – schon die Gleichbehandlung von Baeumler und Lukács ist aus sozialistischer Sicht eine Provokation.[25] Doch seine relativierenden Bemerkungen sind nicht dazu geeignet, weltanschauliche Klarheit zu schaffen. Mit seiner vorsichtigen Revision des Nietzsche-Bildes ruft er stattdessen den in Alarmbereitschaft stehenden Wolfgang Harich auf den Plan.

In seiner Entgegnung, die er 1987 in *Sinn und Form* publizieren darf, holt Harich noch einmal zum großen Rundumschlag gegen den Faschisten, Antisemiten und Frauenhasser Nietzsche aus – eine dreißigseitige Vernichtung, gegen die selbst Lukács' alte Verdikte vergleichsweise milde wirken. «Den Mann nicht für zitierfähig zu halten», schreibt Harich, «sollte zu den Grundregeln geistiger Hygiene gehören.» Seine Überzeugung, als geistiger Urheber sei Nietzsche sogar noch «schlimmer» als das ausführende Organ Hitler gewesen, ist besonders sprechend – verrät sie doch viel über seine eigene Selbstüberschätzung als Intellektueller. Mit besonderem Ingrimm rechnet er auch bei dieser Gelegenheit mit der «philologischen Legende» ab, der zufolge Nietzsche erst postum in einen Reaktionär verwandelt worden sei. Nicht Elisabeth und ihre Mitarbeiter, sondern Colli und Montinari, die Zeugen der Entlastung, hätten das eigentliche «Verbrechen» begangen.[26]

Mit seinem Rigorismus steht Harich im Klima der späten 1980er Jahre weitgehend alleine da. Von den weiteren Beiträgen, die in *Sinn und Form* erscheinen, schlägt sich so gut wie keiner auf seine Seite. Auf dem X. Schriftstellerkongress der DDR geht Hermann Kant so weit, ihn mit Pol Pot zu vergleichen – bevor Manfred Buhr, der Leiter des Zentralinstituts für Philosophie, die Debatte 1988 mit einem sibyllinischen Machtwort für beendet erklärt. In der Überzeugung, durch eine konzertierte Aktion zum Schweigen gebracht zu werden, nimmt sich Harich nach Nietzsche selbst nun die Nietzsche-Lobby vor. Im August 1989 beendet er einen 300-seitigen fiktiven Dialog im Stil von Lessings Freimaurergesprächen, der die verschwiegenen Kräfte aufdeckt, die Nietzsches Einfluss perpetuieren. Im Zentrum von *Nietzsche und seine Brüder* steht der große Skandal der ostdeutschen Kulturpolitik: Anstatt den historischen Glücksfall zu nutzen und die toxischen Papiere ein für alle Mal verschwinden zu lassen, habe die DDR Nietzsches Nachlass den beiden Italienern zugespielt. Dafür macht Harich den obersten Kulturkommissar Kurt Hager persönlich verantwortlich. «Das Mindeste, was von der Kulturpolitik der DDR hätte erwartet werden müssen, das wäre die Vereitelung jedes Versuchs der ‹Wiederaufbereitung› gewesen.» Doch damit nicht genug: Um sein kapitales Versagen zu kaschieren, habe Hager sich in den 1980er Jahren gezwungen gesehen, Nietzsches Gefährlichkeit zu relativieren und seine «Renaissance» in die Wege zu leiten. Harichs Spekulationen über einen alternativen Geschichtsverlauf verraten, wie nah er der westdeutschen Antiatomkraftbewegung steht: «Wolfgang Harich: Was hätte man mit dem Nietzsche-Müll denn tun sollen? Ihn verbrennen? Paul Falck: Es hätte noch andere Optionen gegeben: Die Endlagerung in irgend einem Bergwerk, am besten im Ural.»[27]

Drei Monate nach Abschluss des Manuskripts wird Harich vom Fall der Mauer überrumpelt. Einem nachträglich verfassten Anhang lässt sich entnehmen, dass er auch für dieses Ereignis Nietzsches

fatale Rückkehr verantwortlich macht. Damit wäre die Wirkungsgeschichte von Colli und Montinari zuletzt ins Welthistorische gesteigert: Mit ihrer Edition hätten sie nicht nur zur «Refaschisierung» der
spätkapitalistischen Gesellschaft beigetragen, sondern ganz nebenbei
auch den Sozialismus besiegt.[28]

Am Nullpunkt der Philologie

Seine Nobilitierung zu einem Akteur des Epochenbruchs hat Montinari nicht mehr miterleben dürfen. Ende November 1986, kurz nachdem Heinz Pepperle die Nietzsche-Debatte eröffnet hatte, war er – für
einen Philologen standesgemäß – beim Sortieren seiner Bibliothek im
Alter von achtundfünfzig Jahren an einem Herzinfarkt gestorben. Mit
dem Friedrich-Gundolf-Preis der Deutschen Akademie für Sprache
und Dichtung und einem Ruf an die Scuola Normale in Pisa hatte
seine späte akademische Karriere gerade ihren Höhepunkt erreicht.
Die italienischen Zeitungen betrauern den Tod des «Kommunisten,
der Nietzsche liebte», des «berühmtesten italienischen Philologen»
und «letzten Patriarchen» seines Faches. «Eines der faszinierendsten,
diskretesten und konsequentesten Gelehrtenleben der zweiten Jahrhunderthälfte ist beendet», schreibt Frank Schirrmacher in der *FAZ*.
Und selbst der *Spiegel*, dessen Herausgeber Nietzsches Rückkehr
am liebsten noch immer ungeschehen machen würde, erweist dem
Nietzsche-Philologen in einem kurzen Nachruf seine Reverenz.[29]
 Die Frage, die alle Nekrologen beschäftigt, lautet, was Montinaris
Tod für die *Kritische Gesamtausgabe* bedeutet. Zwar ist die Arbeit am
eigentlichen Text weitgehend abgeschlossen, von den acht geplanten
Kommentarbänden, die neben dem kritischen Apparat das gesamte
Material der «Vorstufen» enthalten, sind aber nur die ersten drei erschienen, und auch die italienischen und französischen Editionen
harren ihrer Vollendung. Ist das Unternehmen nicht ohnehin so sehr
auf den Patriarchen zugeschnitten, dass es, wie Schirrmacher befürch-

tet, «tragisches Fragment» bleiben muss?[30] Immerhin gelingt es Montinaris Schülern, sein Pensum auf verschiedene Arbeitsgruppen zu verteilen. Außer Stande, an seinen in den 1960er Jahren entwickelten Editionsprinzipien festzuhalten, leiten sie jedoch in methodischer Hinsicht einen Dammbruch ein. Den State of the Art der Disziplin stellt mittlerweile die textgenetische Dokumentation von «Schreibprozessen» nach Art der Frankfurter Hölderlin-Ausgabe dar. Wolfram Groddeck, der in den 1970er Jahren mit Sattler zusammengearbeitet hatte und später zu Montinari gestoßen war, gibt 1991 Nietzsches *Dionysos-Dithyramben* in einer fast 900-seitigen textgenetischen Edition mit Faksimiles und diplomatischen Umschriften heraus, die den Entstehungsprozess des schmalen Gedichtzyklus «von der ersten Notiz bis zur definitiven Reinschrift» in allen Schritten nachvollziehbar machen soll.

Schon wegen des notwendigen Umfangs will Groddeck sein Verfahren ausdrücklich nicht als «Alternative», sondern als «Komplement» zur *Kritischen Gesamtausgabe* verstanden wissen. Dem Sog des neuen Paradigmas kann sich die Edition nach Montinaris Tod auf Dauer trotzdem nicht entziehen. Aus dem fiktiven *Werk* der skrupellosen Schwester hatten die italienischen Herausgeber zwar einen homogenen *Text* gemacht – aber was, wenn sich die *Schrift* des späten Nietzsche dagegen verweigert, in ein lineares Druckbild übertragen zu werden? Einmal in Gang gesetzt scheint sich das Verlangen, Nietzsche buchstäblich zu lesen, nicht mehr stillen zu lassen: 1994, zum 150. Geburtstag des Philosophen, während in der Villa Silberblick die lange erwartete Nietzsche-Gedenkstätte eröffnet, kündigt Groddeck anstelle der noch ausstehenden Kommentarbände eine neue, textgenetische Abteilung an, die Nietzsches späte Notizen ab 1885 in dem auf Sattler zurückgehenden Verfahren «topografisch» aufbereiten soll. Man darf sich den Subtext dieses Richtungswechsels nicht entgehen lassen: Gerade hier, im Dickicht der «Umwertungsschriften», um derentwillen Colli und Montinari ihr Unternehmen einst begonnen hatten, sehen ihre Nachfolger ihre Ausgabe als ungenügend an. «Die Basis der geplanten Neuedition des ‹späten Nietzsche› besteht aus der Transkription sämtlicher Aufzeichnungen Nietzsches in der räumlichen Anordnung der Handschriften – mit allen Verschreibungen, Streichungen und Korrekturen –, also nicht mehr in der bereinigten Form linearer Texte.»[31]

Als sieben Jahre später die ersten Bände der 9. Abteilung mit beiliegender CD-ROM erscheinen, meint einer der Rezensenten, der «erstarrten Lava eines Vulkans» gegenüberzustehen. Dank der hoch aufgelösten Faksimiles und hyperdiplomatischen Umschriften, die fünf verschiedene Schriftarten und sieben verschiedene Schriftfarben differenzieren, scheint der alte, voyeuristische Traum der Philologie, in die Werkstatt des Autors einzudringen, endlich in Erfüllung zu gehen – doch es ist unklar, was vom Autor übrig bleibt. Nietzsches Wortgestöber sperrt sich nicht nur dagegen, in irgendeinen Sinnzusammenhang gebracht zu werden – es lässt sich nicht einmal mehr ordentlich zitieren, und auch von «Lektüre» kann bei diesem *closest reading* kaum noch die Rede sein. «Wer soll all diese Notate lesen – und vor allem wie?», fragt Ulrich Raulff in der *Süddeutschen Zeitung* mit unverhohlener Ratlosigkeit. Vielleicht ist die Tätigkeit des Lesens aber immer noch Teil des alten, phonozentrischen Regimes. Folgt man dem Basler Germanisten Hubert Thüring, dann handelt es sich bei Nietzsches Lava um ein «Geschehen», das «gesehen und beschrieben» werden muss – womit die Frage nach dem «wer» aber noch nicht beantwortet ist. Mit inspirierten Lesern dürften die Herausgeber mit ihren kostspieligen Bänden jedenfalls kaum gerechnet haben. Ein Vierteljahrhundert nachdem der dekonstruierte Hölderlin die Befreiung von den Fesseln des Sinns versprochen hatte, scheint der dekonstruierte Nietzsche nur noch für ein akademisches Fachpublikum relevant zu sein.[32]

Dietrich Sattler hatte die textgenetische Methode seinerzeit als Aufstand der Laien gegen den Klerus der Editoren inszeniert. Obwohl der antiautoritäre Gestus nur noch eine ferne Erinnerung darstellt, verlieren auch Colli und Montinari durch die neue Abteilung ihr über den Tod hinaus bestehendes Nachlassmonopol. Der Vergleich ihrer Fassung mit den faksimilierten Handschriften macht deutlich, dass Derridas böses Wort von den «schlafwandelnden» Herausgebern durchaus einen wahren Kern enthält. Manche ihrer editorischen Entscheidungen muten erstaunlich willkürlich an. So bezichtigen die neuen Herausgeber ihre Vorgänger denn auch, «Phantom-Texte» komponiert zu haben, und rücken sie in die Nähe der alten Nietzsche-Philologie. Dem Montinari-Schüler Rüdiger Schmidt-Grépaly zufolge handelt es sich bei der Ausgabe seines Lehrers gar um eine «hegelianisierte» Version. An ihren eigenen Ansprüchen gemessen, so das einhellige Urteil, müssen Colli und Montinari als gescheitert gelten. «Der Abschluss ihrer Kommentarbände ist überhaupt nicht abzusehen», erklärt Schmidt-Grépaly, «und schon beginnt diese neue Edition. Und das wird nun definitiv die letzte sein.»[33]

Der Ring des Seins

Er hätte es besser wissen müssen. Hundert Jahre nachdem die erste Ausgabe des *Willens zur Macht* erschienen war und vierzig Jahre nachdem Colli und Montinari den Entschluss gefasst hatten, Nietzsche «endgültig» zu edieren, hätte ihm klar sein müssen, dass mit der letzten Ausgabe erst zu rechnen sein würde, wenn die letzte Lesart alle konkurrierenden Deutungen aus dem Feld geschlagen hätte. Doch von einer solchen *plenitudo temporum* kann nach der Jahrtausendwende nicht die Rede sein. Eher scheint Nietzsches Rezeptionsgeschichte auf einen erneuten Paradigmenwechsel zuzusteuern, was mit dem Verlust der Deutungshoheit des französischen Linksnietzscheanismus zusammenhängt. Die ersten Abgesänge auf den «Jargon der Uneigentlichkeit» erscheinen. Der Extremismus des *close reading*, der für das intellektuelle Klima bislang so charakteristisch ist, wirkt, wie der *Merkur* feststellt, plötzlich «eigenartig passé». Franco Moretti, ein italienischer Marxist, der in Stanford Vergleichende Literaturwissenschaften unterrichtet, schlägt vor, stattdessen zum *distant reading* überzugehen. In einer Situation, in der die «säkulare Theologie» eines Derrida oder Paul de Man die neue Orthodoxie repräsentiere, propagiert er die Methode der statistischen Erkennung literarischer Muster, um aus der Textversenkung der Dekonstruktion herauszufinden. In dem Maß, wie die Konjunktur der *French Theory* einbricht, ebbt auch die zweite große Nietzsche-Welle des 20. Jahrhunderts ab. Das Flugzeug, das pünktlich zum Erscheinungstermin der ersten Bände der 9. Abteilung ins World Trade Center fliegt, liefert das Symbol auch für den intellektuellen Epochenbruch.[34]

Es ist ein weiterer italienischer Linker, der 2002 einen im Westen weitgehend vergessenen Nietzsche in Erinnerung ruft. In seiner tausendseitigen Studie *Nietzsche, il ribelle aristocratico* zeichnet Domenico Losurdo, Ideenhistoriker an der Universität Urbino und Mitglied der Rifondazione Comunista, der Nachfolgeorganisation des PCI, das Bild eines Philosophen «totus politicus», eines Denkers, der sein gesamtes Werk dem Kampf gegen die politischen, gesellschaftlichen und ideellen Folgen der Französischen Revolution gewidmet habe. Als Meisterdenker der Konterrevolution weist Losurdos Nietzsche durchaus Ähnlichkeiten mit Georg Lukács' «Wegbereiter des Faschismus» auf: ein Reaktionär, ein habitueller Antisemit und Demokratieverächter. Anstatt ihn allerdings wie Lukács – anachronistisch – mit seinen vermeintlichen Vollstreckern im 20. Jahrhundert zu identifizieren, legt Losurdo streng ideengeschichtlich dar, wie stark der selbsterklärte «Unzeitgemäße» von zeitgenössischen Debatten über den Abolitionismus, die Arbeiterbewegung und die Rassenhygiene beeinflusst war.

Dass dieser politische Bezugsrahmen von Nietzsches Denken nach dem Krieg verdrängt wurde, dass seit den 1960er Jahren stattdessen eine «Hermeneutik der Unschuld» tonangebend geworden sei, die noch seine abgründigsten Aussagen über die kommende Aristokratie oder die Ausmerzung der Schwachen ins Metaphorische und Metaphysische verschoben habe, lastet Losurdo ebenso den «Philosophen-Priestern des Nietzsche-Kults» wie der Ausgabe seiner beiden Landsleute Colli und Montinari an. Den Bannflüchen Wolfgang Harichs rückwirkend Plausibilität verleihend, weist er die entpolitisierende Tendenz der italienischen Übersetzung und die Entsorgung missliebiger Stellen im Variantenapparat nach. Genau wie Harich spricht er von der Entstehung einer «philologischen Legende», der zufolge erst Elisabeths Verfälschung ihren Bruder für Mussolini und Hitler anschlussfähig gemacht habe. Vor allem aber kritisiert er die editorische Entscheidung, «alle Notizen des Philosophen auf gleiche Weise, gleichwertig und mit gleichem Gewicht» zu publizieren. Durch dieses Nivellement hätten Colli und Montinari der Ideengeschichte nicht nur den fragwürdigen Dienst erwiesen, Nietzsches politische Ungeheuerlichkeiten «in einer Masse von Details» verschwinden zu lassen, sondern ihn überdies auch jener «postmodernen Linken» ausgeliefert, die seinem Gekritzel größere Bedeutung als seinen Vernichtungsphantasien beigemessen habe. Die *Kritische Gesamtausgabe* als Möglichkeitsbedingung des französischen Nietzsche: Losurdo ist der Erste, der nach der Jahrtausendwende diese Gleichung formuliert. Spätestens an diesem Punkt scheinen Colli und Montinari zwischen allen Stühlen gelandet zu sein: Während die einen ihr Festhalten an den transzendentalen Signifikaten der Hermeneutik kritisieren, wirft ihnen der andere postmoderne Sinnzertrümmerung vor.[35]

Soll man das folgende, vorerst letzte Kapitel der unendlichen Geschichte der Nietzsche-Edition als Rückkehr zum Ausgangspunkt bezeichnen? Im Jahr 2013 – weitgehend unbeachtet von der außerakademischen Öffentlichkeit ist inzwischen gut die Hälfte der 9. Abteilung erschienen – kündigen der Basler Stroemfeld und der Göttinger Steidl Verlag in einer merkwürdigen Parallelaktion je eine weitere Nietzsche-Ausgabe an. Karl Marx hat geschrieben, dass sich alle wichtigen Begebenheiten der Weltgeschichte zweimal, «das eine Mal als Tragödie, das andere Mal als Farce», ereignen. In ihren den eigentlichen Bänden wie Leuchtraketen vorausgeschickten Präliminarien schlagen die Herausgeber der neuen Editionen tatsächlich einen Tonfall an, der an die Debatten der Nachkriegszeit erinnert – nur dass es diesmal weder um die Nationalsozialisten noch um Nietzsches Schwester, sondern um die französischen Philosophen und ihre italienischen Editoren geht. «Der ‹französische Nietzsche›, der uns in den letzten Jahrzehnten beschäftigt hat, angefangen mit Deleuze und Foucault, wäre folglich ein einziges Missverständnis?», fragt der Initiator der Steidl-Ausgabe, Montinaris Schüler Rüdiger Schmidt-Grépaly, seinen Gesprächspartner Peter Sloterdijk. «Nichts könnte Nietzsche fremder sein», lautet dessen Antwort, «als die diskurstheoretische Version des Historismus, die heute an den geisteswissenschaftlichen Fakultäten weltweit von gelehrten letzten Menschen betrieben wird.» Denn schließlich habe Nietzsche nicht nur mit seinen Verlegern um jedes Komma und jeden Seitenumbruch gerungen, sondern sich in seinem autobiografischen Vermächtnis *Ecce homo* auch ausdrücklich als Autor und Werkschöpfer in Szene gesetzt. Hinter der Idee, diese Instanzen zu liquidieren, macht Sloterdijk dagegen eine «Ideologie der Mediokrität» aus, die darauf hinauslaufe, den Unterschied zwischen Literatur und Sekundärliteratur einzuebnen. In der Dekonstruktion von Subjekt und Geschichte, fügt Schmidt-Grépaly hinzu, artikuliere sich die «Apologie des kapitalistischen Weltzustands».

Anstatt sich lange mit der Pariser Postmoderne aufzuhalten, kommen die beiden Revisionisten aber rasch zu ihrem eigentlichen Punkt: zu den Philologen, die die Fehllektüre der Philosophen in ihren Augen überhaupt erst möglich gemacht haben. In ihrem Bestreben, die Entstellungen der Schwester rückgängig zu machen und Nietzsches authentischen Urtext zu rekonstruieren, erklärt Schmidt-Grépaly, hätten Colli und Montinari ihren Autor «fast noch unkenntlicher gemacht» und mit ihrer Entscheidung, den gesamten Nachlass zu edieren, eine Form der Nietzsche-Rezeption ermöglicht, «die möglicherweise genauso irreführend ist, wie es die Aneignung des inexistenten Hauptwerks durch eine imperialistische Parteiphilosophie war». Daher sei es an der Zeit, Nietzsche endlich «Gerechtigkeit widerfahren zu lassen», indem man ihm sein Werk zurückgebe, anstatt es länger «zur Fußnote eines überwertigen Nachlasses» zu degradieren. Sowohl die auf zwanzig Bände angelegte *Ausgabe letzter Hand* von Stroemfeld als auch die ähnlich umfassenden *Werke letzter Hand* von Steidl haben den Zweck, die Situation von 1889 wiederherzustellen: Nur die von Nietzsche selbst autorisierten Werke sollen berücksichtigt werden, und zwar in einer Type und auf einem Papier, die den Originalausgaben möglichst nahekommen. Der Nachlass, von dem die Nietzsche-Philologie seit mehr als einem Jahrhundert wie von einem Gespenst heimgesucht wurde, bleibt dagegen ausgespart. Glaubt man Sloterdijk, dann stellt sich die Lage im Grunde ganz einfach dar: «Wenn wir jetzt mit der neuen Werkausgabe den Versuch machen, Nietzsche als Autor und Werkschöpfer in Erinnerung zu rufen, dann liegt darin schon die Korrektur der selbstherrlich gewordenen Dekonstruktion. Man muss Nietzsche nur richtig edieren, schon zieht sich das Bild von selbst zurecht.»[36] Montinari, dem weder die Hybris noch die Demut der Philologie fremd gewesen waren, hätte diese Behauptung wahrscheinlich mit einem Achselzucken quittiert.

Dank

Ich danke den Mitarbeiterinnen und Mitarbeitern des Goethe- und Schiller-Archivs in Weimar und der Fondazione Mondadori in Mailand – und besonders Maddalena Taglioli vom Centro Archivistico della Scuola Normale Superiore in Pisa. Dank an Alessandra Origgi für ihre Transkriptionen und an Wolfert von Rahden und Bettina Wahrig-Schmidt für ihre Auskünfte. Wolfram Groddeck half beim Entziffern von Nietzsches Notizbüchern. Chiara Colli Staude und Margherita Montinari gewährten freundliche Unterstützung. Ihnen allen gilt mein herzlicher Dank. Für kritische Lektüre und wichtige Anregungen danke ich Andreas Bernard, Jan von Brevern, David Höhn und Martin Bauer, der den Anstoß zu diesem Buch gegeben hat.

Anmerkungen

Die Spielverderber
Einleitung

1 Um die Zahl der Anmerkungen zu reduzieren, werden mehrere Nachweise jeweils in einer Note zusammengefasst. Zuerst kommen – in der dem Haupttext entsprechenden Reihenfolge – die direkten Nachweise und wörtlichen Zitate, dann weiterführende Literatur. Die «Jugend von heute» bei Edgar Salin, Der Fall Nietzsche, in: Merkur, Nr. 112 (1957), 573. Jürgen Habermas, Nachwort, in: Friedrich Nietzsche, Erkenntnistheoretische Schriften, Frankfurt a. M. 1968, 237. Auch die Teilnehmer der ähnlich epochemachenden Konferenz *The Language of Criticism and the Sciences of Man* in Baltimore 1966 waren sich der Bedeutung ihres Treffens nicht bewusst. Vgl. Jacques Derrida, Einige Statements und Binsenweisheiten über Neologismen, New-Ismen, Post-Ismen und andere kleine Seismen, Berlin 1997, 36. Zur Situation in Frankreich François Dosse, Geschichte des Strukturalismus, Bd. 1, Frankfurt a. M. 1996, 296 ff.

2 Karl Löwith, Mein Leben in Deutschland vor und nach 1933, Frankfurt a. M. 1989, 6, 137. Zu Jean Wahl vgl. Jacques Le Rider, Nietzsche en France. De la fin du XIXe siècle au temps présent, Paris 1999, 183.

3 Vgl. Löwith, Mein Leben, 79 sowie, ausführlicher, Löwiths in Royaumont gehaltener Vortrag: Nietzsches Versuch zur Wiedergewinnung der Welt, in: 90 Jahre philosophische Nietzsche-Rezeption, hg. v. Alfredo Guzzoni, Königstein 1979, 89–102. Auf die Widersprüche zwischen Löwiths kosmologischer und ethischer Auslegung der ewigen Wiederkehr verweist Urs Marti, «Der große Pöbel- und Sklavenaufstand». Nietzsches Auseinandersetzung mit Revolution und Demokratie, Stuttgart 1993, 277.

4 Vgl. Gilles Deleuze, Schlußfolgerungen über den Willen zur Macht und die ewige Wiederkunft, in: Ders., Die einsame Insel. Texte und Gespräche von 1953 bis 1974, Frankfurt a. M. 2003, 180 f.

5   Vgl. Michel Foucault, Nietzsche, Freud, Marx, in: Ders., Schriften. Dits et Écrits, Bd. 1, Frankfurt a. M. 2001, 727–43.

6   Friedrich Nietzsche, Die Geburt der Tragödie, in: Ders., Sämtliche Werke. Kritische Studienausgabe, Bd. 1, Berlin/München [2]1988, 100 (im Folgenden KSA 1, 100). Zur Dramaturgie des Buches vgl. Peter Sloterdijk, Der Denker auf der Bühne. Nietzsches Materialismus, Frankfurt a. M. 1986. Der ungewöhnliche Aufbau auch, weil das Buch aus zwei ursprünglich getrennten Gedankengängen zusammengesetzt ist. Vgl. Mazzino Montinari, Nietzsche lesen, in: Ders., Nietzsche lesen, Berlin 1982, 5.

7   Mazzino Montinari an Giorgio Colli am 17. 8. 1963, zit. nach Giuliano Campioni, Leggere Nietzsche. Alle origini dell'edizione Colli-Montinari, Pisa 1992, 280. KSA 1, 81. Das Erlebnis im Bus in Mazzino Montinari, Presenza della filosofia. Il significato dell'opera di Giorgio Colli, in: Rinascità, 16. 2. 1979, 42.

8   Vgl. Karl Schlechta, Philologischer Nachbericht, in: Friedrich Nietzsche, Werke in drei Bänden, Bd. 3, München 1956, 1383–1432. Richard Roos, Les derniérs écrits de Nietzsche et leur publication, in: Revue Philosophique, Nr. 146 (1956), 262–87.

9   Erich Podach, Friedrich Nietzsches Werke des Zusammenbruchs, Heidelberg 1961, 430. Kritik übt Karl Löwith in seiner Rezension dieses Buches, wiederabgedruckt in: Karl Löwith, Sämtliche Schriften, Bd. 6: Nietzsche, Stuttgart 1987, 534.

10 Rudolf Pannwitz, Nietzsche-Philologie?, in: Merkur, Nr. 117 (1957), 1076. Grundlegend für die Geschichte der Schwester und des Weimarer Nietzsche-Archivs David M. Hoffmann, Zur Geschichte des Nietzsche-Archivs. Chronik, Studien und Dokumente, Berlin 1991. Als neuere Biografie lesenswert: Ulrich Sieg, Die Macht des Willens. Elisabeth Förster-Nietzsche und ihre Welt, München 2019.

11 Vgl. Schlechta, Nachbericht, 1403; Richard Roos, Règles pour une lecture philologique de Nietzsche, in: Nietzsche aujourd'hui?, Bd. 2, hg. v. Centre Culturel International de Cerisy-la-Salle, Paris 1973, 287. Generell Stefan Willer, Erbfälle. Theorie und Praxis kultureller Übertragung in der Moderne, Paderborn 2014, 161–92. Die Teaser bei Salin, Der Fall Nietzsche, 574 f.

12 Vgl. Martin Heidegger, Nietzsche, Bd. 1, Pfullingen 1961, 17. Schlechta, Nachbericht, 1403 f. Pannwitz, Nietzsche-Philologie, 1084.

13 Montinari an Colli am 8. 4. 1961, zit. nach Giuliano Campioni, Mazzino Montinari in den Jahren von 1943 bis 1963, in: Nietzsche-Studien, 17 (1988), XV f.

14 KSA 3, 17. Frank Schirrmacher, Nietzsches Wiederkehr, in: FAZ, 19. 9. 1986.

Für die Figur des «absoluten Lesers» vgl. Hans Blumenberg, Das finale Dilemma des Lesers, in: Ders., Lebensthemen. Aus dem Nachlaß, Stuttgart 1998, 29–33.

15 Antonio Gnoli, Gli angeli di Nietzsche, in: La Repubblica, 28. 4. 1992. Montinari hat sein eigenes «sanguinisches» dem «melancholischen» Temperament von Colli gegenübergestellt. Montinari an Colli am 17. 11. 1967, Centro Archivistico, Scuola Normale Superiore, fondo Mazzino Montinari, cartella 13.

16 «Bericht des GI ‹Gießhübler› (Tonbandaufnahme) v. 19. 1. 1966». Bundesarchiv, Stasi-Unterlagen-Archiv Berlin-Mitte, BArch, MfS Erfurt, 542/78, A, 52. Giorgio Colli an Anna Maria Musso-Colli am 14. 9. 1962. Fondazione Arnoldo e Alberto Mondadori, Milano, fondo Giorgio Colli, b. 4, fasc. 042. Mazzino Montinari, L'onorevole arte di leggere Nietzsche, in: Belfagor, 41 (1986), 338. Ders. an Colli am 9. 5. 1962, Fondazione Mondadori, b. 32, fasc. 185.003. Ders. an Colli am 22. 8. 1963, zit. nach Campioni, Leggere Nietzsche, 281. Zu Montinaris Lesart Wolfram Groddeck, Nietzsche lesen, in: Nietzscheforschung, 25 (2018), 31–39.

17 Giorgio Colli, Distanz und Pathos. Einleitungen zu Nietzsches Werken, Hamburg 1993, 12 f. Vgl. ders., Nach Nietzsche, Frankfurt a. M. 1983, 27. Michel Foucault, Räderwerke des Überwachens und Strafens, in: Ders., Mikrophysik der Macht, Berlin 1976, 47. Ganz ähnlich Roland Barthes, SZ, Frankfurt a. M. 1987, 19: «Die Arbeit des Kommentators besteht gerade darin, den Text zu mißhandeln.» Montinaris Anregung in Giorgio Colli und Mazzino Montinari, État des textes de Nietzsche, in: Nietzsche. Cahiers de Royaumont, Nr. 6, Paris 1967, 128. Noch 1968 ist in der dritten Auflage von Walter Kaufmanns einflussreicher Studie Nietzsche. Philosopher, Psychologist, Antichrist, nachzulesen: «The International Nietzsche Bibliography does not list any contributions by any of the two editors.»

18 Gilles Deleuze, Nomaden-Denken, in: Ders., Die einsame Insel, 369. Heideggers abschätzige Bemerkung nach John Rajchman, vgl. http://blogs.law.columbia.edu/nietzsche1313/john-rajchman-deleuzes-nietzsche/. Heidegger an Richard Leutheußer am 12. 1. 1938, zit. nach Heidegger und Nietzsche, hg. v. Alfred Denker u. a., Freiburg/München 2005, 26. Vgl. ders., Nietzsche, Bd. 1, 18.

19 KSA 8, 23. Nietzsche an Paul Deussen, zweite Oktoberhälfte 1868, in: Ders., Sämtliche Briefe. Kritische Studienausgabe, Bd. 2, Berlin/München [2]2003, 329 (im Folgenden KSB 2, 329). KSA 8, 32. KSA 3, 624. KSA 6, 325. Für Nietzsches Verhältnis zu seinem Fach s. Christian Benne, Nietzsche und die historisch-kritische Philologie, Berlin 2005. Für die geistesgeschichtlichen Folgen seines Bruchs Wolf Lepenies, Gottfried Benn – Der Artist im Posthistoire, in:

Literarische Profile. Deutsche Dichter von Grimmelshausen bis Brecht, hg. v. Walter Hinderer, Königstein 1982, 330.

20 Vgl. James Turner, Philology. The Forgotten Origins of the Modern Humanities, Princeton 2014, ix. Zum schlechten Ruf der Philologie in Frankreich Bernard Cerquiglini, In Praise of the Variant. A Critical History of Philology, Baltimore 1999, Kap. 4. Jüngere Rehabilitationsversuche bei Hans Ulrich Gumbrecht, Die Macht der Philologie. Über einen verborgenen Impuls im wissenschaftlichen Umgang mit Texten, Frankfurt a. M. 2003; Thomas Steinfeld, Der leidenschaftliche Buchhalter. Philologie als Lebensform, München 2004 – und bei Turner, Philology.

21 KSA 1, 268. Schirrmacher, Nietzsches Wiederkehr. Zur Bedeutung der Ausgabe in der Geschichte philosophischer Texteditionen vgl. Michel Espagne, De l'archive au texte. Recherches d'histoire génétique, Paris 1998, 153.

22 Zur Ironie Ludger Lütkehaus, «Ich schreibe wie ein Schwein». Die neue Nietzsche-Gesamtausgabe lässt den großen Stilisten aussehen wie einen Kritzler, in: Die Zeit, 5. 1. 2006. Zu Nietzsche als Kampfplatz widerstreitender Tendenzen vgl. Ernst Nolte, Nietzsche und der Nietzscheanismus, Frankfurt a. M. 1990, 10 f. Die Projektionsfläche bei Habermas, Nachwort, 238.

23 Zum philologischen Vorbehalt vgl. Steven E. Aschheim, Nietzsche und die Deutschen. Karriere eines Kults, Stuttgart 1996, 16. Die perpetuierte «Rückkehr zum Ursprung» zeichnet laut Michel Foucault übrigens einen «Diskursivitätsbegründer» aus. Vgl. Foucault, Was ist ein Autor?, in: Ders., Schriften zur Literatur, Frankfurt a. M. 2003, 255 f. Generell zur Bedeutung der Editionen für Nietzsches Wirkungsgeschichte Eckhard Heftrich, Zu den Ausgaben der Werke und Briefe von Friedrich Nietzsche, in: Buchstabe und Geist. Zur Überlieferung und Edition philosophischer Texte, hg. v. Walter Jaeschke u. a., Hamburg 1987, 117. An deutschsprachigen Nietzsche-Ausgaben sind zu nennen: die *Klein-* und die *Großoktav-Ausgabe*; die *Musarion-*, die *Beck-* und die *Schlechta-Ausgabe*; die apokryphen Nachlasseditionen wie Baeumlers *Unschuld des Werdens*, Würzbachs *Vermächtnis Friedrich Nietzsches* oder Podachs *Nietzsches Schriften des Zusammenbruchs*; die unzähligen, bis heute vermehrten Anthologien, die Lese-, Volks- und Studienausgaben sowie die in den letzten Jahren begonnenen *Ausgaben letzter Hand* des Stroemfeld und Steidl Verlags. Und schließlich die inzwischen auf über vierzig Bände angewachsene *Kritische Gesamtausgabe* von Colli und Montinari, die – in deutscher, italienischer, französischer, japanischer und englischer Fassung vorliegend – bis heute den Goldstandard der internationalen Nietzsche-Forschung darstellt. «Jede Editionsart schafft einen neuen Autor.» (Henning Ritter, Es gibt ihn nicht mehr, den gefährlichen Nietzsche, in: FAZ, 19. 3. 2002.)

24 Habermas, Nachwort, 237 f.

25 Theodor W. Adorno, Bibliographische Grillen, in: Ders., Gesammelte Schriften, Bd. 20, Frankfurt a. M. 2003, 352. Mazzino Montinari, Erinnerung an Giorgio Colli, in: Colli, Distanz und Pathos, 170.

26 Michel Espagne (De l'archive au texte, 154) spricht in Bezug auf den Briefwechsel vom «roman d'une édition». Vgl. Adriano Sofri, Federico il pendolare, in: Panorama, 22. 2. 1987, 139. Eine ähnlich motivierte Untersuchung «politischer Philologie» unternimmt Robert Pursche, Philologie als Barrikadenkampf. Rolf Tiedemann und die Arbeit für Walter Benjamins Nachleben, in: Mittelweg 36. Zeitschrift des Hamburger Instituts für Sozialforschung, 30 (2021), 3, 12–40.

1. Jenseits der Gotenlinie
Lucca 1943/44

1 Vgl. – auch für das Folgende – Albert Kesselring, Soldat bis zum letzten Tag, Bonn 1953, 231 ff. und Enno von Rintelen, Mussolini als Bundesgenosse. Erinnerungen des deutschen Militärattachés in Rom, 1936–1943, Tübingen 1951, 228 f.

2 Zu seiner Lektüre Benito Mussolini, Storia di un anno, Milano 1944, 89 f. Skeptisch Renzo de Felice, Mussolini l'alleato. La guerra civile, Torino 1997, 17. Zum jungen Mussolini und Nietzsche vgl. Domenico Fazio, Nietzsche und der Faschismus. Eine Politik des Nietzsche-Archivs für Italien, in: Widersprüche. Zur frühen Nietzsche-Rezeption, hg. v. Andreas Schirmer und Rüdiger Schmidt, Weimar 2000, 221 ff.

3 Für Collis Lektüreempfehlungen s. Campioni, Mazzino Montinari, XVII.

4 Mussolinis intellektuelle Interessen bei Ernst Nolte, Der Faschismus in seiner Epoche, München 1963, 200. Zu Gentiles Unterrichtsreform s. Mario Mirri, Postfazione, in: L'impegno di una generazione. Il gruppo di Lucca dal liceo Machiavelli alla Normale nel clima del dopoguerra, hg. v. dems., Milano 2014, 170 ff.; M. E. Moss, Mussolini's Fascist Philosopher. Giovanni Gentile reconsidered, New York 2004.

5 Vgl. Eugenio Garin, Storicismo, in: Alfabeto Treccani. https://www.treccani.it/catalogo/ebook/alfabeto_treccani/filosofia_e_religioni/Storicismo.html. Zu den Rollen von Croce und Gentile vgl. Karl Eugen Gass, Pisaner Tagebuch, Heidelberg 1961, 44. Collis Distanz zu Croce bei Mazzino Montinari, Lavò la faccia al Superuomo, in: L'Espresso, 21. 1. 1979, 71. Für die Schmitt-Episode vgl. Wolfgang Schieder, Mythos Mussolini. Deutsche in Audienz beim Duce,

München 2013, 315 f.; aus anderer Perspektive Löwith, Mein Leben, 86. Zum Fehlen eines faschistischen Nietzsche-Kults vgl. Domenico Fazio, Nietzsche in Italien. Ein historischer Abriß der Nietzsche-Rezeption in Italien anhand der Übersetzungen seiner Schriften (1872–1940), in: Nietzsche-Studien, 22 (1993), 316 ff. Zur deutschen Legende eines solchen ders., Nietzsche und der Faschismus, 223. Nicht zuletzt wegen der Aufwertung des Philosophieunterrichts scheint es im faschistischen Italien zahlreiche Fälle regimekritischer Philosophielehrer gegeben zu haben. Vgl. Mirri, Postfazione, 168 f.

6   Benedetto Croce, Antihistorismus, in: Historische Zeitschrift, 143 (1931), 466. Gass, Tagebuch, 45. Cesare Cases (Der Mythos der deutschen Kultur in Italien, in: Wissenschaftskolleg zu Berlin. Jahrbuch 1987/88, Berlin 1989, 182) spricht von Italien als «einer verspäteten Kolonie des deutschen Idealismus».

7   Giorgio Colli, Apollineo e dionisiaco, Milano 2010, 28. Vgl. ders., La Raggione errabonda. Quaderni postumi, Milano 1982, 184: «Die Philosophie kann nur als philosophisches Leben existieren.» Luigi Imbasciati, Il ricordi di uno studente, in: Impegno, hg. v. Mirri, 27. Collis Kritik an der modernen Philosophie etwa in Apollineo e dionisiaco, 38; Nach Nietzsche, 188. Zum Praxisverlust vgl. a. Michael Hampe, Erkenntnis und Praxis. Zur Philosophie des Pragmatismus, Frankfurt a. M. 2006, 11 ff.

8   Colli, Raggione errabonda, 84. Ders., Nach Nietzsche, 87, 149. Zu den «Auserwählten» vgl. Montinari, Erinnerung an Giorgio Colli, 167; Linda Bimbi, Parlerò di Mazzino, in: Impegno, hg. v. Mirri, 55. Für das «dionysische» Geheimnis s. etwa Angelo Pasquinelli an Giorgio Colli am 17. 2. 1943. Archivio Mondadori, fondo Colli, b. 32, fasc. 134. Ob Platon tatsächlich der Autor des «Siebten Briefs» ist, ist umstritten.

9   Nietzsche an Franz Overbeck am 6. 11. 1884, in: KSB 6, 554. Colli, Nach Nietzsche, 33, vgl. 149. Zu Nietzsches selbstwidersprüchlicher Literatenexistenz vgl. ebd., 109, 128 f., 132.

10 Colli, Raggione errabonda, 109, 83. Zu Collis Tatendrang vgl. Federica Montevecchi, Giorgio Colli. Biografia intellettuale, Torino 2004. Charakteristische Beispiele für den Nietzscheanismus der ersten Jahrhunderthälfte bei Aschheim, Nietzsche und die Deutschen.

11 KSA 8, 65. Nietzsche an Reinhart von Seydlitz am 24. 9. 1876, in: KSB 5, 188. Ders. an Erwin Rohde am 15. 12. 1870, in: KSB 3, 165 f. Vgl. Hubert Cancik und Hildegard Cancik-Lindemaier, «Das Gymnasium in der Knechtschaft des Staates». Zu Entstehung, Situation und Thema von Friedrich Nietzsches «Wir Philologen», in: Disciplining Classics – Altertumswissenschaften als Beruf, hg. v. Glenn Most, Göttingen 2002, 97–113.

12 George zit. nach Aschheim, Nietzsche und die Deutschen, 76. «Erst George ist, was Nietzsche krampfhaft zu sein beansprucht», schrieb der Georgeaner Kurt Hildebrandt (zit. nach Walter Kaufmann, Nietzsche. Philosoph, Psychologe, Antichrist, Darmstadt 1982, 13). Zu Collis Interesse an Ernst Bertram vgl. Alberto Banfi, Giorgio Colli: Il coraggio del pensiero (profilo biografico), in: Kleos. Estemporaneo di studi e testi sulla fortuna dell'antico, 9 (2004), 255. Die Kosmiker bei Max L. Baeumer, Dionysos und das Dionysische in der antiken und deutschen Literatur, Darmstadt 2006, 353.

13 Bataille zit. nach Gerd Bergfleth, Nietzsche redivivus, in: Georges Bataille, Wiedergutmachung an Nietzsche. Das Nietzsche-Memorandum und andere Texte, München 1999, 341 f. Zu Acéphale vgl. Stephan Moebius, Die Zauberlehrlinge. Soziologiegeschichte des Collège de Sociologie (1937–39), Konstanz 2006, 253 ff.

14 Zu Collis «intensivem und forschendem» Blick vgl. Anna Maria Musso-Colli, Ricordo di Giorgio Colli, in: Saggi su Nietzsche, hg. v. G. Penzo, Brescia 1980, 12. Colli, Apollineo e dionisiaco, 36. Vgl. Clara Valenziano, La Lucca della guerra e di Giorgio Colli, in: Impegno, hg. v. Mirri, 97.

15 Collis Credo in Apollineo e dionisiaco, 199. Zu seinen Fähigkeiten als Menschenfänger vgl. Claire Isoz und Giuliana Lanata, Ricordo di Pietro Giorgetti, in: Impegno, hg. v. Mirri, 80. Als intellektuelle Biografie Collis äußerst lesenswert ist Banfi, Coraggio del pensiero. Zum antifaschistischen Turiner Milieu vgl. Maike Albath, Der Geist von Turin. Pavese, Ginzburg, Einaudi und die Wiedergeburt Italiens nach 1943, Berlin 2010.

16 Vgl. Musso-Colli, Ricordo di Giorgio Colli.

17 Pavese zit. nach Albath, Geist von Turin, 76.

18 KSA 1, 247. KSA 11, 679. Lou Andreas-Salomé, Friedrich Nietzsche in seinen Werken, Wien 1894, 8. KSA 8, 45. Von «Schülerpanik» spricht Henning Ritter, Notizhefte, Berlin 2010, 333. Zu Nietzsches Transformation des altphilologischen Bildungsprogramms vgl. Nikolaus Wegmann, Was heißt einen «klassischen» Text lesen? Philologische Selbstreflexion zwischen Wissenschaft und Bildung, in: Wissensgeschichte der Germanistik im 19. Jahrhundert, hg. v. Jürgen Fohrmann und Wilhelm Voßkamp, Stuttgart 1994, 419 ff.

19 Colli, Apollineo e dionisiaco, 50. Ders., Nach Nietzsche, 128 ff. Montinari bevorzugte die Eroica: Montinari an Sigrid Oloff-Montinari am 1. 7. 1971, Archivio Scuola Normale, fondo Montinari, cart. 20. Reminiszenzen ehemaliger *paides* in Bimbi, Parlerò di Mazzino, 56 und Valenziano, La Lucca della guerra, 97 ff. Zur deutschen Musik als Ausdruck des Unaussprechlichen vgl. Helmut Plessner, Die verspätete Nation, Frankfurt a. M. 1974, 103.

20 Bimbi, Parlerò di Mazzino, 56.

21 Ebd.

22 Vgl. Giorgio Colli, Filosofi sovrumani, Milano 2009, 133 ff. Zum Symposium auch Jacob Taubes, in: Denken, das an der Zeit ist, hg. v. Florian Rötzer, Frankfurt a. M. 1987, 309 f.

23 Platon, Symposion, Stuttgart 2006, 109, 115 f. Collis Überlegungen zum pädagogischen Eros in Apollineo e dionisiaco, 34 f. und Nach Nietzsche, 79 f.

24 Montinari an Colli am 3. 2. 1944. Archivio Mondadori, fondo Colli, b. 34, fasc. 185.001.

25 Ders. an Colli am 6. 4. 1968. Archivio Scuola Normale, fondo Montinari, cart. 13.

26 Ders. an Colli am 3. 11., 29. 12. 1943 und 0. D. Archivio Mondadori, fondo Colli, b. 34, fasc. 185.001. Colli an Anna Maria Musso-Colli am 13. 12. 1943. Ebd., b. 03, fasc. 006.

27 Von Montinaris «Radikalität» spricht etwa Cesare Cases, Der Großherzog von Weimar. Erinnerung an Mazzino Montinari, in: Nietzsche-Studien, 18 (1989), 20. Zu seinen Weltanschauungen Valenziano, La Lucca della guerra, 98. Vgl. Imbasciati, Ricordo di uno studente, 27.

28 Montinari an Colli am 29. 12. 1943. Archivio Mondadori, fondo Colli, b. 34, fasc. 185.001. Colli an Anna Maria Musso-Colli am 29. 11. 1943. Ebd., b. 03, fasc. 006. Das Kruzifix bei Cases, Großherzog, 21.

29 Linda Bimbis Erinnerung in Bimbi, Parlerò di Mazzino, 56. Colli, Distanz und Pathos, 27. Zur Verwilderung der Schuldisziplin vgl. Lea Stefanelli, Il ricordo di una «principiante», in: Impegno, hg. v. Mirri, 21. Zum (pädagogischen) Eros im George-Zirkel vgl. Thomas Karlauf, Stefan George. Die Entdeckung des Charisma, München 2007, Kap. Knabenerziehung.

30 Angelo Pasquinelli an Colli am 1. 3. 1943. Archivio Mondadori, fondo Colli, b. 32, fasc. 134.

31 Leonardo Sciascia, Die Affäre Moro, Frankfurt a. M. 1989, 100. Zum italienischen Familiarismus s. a. Gass, Tagebuch, 77 f. Valenziano, La Lucca della guerra, 96. Ebenso Bimbi, Parlerò di Mazzino, 55.

32 Montinari an Anna Maria Musso-Colli am 11. 3. 1981. Archivio Scuola Normale, fondo Montinari, cart. 18.

33 Das George nachgesagte Zit. bei Jan Andres, «Hellas ewig unsre liebe». Erlesenes und erlebtes Griechenland bei Rudolf Fahrner, in: Hellas verstehen. Deutsch-griechischer Kulturtransfer im 20. Jahrhundert, hg. v. Chryssoula Kambas und Marilisa Mitsou, München 2010, 73. Zu Collis gelehrtem Habitus s. Gino Moretti, Ricordo di Giorgio Colli, in: Giorgio Colli e l'enigma greco, hg. v. Giuseppe Auteri, Catania 2000, 44–47.

34 Ulrich von Wilamowitz-Moellendorff, Zukunftsphilologie! Eine Erwiderung

auf Friedrich Nietzsches «Geburt der Tragödie», Berlin 1872, 55. Zu Nietzsches Philhellenismus s. Cancik und Cancik-Lindemaier, Das Gymnasium in der Knechtschaft des Staates.

35 Mazzino Montinari, Die neue kritische Gesamtausgabe von Nietzsches Werken, in: Literaturmagazin 12: Nietzsche, Reinbek 1980, 317. Colli, Apollineo e dionisiaco, 56: «Die Fußnote ist das typische Instrument moderner Faulheit und spiritueller Heuchelei.»

36 Ders., Filosofia dell'espressione, Milano 1969, 236. Ders., Apollineo e dionisiaco, 53, vgl. 32. Vgl. Luigi Anzalone und Giuliano Minichiello, Lo specchio di Dionisio. Saggi su Giorgio Colli, Bari 1984, 149 ff.

37 Colli, Apollineo e dionisiaco, 17. Zu den Ritualen der Geheimhaltung vgl. Jürgen Frese, Intellektuellen-Assoziationen, in: Kreise, Gruppen, Bünde. Zur Soziologie moderner Intellektuellenassoziationen, hg. v. Richard Faber und Christine Holste, Würzburg 2000, 441–462. Zu den deutschen Traditionen inspirierter Lektüre Stephan Wackwitz, Text als Mythos. Zur Frankfurter Hölderlin-Ausgabe und ihrer Rezeption, in: Merkur, Nr. 492 (1990), 134–143.

38 Colli, Nach Nietzsche, 148, vgl. 74, 152. Dazu Chiara Colli Staude, Friedrich Nietzsche, Giorgio Colli und die Griechen. Philologie und Philosophie zwischen Unzeitgemäßheit und Leben, Würzburg 2019, 113.

39 Adriano Sofri, Dal morbillo a Nietzsche, in: Panorama, 31. 7. 1988, 121. Colli, Nach Nietzsche, 149, 31. Vgl. a. Alessandro Fersen, La memoria in Giorgio Colli, in: Giorgio Colli. Incontro di studio, hg. v. Sandro Barbera und Giuliano Campioni, Milano 1983, 30.

40 Vgl. Manfred Landfester, Griechen und Deutsche: Der Mythos einer ‹Wahlverwandtschaft›, in: Mythos und Nation. Studien zur Entwicklung des kollektiven Bewußtseins in der Neuzeit, Bd. 3, hg. v. Helmut Berding, Frankfurt a. M. 1996, 198–219. Zum deutschen Kultur-Komplex Wolf Lepenies, Kultur und Politik. Deutsche Geschichten, München 2006.

41 KSA 14, 472. S. etwa Nietzsche an Georg Brandes, Anfang Dezember 1888, in: KSB 7, 500. KSA 6, 366. Zur Natur von Nietzsches politischen Prophezeiungen Eric Voegelin, Nietzsche, die Krise und der Krieg, in: Sinn und Form, 58 (2006), 149–74.

42 Colli, Nach Nietzsche, 206 f. Montinari, Erinnerung an Giorgio Colli, 173.

43 Colli, Apollineo e dionisiaco, 48. Ders., Nach Nietzsche, 88, 205. Ders., Diario 1944–1945, Eintrag vom 27. 8. 1944. Archivio Giorgio Colli. http://www.giorgiocolli.it/de/content/diario-1944–1945. Zu Collis Abneigung gegen die Römer Stefanelli, Ricordo di una principante, 23. Zu seinem Liberalismus Banfi, Coraggio del pensiero, 222. Seine Reaktion auf Stalingrad bei Bimbi, Parlerò di Mazzino, 56.

44 Zur Politisierung von Collis Schülern vgl. Imbasciati, Ricordo di uno studente, 25; Mirri, Postfazione, 177 ff. Der Kriegsverlauf ab 1943 nach Lutz Klinkhammer, Zwischen Bündnis und Besatzung. Das nationalsozialistische Deutschland und die Republik von Salò 1943–1945, Tübingen 1993.

45 Angelo Pasquinelli an Colli am 4. 1., 16. 7. und 12. 8. 1943. Archivio Mondadori, fondo Colli, b. 32, fasc. 134. Zu Pasquinelli vgl. a. Montinari, Die neue kritische Gesamtausgabe, 317: «Der Beste von uns wurde zum Freiheitskämpfer.» Über die Verbindung eines weiteren Mitschülers, Giorgio Giorgetti, zur Resistenza in Viareggio vgl. N. N., «Brevi note biografiche. Giorgio Giorgetti». Typoskript, o. D. Archivio Scuola Normale, fondo Montinari, cart. 18.

46 Montinari an Colli am 3. und 7. 11. 1943. Archivio Mondadori, fondo Colli, b. 34, fasc. 185.001.

47 Vgl. Imbasciati, Ricordo di uno studente, 28 f. S. a. Campioni, Mazzino Montinari, XVIII sowie Montinari an Colli am 3. 2. 1944. Archivio Mondadori, fondo Colli, b. 34, fasc. 185.001.

48 Ders. an Colli am 29. 12. 1943. Archivio Mondadori, fondo Colli, b. 34, fasc. 185.001.

49 Bimbi, Parlerò di Mazzino, 56. Colli, Raggione errabonda, 103. Montinari, Die neue kritische Gesamtausgabe, 317. Die politisch fatalen Folgen der deutschen Gräkophilie hat besonders Eliza M. Butler, The Tyranny of Greece over Germany, Cambridge, Mass. 1935 hervorgehoben. Zur indirekten Politisierung Reinhart Koselleck, Kritik und Krise. Eine Studie zur Pathogenese der bürgerlichen Welt, Frankfurt a. M. 1992.

50 Zum zivilen Widerstand vgl. Mirri, Postfazione, 182. Montinari spricht von «Streichen zum Ärger der Faschisten». (Die neue kritische Gesamtausgabe, 317). Schirrmacher, Nietzsches Wiederkehr.

51 Zur Ermordung Gentiles vgl. ebd. und Montinari, Lavò la faccia al Superuomo, 71. Die denkwürdige Geburtstagsfeier bei Campioni, Mazzino Montinari, XVIII. Collis Eintragungen in Diario 1944–45. Archivio Giorgio Colli. Zu den Ereignissen im Veltlin s. Colli an Anna Maria Musso-Colli am 20. 4. 1944. Archivio Mondadori, fondo Colli, b. 03, fasc. 006.

52 Colli, Diario 1944–1945, Einträge vom 4. 6. und 27. 8. 1944. Archivio Giorgio Colli. Ders. an Anna Maria Musso-Colli am 27. 6. 1944. Archivio Mondadori, fondo Colli, b. 03, fasc. 006. Zur Zeit in der Schweiz auch Fersen, Memoria in Colli. Valenziano, La Lucca della guerra, 96.

53 Colli an Anna Maria Musso-Colli am 24. 7. 1944. Archivio Mondadori, fondo Colli, b. 03, fasc. 006. Zu den Erfahrungen der Schüler vgl. Mirri, Postfazione, 175 f., 211 ff. Zur Atmosphäre der letzten Kriegsmonate in der Lucchesia

auch Rudolf Borchardt, Anabasis. Aufzeichnungen, Dokumente, Erinnerungen 1943–1945, München 2003.

2. Akribie und Klassenkampf
Pisa 1948

1 Gass, Tagebuch, 19.
2 Pisa nach dem Krieg bei Antonio La Penna, Incontri pisani degli anni quaranta, in: Critica Marxista, 24 (1986) 6, 155 ff. Zum gesellschaftlich-politischen Klima Albath, Geist von Turin, 161. Zur Versorgungslage in Italien vgl. Tony Judt, Postwar. A History of Europe since 1945, London 2010, 86.
3 Jean-Paul Sartre, Palmiro Togliatti, in: Ders., Plädoyer für die Intellektuellen. Interviews, Artikel, Reden 1950–1973, Reinbek 1995, 50. Palmiro Togliatti, Utopisti e riformatori sociali, in: Ders., La politica nel pensiero e nell'azione. Scritti e discorsi 1917–1964, Milano 2014, 1272. Zu den Erwartungen der Linken vgl. Judt, Postwar, 79 ff.
4 Michael Hardt und Toni Negri, Empire, Frankfurt a. M. 2002, 420. Zu Montinaris Konversion vgl. Giuseppe Garritano, Il clima politico, in: Impegno, hg. v. Mirri, 48.
5 Vgl. Togliatti, Utopisti, 1272, 74. Das Zitat nach Sartre, Togliatti, 45. Zu Stalins Nimbus vgl. Garritano, Il Clima politico, 47. Über Togliattis Rolle Mirco Dondi, La lunga liberazione. Giustizia e violenza nel dopoguerra italiano, Roma 2008, 184 ff.
6 Sartre, Togliatti, 50. Togliatti, Utopisti, 1274 f. Zu Togliattis Kulturpolitik generell Stephen Gundle, Between Hollywood and Moscow. The Italian Communists and the Challenge of Mass Culture, 1943–1991, Durham 2000.
7 Sehr lesenswert ist Joseph A. Buttigieg, Introduction, in: Antonio Gramsci, Prison Notebooks, Bd. 1, New York 1992, 1–64.
8 Luigi Russo, Antonio Gramsci e l'educazione democratica in Italia, in: Belfagor, 2 (1947), 408.
9 Zur «Flaschenpost» vgl. Karl Markus Michel, Versuch, die «Ästhetische Theorie» zu verstehen, in: Materialien zur ästhetischen Theorie. Th. W. Adornos Konstruktion der Moderne, Frankfurt a. M. 1979, 71. «Philosophie der Praxis» war der von Gramsci selbst gewählte Name für sein theoretisches Unternehmen. Vgl. Russo, Antonio Gramsci, 403. Zum Gegensatz von Gramsci und Adorno vgl. a. Domenico Losurdo, Der Marxismus Antonio Gramscis. Von der Utopie zum «kritischen Kommunismus», Hamburg 2000, 164.
10 Russo, Antonio Gramsci, 404. Eine gute Darstellung von Gramscis Theorie

bei Eric Hobsbawm, Wie man die Welt verändert. Über Marx und den Marxismus, München 2012, 284 ff. In seinem Glauben an die Bedeutung der Intellektuellen war Gramsci stark von Croces Idealismus geprägt. Vgl. Cases, Der Mythos der deutschen Kultur, 184. Zu Togliattis Aneignung vgl. Gundle, Between Hollywood and Moscow, 22 f.

11 Zur «molekularen» Macht und zur Geduld als revolutionärer Tugend s. Adriano Sofri, Genosse Hiob. Über Antonio Gramsci, in: Ders., Nahaufnahmen, Berlin 1999, 14–17. KSA 1, 350. Mussolinis Staatsanwalt zit. nach Russo, Antonio Gramsci, 402. Zu Gramscis Devise vgl. Mazzino Montinari, Equivoci marxisti, in: Ders., Nietzsche, Roma 1981, 103. Zur Herkunft von Nietzsche Henning Ritter, Tanz ohne Ketten. Zu Mazzino Montinaris unvollendetem Nietzsche-Kommentar, in: FAZ, 3. 12. 1986. Über die persönliche Beglaubigung philosophischer Wahrheiten schreibt Hannah Arendt, Wahrheit und Politik, in: Dies., Wahrheit und Lüge in der Politik, München 2013, 71.

12 Für das Selbstverständnis der jüngeren Generation ist eine Bemerkung von Italo Calvino aus dem Jahr 1959 aufschlussreich: «Wir Jüngeren – die gerade noch rechtzeitig Partisanen geworden waren – fühlten uns nicht erdrückt, besiegt oder ‹verbrannt›, sondern als Gewinner, als exklusive Träger von etwas.» Zit. nach Albath, Geist von Turin, 177. Zu den politischen Ereignissen Judt, Postwar, 86 ff., 127. Generell – auch für das Folgende – Rudolf Lill, Geschichte Italiens in der Neuzeit, Darmstadt 1988, 372 ff.

13 Der Kommilitone: Garritano, Il Clima politico, 48. Angelo Pasquinelli an Colli am 30. 8. 1946. Archivio Mondadori, fondo Colli, b. 32, fasc. 134. Delio Cantimori an Montinari am 31. 10. 1962. Archivio Scuola Normale, fondo Montinari, cart. 5.

14 Zu Montinaris Distanzierung vgl. Giuliano Campioni, Da Lucca a Weimar: Mazzino Montinari e Nietzsche, in: Impegno, hg. v. Mirri, 154. Montinaris Vorwurf in einem Brief an Colli am 17. 11. 1967. Archivio Scuola Normale, fondo Montinari, cart. 13.

15 Der Vergleich schon bei Campioni, Da Lucca a Weimar, 159.

16 Zu Cantimori als «Gott» der Gelehrsamkeit vgl. Valentino Parlato, Angelo, Mazzino e Fausto, in: Impegno, hg. v. Mirri, 92 f. Zu seinem Stil als Hochschullehrer Licia Giusti, Mazzino, Giorgio e Fausto, in: ebd., 75 f.; La Penna, Incontri, 153, 159; Silvana Seidel Menchi, «Ein Neues Leben»: Contributo allo studio di Delio Cantimori, in: Studi Storici, 34 (1993), 778. Eine Apologie der Archivarbeit in Delio Cantimori, Conversando di storia, Bari 1967, 155 ff. Seine Perspektive, die die Kontinuitäten zwischen Reformation und Humanismus und die sozialrevolutionären Aspekte der Häresien betont, konzise bei Anne Jacobson Schutte, Periodization of Sixteenth-Century Italian Reli-

gious History: The Post-Cantimori Paradigm Shift, in: The Journal of Modern History, 61 (1989), 270 f.

17 Paul Veyne, Histoire et Historiens, in: Annales, 27 (1972), 668. Zu Cantimoris Interessenspektrum Eric Cochrane und John Tedeschi, Delio Cantimori: Historian, in: The Journal of Modern History, 39 (1967), 438–45.

18 Zu Togliattis Referenz s. Claudio Cesa, Il clima culturale, in: Impegno, hg. v. Mirri, 37. Zu Cantimoris Rolle vgl. Eugenio Di Rienzo, Delio Cantimori e la cultura politica del Novecento, Firenze 2009, 82.

19 Zur subversiven Aura von Cantimoris Forschungen vgl. Ernesto Sestan, Cantimori e i Giacobini, in: Annali della Scuola Normale Superiore di Pisa. Lettere, Storia e Filosofia, Serie II, 37 (1968), 233; Cochrane, Cantimori, 441 ff.

20 Montinari an Delio Cantimori am 11. 2. 1948. Archivio Scuola Normale, fondo Delio Cantimori, serie carteggio, fasc. Mazzino Montinari. Vgl. Campioni, Da Lucca a Weimar, 156.

21 Calvinos Anspielung auf Cantimori in Italo Calvino, Nota 1960, in: Ders., I nostri antenati, Milano 1996, 418. Carlo Ginzburg, Der Käse und die Würmer, Berlin 1990, 22. Zum Verhältnis von Ginzburg und Cantimori s. Anne Jacobson Schutte, Carlo Ginzburg, in: The Journal of Modern History, 48 (1976), 296–315.

22 Delio Cantimori, Italienische Häretiker der Spätrenaissance, Basel 1949, V. Zur Wahrnehmung Cantimoris nach dem Krieg s. La Penna, Incontri, 158. Auch Nicola D'Elia, Delio Cantimori e la cultura politica tedesca (1927–1940), Roma 2007, 22, 118.

23 Cantimori, Conversando di storia, 138. Die Kritik bei Di Rienzo, Cantimori, 79 ff. Dagegen Adriano Prosperi, Delio Cantimori, maestro di tolleranza, in: il manifesto, 30. 3. 2005.

24 Cantimori zit. nach D'Elia, Cantimori, 33, 70, vgl. 118.

25 Carl Schmitt an Delio Cantimori am Ostersonntag und 6. 6. 1935. Archivio Scuola Normale, fondo Cantimori, serie carteggio, fasc. vari. Löwith, Mein Leben, 82, vgl. 86. S. auch Wolfgang Schieder, Mythos Mussolini, 123. Zu Cantimori und Schmitt vgl. Pierangelo Schiera, Carl Schmitt und Delio Cantimori, in: Complexio Oppositorum. Über Carl Schmitt, hg. v. Helmut Quaritsch, Berlin 1988, 529–35.

26 Delio Cantimori, Interpretazioni tedesche di Marx nel periodo 1929–1945, in: Ders., Studi di storia, Torino 1959, 237. Die «schönen Seelen» zit. nach D'Elia, Cantimori, 21, vgl. 72. Zu Cantimoris Auffassung des Politischen vgl. ebd., 33; Michele Ciliberto, Intellettuali e fascismo. Saggio su Delio Cantimori, Bari 1977, 69.

27 Vom «Dämon des Politischen» spricht Antonio Gnoli, Il libro segreto di Can-

237

timori, in: La Repubblica, 27. 5. 2004. Vgl. D'Elia, Cantimori, 57 f., 118; Di
Rienzo, Cantimori, 81 ff.

28 KSA 12, 165. Querfront-Intellektuelle etwa in Cantimori, Interpretazioni
tedesche, 179. Vgl. Mazzino Montinari, Delio Cantimori e Nietzsche, in:
Ders., Nietzsche, 104–22. Zu Nietzsches Modernität etwa Karl Löwith, Von
Hegel zu Nietzsche. Der revolutionäre Bruch im Denken des 19. Jahrhunderts, Hamburg 1986, 218.

29 KSA 3, 629, vgl. 401. KSA 6, 144. Delio Cantimori, Recensione di Hugo
Fischer, Nietzsche Apostata, in: Ders., Politica e storia contemporanea. Scritti
(1927–1949), Torino 1991, 158. Hugo Fischer, Nietzsche Apostata oder die Philosophie des Ärgernisses, Erfurt 1933, 9 f. KSA 3, 500. Die «gläubigen Zweifler» bei Ernst Bertram, Nietzsche. Versuch einer Mythologie, Bonn 1965, 16.

30 Zum Trauma Rossana Rossanda, Vergebliche Reise oder Politik als Education
sentimentale, Frankfurt a. M. 1985, 14. Zu den Ereignissen in Pisa und Um-
gebung Carla Forti, Dopoguerra in provincia. Microstorie pisane e lucchesi
(1944–1948), Milano 2007, 290 ff. Die Diskussionen unter den Studenten bei
Garritano, Il Clima politico, 49.

31 Der Präfekt zit. nach Forti, Dopoguerra, 237. Vgl. Albertina Vittoria, La commissione culturale del Pci dal 1948 al 1956, in: Studi Storici, 31 (1990), 135–
70. Zum «Fall Russo» s. die von Cantimori und Montinari mit unterzeichnete
Dokumentation Il «libro bianco» di una vendetta nera, in: Belfagor, 3 (1948),
722–27; 4 (1949), 94–112.

32 Rossanda, Vergebliche Reise, 14. Direzione del PCI, Sezione Propaganda an
Delio Cantimori am 4. 8. 1945. Archivio Scuola Normale, fondo Cantimori,
serie carteggio, fasc. Partito Comunista Italiano. Mario Alicata an Delio Cantimori am 28. 10. 1955. Ebd. Palmiro Togliatti an Delio Cantimori am 18. 2. 1949.
Ebd., serie carteggio, fasc. vari. Cantimori zit. nach Daniele Menozzi und
Francesco Torchiani (Hg.), Delio Cantimori (1904–1966). Libri, documenti e
immagini dai fondi della Scuola Normale Superiore, Pisa 2016, 106.

33 Über seine «totale Politisierung» schreibt Montinari in Erinnerung an Giorgio Colli, 168. Vgl. Paolo Chiarini, Il comunista che amava Nietzsche, in:
Rinascità, 13. 12. 1986. Die Restaurants in Rom bei Giusti, Mazzino, Giorgio
e Fausto, 76; Cases, Großherzog, 21; Parlato, Angelo, Mazzino e Fausto, 92.
Ernst Bloch, Italien und die Porosität, in: Ders., Literarische Aufsätze, Frankfurt a. M. 1985, 508–15. Montinaris zwei Seiten nach Cases, Großherzog, 20,
24.

34 Valentino Gerratana, Le inquietudini di Mazzino, in: Impegno, hg. v. Mirri,
71. Montinaris Parteiarbeit bei Campioni, Mazzino Montinari, XXII f. Zu den
Strategien im Kulturkampf Gundle, Between Hollywood and Moscow, 39,

vgl. 43, 56 ff. Für die Medienkonkurrenz Régis Debray, Socialism: A Life-Cycle, in: New Left Review, 46 (2007), 5–28.

35 Montinari an Delio Cantimori im März 1950. Archivio Scuola Normale, fondo Cantimori, fasc. Montinari.

36 Ders. an Delio Cantimori am 2.6.1950. Ebd.

37 Der FAZ-Korrespondent zit. nach Klaus Heitmann, Das Deutschland der Ade-nauer-Zeit – von italienischen Autoren gesehen, in: Italien in Deutschland – Deutschland in Italien. Die deutsch-italienischen Wechselbeziehungen in der Belletristik des 20. Jahrhunderts, hg. v. Anna Comi und Alexandra Pontzen, Berlin 1999, 89, vgl. 87. Mazzino Montinari, Lettere dalla Germania, in: Nuovo Corriere, 6. und 7.5.1950.

38 Angelo Pasquinelli an Colli am 17.10.1951. Archivio Mondadori, fondo Colli, b. 32 fasc. 134.

39 Zit. nach Michele Sisto, Gli intellettuali italiani e la Germania socialista. Un percorso attraverso gli scritti di Cesare Cases, in: Riflessioni sulla DDR. Pros-pettive internazionali e interdisciplinari vent'anni dopo, hg. v. Magda Mar-tini und Thomas Schaarschmidt, Bologna 2011, 104 f. Zum Genre vgl. Philipp Felsch und Frank Witzel, BRD Noir, Berlin 2016.

40 Cesare Cases an Delio Cantimori am 16.1.1957. Archivio Scuola Normale, fondo Cantimori, serie carteggio, fasc. vari.

41 Zur Doktor-Schiwago-Episode Sergio d'Angelo, Der Roman des Romans, in: Osteuropa, 18 (1968), 489–501.

42 Georg Lukács, Die Zerstörung der Vernunft, Bd. 2: Irrationalismus und Impe-rialismus, Darmstadt 1974, 12 ff., 24. Henning Ottmann (Anti-Lukács. Eine Kritik der Nietzsche-Kritik von Georg Lukács, in: Nietzsche-Studien, 13 (1984), 570–86) zufolge handelt es sich bei Lukács' Schrift um eine Abrech-nung mit der eigenen frühen Nietzsche-Begeisterung. Vgl. a. Mazzino Mon-tinari, Nietzsche zwischen Alfred Baeumler und Georg Lukács, in: Ders., Nietzsche lesen, 169–206.

43 Mazzino Montinari, Nel partito non mi piacc fare l'intellettuale, in: il mani-fcsto, 11.2.1983. Zu seinen Lektüren vgl. ders., L'onorevole arte, 336. Die Ereignisse nach Judt, Postwar, 176 f., 309 f.

44 Montinari an «Helga» am 24.7.1955. Archivio Scuola Normale, fondo Monti-nari, cart. 2. Montinaris Selbstverständigung zit. nach Campioni, Mazzino Montinari, XXIV.

45 Mann zit. nach Hans Wysling und Yvonne Schmidlin (Hg.), Thomas Mann. Ein Leben in Bildern, Zürich 1994, 425. Zu Manns Bedeutung für die italie-nische Linke s. Charis Pöthig, Italien und die DDR. Die politischen, ökonomi-schen und kulturellen Beziehungen 1949–1980, Frankfurt a. M. 2000, 147 f.

Zur Entwicklung seiner politischen Ideen Lepenies, Kultur und Politik, 71 ff. Vgl. Heinz Riedt an Montinari am 2. 6. 1956. Archivio Scuola Normale, fondo Montinari, cart. 2. Mazzino Montinari, Otto lettere inedite di Thomas Mann, in: Il Contemporaneo, 31. 12. 1955.

46 Das Memo zit. nach Pöthig, Italien und die DDR, 152. N. N., Wiedervereinigung in Rom, in: Der Spiegel, 17. 4. 1957, 23.

47 Montinari und die Broschüre, zit. nach N. N., Wiedervereinigung, 23. Azio de Franciscis, Pankows Kulturoffensive in Rom, in: Die Zeit, 11. 4. 1957. Zu den Aktivitäten des Centro Pöthig, Italien und die DDR, 147 ff.

48 Judt, Postwar, 321. Zum PCI s. Nikolas Dörr, Die Rote Gefahr. Der italienische Eurokommunismus als sicherheitspolitische Herausforderung für die USA und Westdeutschland 1969–1979, Köln 2017, 81.

49 Montinari zit. nach Campioni, Mazzino Montinari, XXIII. S. a. Montinari an Paolo Chiarini am 28. 5. 1967. Archivio Scuola Normale, fondo Montinari, cart. 6.

3. Aktion Nietzsche
Florenz 1958

1 Colli, Diario 1944–1945, Eintrag vom 25. 7. 1944. Archivio Giorgio Colli. Ders. an Anna Maria Musso-Colli am 24. 7. 1944. Archivio Mondadori, fondo Colli, b. 03, fasc. 006.

2 Colli, Diario 1944–1945, Eintrag vom 4. 6. 1944. Archivio Giorgio Colli. Ders. an Anna Maria Musso-Colli am 1. 12. 1944. Archivio Mondadori, fondo Colli, b. 03, fasc. 006.

3 Giuseppe an Giorgio Colli am 14. 10. 1948. Archivio Mondadori, fondo Colli, b. 05, fasc. 038.

4 Zu Collis Buch und zu seinen ersten Übersetzungsvorschlägen vgl. Sofri, Dal morbillo a Nietzsche, 121; Banfi, Coraggio del pensiero, 229 f., 234, 252. Sein Antikommunismus sehr explizit in Diario 1944–1945, Einträge vom 20. 6. 1944 und o. D. Archivio Giorgio Colli. Zur Bedeutung von Einaudi vgl. Albath, Geist von Turin.

5 Vgl. ebd., 161.

6 Bollettino editoriale Einaudi, Torino 1955. Archivio Giorgio Colli.

7 S. etwa Colli, Raggione errabonda, 27 ff.

8 Ders. an Gino Moretti am 8. 6. 1957. Archivio Mondadori, fondo Colli, b. 31, fasc. 124.

9 Vgl. Banfi, Corraggio del pensiero, 245; Campioni, Da Lucca a Weimar, 157.

Als «Generation Herzinfarkt» hat Regina Schilling die westdeutsche Wirtschaftswundergeneration der Mitte der 1920er Jahre Geborenen bezeichnet (Kuhlenkampffs Schuhe, Dokumentarfilm, Deutschland 2018). Trifft das auch auf Italien zu? Nach Angelo Pasquinelli sterben auch Colli mit einundsechzig und Montinari mit achtundfünfzig Jahren an Herz-Kreislauf-Erkrankungen.

10 Montinari an Colli am 25. 3. 1957. Archivio Mondadori, fondo Colli, b. 34, fasc. 185. 001.

11 Sergio d'Angelo an Montinari am 9. 2. 1958. Archivio Scuola Normale, fondo Montinari, cart. 2. Cantimori zit. nach Campioni, Da Lucca a Weimar, 158.

12 Montinari an Colli am 6. 4. 1968. Archivio Scuola Normale, fondo Montinari, cart. 13.

13 Colli, Raggione errabonda, 598 f. Vgl. ebd., 57 für Collis ausführlichere Überlegungen zu einer Philosophie des Ausdrucks drei Jahre später am selben Ort: «Wie der Wasserfall, der auf einen Felsen trifft, diesem Energie überträgt, so entsteht die Welt des Ausdrucks.» Dazu Colli Staude, Nietzsche, Colli und die Griechen, 99.

14 Colli, Nach Nietzsche, 205. Ders., Raggione errabonda, 103, 565, vgl. insgesamt 83–112. Das «schmutzige Geschäft» der Politik in Diario 1944–1945, Eintrag vom 27. 8. 1944.

15 Colli, Raggione errabonda, 565, vgl. 89, 105.

16 Ders. an Gino Moretti am 8. 6. 1957. Archivio Mondadori, fondo Colli, b. 31, fasc. 124. Vgl. Banfi, Corraggio del pensiero, 231, 248.

17 Vgl. Giuliana Lanata, L'«Enciclopedia» di Giorgio Colli, in: Barbera und Campioni, Giorgio Colli, 36. Eine Auswahl von Collis Vorworten in Giorgio Colli, Per una enciclopedia di autori classici, Milano 1983.

18 Colli, Nach Nietzsche, 33. Bobbio zit. nach Banfi, Corraggio del pensiero, 241 f.

19 Ders., Raggione errabonda, 102, 108. Vgl. Philipp Felsch, Der lange Sommer der Theorie. Geschichte einer Revolte, 1960–1990, München 2015.

20 Zit. nach Campioni, Mazzino Montinari, XXXIX, XLII.

21 Vgl. Montinari, L'onorevole arte, 336.

22 Voegelin, Nietzsche, die Krise und der Krieg, 149. François de Menthon, Plädoyer in der Sitzung vom 17. 1. 1946, in: Der Prozess gegen die Hauptkriegsverbrecher vor dem Internationalen Militärgerichtshof, Bd. 5, hg. v. Internationalen Militärgerichtshof Nürnberg, München 1984, 425. Giorgio Colli, Recensione di K. A. Goetz, Nietzsche als Ausnahme, in: Rivista di filosofia, 16 (1950), 230 f. Zur Nietzsche-Publizistik nach dem Krieg vgl. Herbert W. Reichert, The Present Status of Nietzsche: Nietzsche Literature in the Post-War Era, in: Monatshefte, 51 (1959), 103–20.

23 Thomas Mann, Nietzsche's Philosophie im Lichte unserer Erfahrung, in: Ders., Leiden und Größe der Meister, Frankfurt a. M. 1982, 874. Vgl. Karl Schlechta, Der Fall Nietzsche, München 1959, 97.

24 Montinari an Colli am 31. 10. 1967. Archivio Scuola Normale, fondo Montinari, cart. 13. Zu Schlechta Jens Thiel, Monumentalisch – antiquarisch – kritisch? Archiv und Edition als Institutionen der Distanzierung: Der Fall des Nietzsche-Herausgebers Karl Schlechta, in: «Einige werden posthum geboren»: Friedrich Nietzsches Wirkungen, hg. v. Renate Reschke u. a., Berlin 2012, 475–88.

25 Schlechta, Der Fall Nietzsche, 12. Ders., Nachbericht, 1383, 1403. Horneffer zit. nach ebd., 1399.

26 Schlechta, Nachbericht, 1393, 1398, 1403. Ders., Der Fall Nietzsche, 41.

27 Walter Jens, Zarter Zeichner des großen Mittags, in: Texte und Zeichen, 3 (1957), 309. N. N., «Also sprach Lisbeth Förster», in: Der Spiegel, 29. 1. 1958. *Time Magazine* zit. nach Reichert, The Present Status of Nietzsche, 118. Karl Löwith, Rezension von Karl Schlechta, Der Fall Nietzsche, in: Ders., Nietzsche, 521. Ders., Rezension von Friedrich Nietzsche, Werke in drei Bänden, in: Ebd., 513.

28 Alle Zitate aus Pannwitz, Nietzsche-Philologie. Zu Pannwitz' «postmodernem Menschen» vgl. Marc-Oliver Schuster, Rudolf Pannwitz' kulturphilosophische Verwendung des Begriffs «postmodern», in: Archiv für Begriffsgeschichte, 47 (2005), 191–213. Zu hermeneutischer und philologischer Billigkeit Erika Thomalla, Anwälte des Autors. Zur Geschichte der Herausgeberschaft im 18. und 19. Jahrhundert, Göttingen 2020, 327 ff.

29 Walter Kaufmann, German Thought Today, in: The Kenyon Review, 19 (1957), 21 f. Heidegger, Nietzsche, Bd. 1, 17. Zu Kaufmanns Einschätzung von Nietzsches Nachlass s. N. N., A book for thinking, in: The Times Literary Supplement, 15. 5. 1969.

30 Justus W. Hedemann an das Nietzsche-Archiv am 2. 3. 1945. Goethe- und Schiller-Archiv, Nietzsche-Archiv (72), 1801. Hier auch die Zusage der Reemtsma Cigarettenfabriken GmbH. Karl Schlechta an Max Oehler am 6. 3. 1945. Ebd. Zu Schlechtas Kriegserfahrung Thiel, Monumentalisch – antiquarisch – kritisch, 483. Steinway & Sons, Hamburg, an das Nietzsche-Archiv am 25. 10. 1945. Goethe- und Schiller-Archiv, Nietzsche-Archiv (72), 1801.

31 Schlechta, Nachbericht, 1405, 1431 f. Korrigierend Erich Podach, Friedrich Nietzsches Werke des Zusammenbruchs, Heidelberg 1961, 393 ff. Die historischen Tatsachen bei Manfred Riedel, Nietzsche in Weimar. Ein deutsches Drama, Leipzig 1997, 153 ff.; Wolfgang Stephan, Der Zugriff der sowjetischen Militäradministration auf Nietzsches Nachlass 1946 und seine Retter, in:

Nietzsche-Studien, 27 (1998), 527–34. Zum Vorgehen der sowjetischen Trophäenkommissionen Renatus Deckert, Eisenregale, vom Feuer verformt, in:
SZ, 11.2.2020.

32 Pannwitz, Nietzsche-Philologie, 1084, vgl. 1074. Reichert zit. nach Podach,
Nietzsches Werke des Zusammenbruchs, 396, der hier freilich seine eigene
Lesart unterlegt.

33 Colli an Luciano Foà am 3.7.1958. Archivio Giorgio Colli.

34 Die «unentzifferten Manuskripte» bei Pannwitz, Nietzsche-Philologie, 1075.
Colli, Distanz und Pathos, 125 f. KSA 5, 234. Zum esoterischen Nietzsche vgl.
a. Colli, Nach Nietzsche, 74; Pannwitz, Nietzsche-Philologie, 1079. Roos' Parallelaktion: Richard Roos, Les derniers écrits de Nietzsche et leur publication,
in: Revue philosophique de la France et de l'Étranger, 146 (1956), 262–87.

35 Colli an Luciano Foà am 3.7.1958. Archivio Giorgio Colli. Zum Standortvorteil
der Italiener Werner Brede, Rezension der Kritischen Studienausgabe für den
SFB, 1980, Typoskript. Goethe- und Schiller-Archiv, Nachlass Mazzino Montinari (177), Kasten 30.4. Der Montinari-Nachlass in Weimar ist noch nicht ar-
chivalisch erschlossen, daher handelt es sich um vorläufige Signaturen.

36 KSA 8, 44, vgl. 68. Die «Freimaurerei» bei Michel Foucault, In Verteidigung
der Gesellschaft. Vorlesungen am Collège de France (1975–76), Frankfurt a. M.
1999, 17. Colli, Diario 1944–1945, Eintrag vom 27.8.1944. Archivio Giorgio
Colli. Explizite Anklänge an die Renaissance-Philologie in Colli, Apollineo e
dionisiaco, 31 ff. Zu Gramsci Buttigieg, Introduction, 58 ff. Zu Sofri Gustav
Seibt, Freigängerbriefe, in: Sofri, Nahaufnahmen, 8 f. Für den Hinweis auf
Pasolini danke ich Margaret Scarborough. Generell Cerquiglini, In Praise of
the Variant, 87 f.

37 Colli an Luciano Foà am 3.7.1958. Archivio Giorgio Colli.

38 Montinari an «Laura» am 9.2.1960. Archivio Scuola Normale, fondo Montinari, cart. 5. Vgl. Campioni, Mazzino Montinari, XXXVII.

39 Vgl. Cases, Großherzog, 21 und ders. an Montinari am 27.3.1978. Goethe-
und Schiller-Archiv, Nachlass Montinari (177), Kasten 33.1. Vgl. Banfi, Corraggio del pensiero, 257.

4. Über die Mauer und in die Wüste
Weimar 1961

1 Montinari an Colli am 8.4.1961, zit. nach Campioni, Leggere Nietzsche,
255 f.

2 Zu den Vorbereitungen vgl. Cesare Cases an Montinari am 2.12.1960. Archi-

vio Scuola Normale, fondo Montinari, cart. 5. Die Genehmigung erteilt am 31. 1. 61 die Akademie der Künste. Ebd., cart. 3.

3 Walter Benjamin, Das Kunstwerk im Zeitalter seiner technischen Reproduzierbarkeit, Frankfurt a. M. 1963, 12, 16.

4 Vgl. Almuth Grésillon, Literarische Handschriften. Einführung in die «critique génétique», Bern 1999, 222.

5 Hellingrath zit. nach Ute Oelmann, Norbert von Hellingrath, in: Hölderlin-Handbuch. Leben – Werk – Wirkung, hg. v. Johann Kreuzer, Stuttgart 2011, 424. Vgl. Birgit Wägenbaur, Norbert von Hellingrath und Karl Wolfskehl. Eine biographische Skizze, in: Norbert von Hellingrath und die Ästhetik der europäischen Moderne, hg. v. J. Brokoff u. a., Göttingen 2013, 161–89. Zur Nachlassfaszination der Jahrhundertwende vgl. Willer, Erbfälle, 173 f. Generell Kai Sina und Carlos Spoerhase, Nachlassbewusstsein. Zur literaturwissenschaftlichen Erforschung seiner Entstehung und Entwicklung, in: Zeitschrift für Germanistik, Neue Folge, 23 (2013), 607–23.

6 Gerhard Neumann, Selbstversuch, Freiburg i. Br. 2018, 33. KSA 8, 31.

7 Zum Bestand s. Karl-Heinz Hahn, Das Nietzsche-Archiv, in: Nietzsche-Studien, 18 (1989), 2 ff. Die 111 russischen Kisten bei Riedel, Nietzsche in Weimar, 157.

8 Schlechta, Nachbericht, 1399. Montinari an Colli am 8. 4. 1961, zit. nach Campioni, Leggere Nietzsche, 255 f.

9 Banfi, Corraggio del pensiero, 259. Die Erwähnung der «Nietzsche Boys» etwa bei Stella Cervasio, Il fascino di Nietzsche. Gli scritti di un filosofo che diventò profeta, in: La Repubblica, 8. 7. 2009.

10 Montinari an Colli am 12. 8. 1962, zit. nach Campioni, Leggere Nietzsche, 267. Vgl. Colli an Anna Maria Musso-Colli am 16. 8. 1962. Archivio Mondadori, fondo Colli, b. 04, fasc. 024.

11 Montinari an Colli am 3. 8., 8. 4. und 21. 8. 1961, zit. nach Campioni, Leggere Nietzsche, 258, 255, 262. Wolfgang Harich, Nietzsche und seine Brüder. Eine Streitschrift in sieben Dialogen, in: Ders., Friedrich Nietzsche. Der Wegbereiter des Faschismus, Baden-Baden 2019, 208.

12 Montinari an Colli am 21. 8. 1961, zit. nach Campioni, Leggere Nietzsche, 261. Vgl. Helmut Holtzhauer, Weimarer Tagesnotizen 1958–1973, Hamburg 2017. Zur Charakteristik des Milieus vgl. Uwe Tellkamp, Der Turm. Geschichte aus einem versunkenen Land, Frankfurt a. M. 2008.

13 Colli an Anna Maria Musso-Colli am 14. 9. 1962. Archivio Mondadori, fondo Colli, b. 04, fasc. 024. Holtzhauer «ist der beste von allen», schreibt Montinari an Delio Cantimori am 9. 7. 1966. Archivio Scuola Normale, fondo Cantimori, serie carteggio, fasc. Mazzino Montinari. Zu seinem engen Verhältnis

zu Holtzhauer auch «Bericht des GI ‹Gießhübler› (Tonbandaufnahme) v. 19. 1. 1966». Stasi-Unterlagen-Archiv, BArch, MfS Erfurt, 542/78, A, 51. Für Holtzhauers Unterstützung und für seine eigenen Italien-Pläne vgl. z. B. Helmut Holtzhauer an Montinari am 9. 1. 1962. Archivio Scuola Normale, fondo Montinari, cart. 9.

14 Amos Elon, In einem heimgesuchten Land. Reise eines israelischen Journalisten in beide deutsche Staaten, München 1966, 148 f., 196.

15 Montinari an Colli am 3. 8. 1961, zit. nach Campioni, Leggere Nietzsche, 258. KSA 6, 283.

16 Montinari an Colli am 14. 3. 1964 und 21. 8. 1961, zit. nach Campioni, Leggere Nietzsche, 296, 264. Vgl. Colli an Anna Maria Musso-Colli am 14. 9. 1962. Archivio Mondadori, fondo Colli, b. 04, fasc. 024. «Mündlicher Bericht des GI ‹Giesshübler› vom 19. 1. 1970». Stasi-Unterlagen-Archiv, BArch, MfS Erfurt, 542/78, A, 95.

17 KSA 3, 568, 17. Montinaris Zeitungslektüre in einem Brief an Delio Cantimori vom 9. 7. 1966. Archivio Scuola Normale, fondo Cantimori, serie carteggio, fasc. Mazzino Montinari. Gespräche mit Montinari vermerkt Holtzhauer in seinen Tagesnotizen (passim). Über Montinaris Gegenwartsferne auch Matthias Steinbach, «Der Donnerer hinter der Mauer». Nietzsche-Lesarten und -Orte in der DDR, in: «Ins Nichts mit ihm!» Ins Nichts mit ihm? Zur Rezeption Friedrich Nietzsches in der DDR, Helle Panke, Philosophische Gespräche, 43 (2016), 15.

18 Colli an Anna Maria Musso-Colli am 13., 14. und 18. 9. 1962 (Archivio Mondadori, fondo Colli, b. 04, fasc. 024), am 19. 9. 1963 (ebd., b. 04, fasc. 025), 24. 8. 1964 (ebd., b. 04, fasc. 026) und 6. 9. 1966 (ebd., b. 04, fasc. 028). Ders., Raggione errabonda, 195.

19 Ders. an Anna Maria Musso-Colli am 16. 4. und 23. 9. 1963. Archivio Mondadori, fondo Colli, b. 04, fasc. 025. Elon, In einem heimgesuchten Land, 209.

20 Montinaris Unklarheit in seinem Brief an Colli vom 8. 4. 1961, zit. nach Campioni, Leggere Nietzsche, 255 f. Zur Kritik an Schlechta vgl. Mazzino Montinari, Vorwort, in: KSA 14, 13.

21 Delio Cantimori an Montinari am 26. 8. 1961, zit. nach Giuliano Campioni, «Der Karren unserer Arbeit …». Sechzehn Briefe von Mazzino Montinari an Delio Cantimori, in: Nietzsche-Studien, 36 (2007), 61. Spuren von Montinaris Auseinandersetzung mit der Editionsphilologie sind über seinen gesamten Nachlass verstreut.

22 KSA 8, 14. Karl Lachmann, Ausgaben classischer Werke darf jeder nachdrucken. Eine Warnung für Herausgeber, Berlin 1841, 14. Zur Lachmannschen Philologie s. Sebastiano Timpanaro, Die Entstehung der Lachmann-

schen Methode, Hamburg 1971; Wegmann, Was heißt einen «klassischen» Text lesen?, 399–419; Hans-Gert Roloff, Karl Lachmann, seine Methode und die Folgen, in: Geschichte der Editionsverfahren vom Altertum bis zur Gegenwart im Überblick, hg. v. dems., Berlin 2003, 63–81.

23 Montinari, Vorwort, 11. Das Fazit in ders., Nietzsches Nachlaß von 1885 bis 1888 oder Textkritik und Wille zur Macht, in: Ders., Nietzsche lesen, 118.

24 Ders. an Colli am 21. 8. 1961, zit. nach Campioni, Leggere Nietzsche, 263 f.

25 Zu den beiden unterschiedlichen Auffassungen vgl. Montinari, Nietzsches Nachlaß von 1885 bis 1888, 92. Karl Lachmann, Kleinere Schriften zur deutschen Philologie, Berlin 1876, 566. Wilhelm Dilthey, Archive für Literatur, in: Ders., Zur Geistesgeschichte des 19. Jahrhunderts, Göttingen 1991, 6. Kaufmann zit. nach N. N., A book for thinking, 501. Zur komplementären Auffassung von moderner Literatur als «Handwerk» vgl. Roland Barthes, Am Nullpunkt der Literatur, Frankfurt a. M. 2006, 52 f.

26 Beißner zit. nach Grésillon, Literarische Handschriften, 226.

27 Montinari, L'onorevole arte, 338. Auch mit der *critica delle varianti* des italienischen Philologen Gianfranco Contini setzt Montinari sich auseinander – s. entsprechende Exzerpte in Archivio Scuola Normale, fondo Montinari, cart. 39.

28 Montinari an Helmut Holtzhauer am 10. 10. 1962. Archivio Mondadori, fondo Colli, b. 34, fasc. 185.003. Ders., Manuskriptblatt, o. D., o. T. Archivio Scuola Normale, fondo Montinari, cart. 8. Vgl. a. ders. an Colli am 3. 8. 1969: «Nietzsches extreme Klarheit über das, was er bis zuletzt sagen wollte, sogar bis in typografische Details hinein, hat etwas Verstörendes.» (Archivio Scuola Normale, fondo Montinari, cart. 13)

29 Ders. an Colli am 17. 8. und 14. 10. 1963, 21. 8. 1961, 22. 8. 1963, zit. nach Campioni, Leggere Nietzsche, 279, 285, 264, 281. Ders. an Colli am 17. 11. 1967. Archivio Scuola Normale, fondo Montinari, cart. 13. Ders. an Colli am 7. 10. 1963. Archivio Mondadori, fondo Colli, b. 34, fasc. 185.003.

30 Vgl. Cesare Cases, Gli incontri romani con Mazzino e Codino, in: Impegno, hg. v. Mirri, 68. Zur historischen Gelehrsamkeit des 19. Jahrhunderts als «religion of the text» Cerquiglini, In Praise of the Variant, 1.

31 Montinari an Colli am 14. 10. 1963, zit. nach Campioni, Leggere Nietzsche, 285. Vgl. ders. an Colli am 11. 11. 1963, zit. nach ebd., 291 f. Der «zimperliche Ästhet» in einer privaten Aufzeichnung vom 29. 5. 1967, zit. nach Campioni, Mazzino Montinari, LIII. Zur Dramaturgie pietistischer Bekenntnisliteratur vgl. Michael Multhammer, Benjamin von Stuckrad-Barres Bekenntnisse, in: Merkur, Nr. 811 (2016), 67–71.

32 Gött zit. nach Andreas Urs Sommer, Nietzsche und die Folgen, Stuttgart

2017, 113. Mann, Nietzsche's Philosophie, 871. Jean-François Lyotard, Bemerkungen über die Wiederkehr und das Kapital, in: Ders., Intensitäten, Berlin
1978, 15–34. Montinari zit. nach Campioni, Der Karren unserer Arbeit, 70.

33 Ders. an Colli am 26. 8., 16. 10. und 23. 10. 1962, zit. nach Campioni, Leggere
Nietzsche, 269, 272, 274. Die Existenz von Thermoskannen in der DDR ist
übrigens ein Indiz dafür, dass der Lebensstandard während der 1960er Jahre
auch hier deutlich nach oben ging. Vgl. Ulrich Herbert, Geschichte Deutschlands im 20. Jahrhundert, München 2014, 821 f. Montinari an Colli am
15. 11., 22. 8. und 11. 11. 1963, zit. nach Campioni, Leggere Nietzsche, 281,
292 f.

34 Zit. nach Campioni, Mazzino Montinari, XXIV. Montinari an Colli am 9. 5.
1962. Archivio Mondadori, fondo Colli, b. 34, fasc. 185.003. Ders. an Colli am
22. 8. 1963, zit. nach Campioni, Leggere Nietzsche, 281. Zum «Richtigkeits-
pathos» der Philologie vgl. Ritter, Notizhefte, 75. Zum «trust in the factual
nature of texts» als «one of the moral principles of our modernity» Cerquiglini, In Praise of the Variant, 1 f.

35 KSA 5, 399, 15. Zu Mussolini Rosarita Russo, Die Anfänge der Nietzsche-
Rezeption in Italien, in: Widersprüche, 241 f.

36 KSA 3, 264. KSA 5, 409 f. KSA 6, 264. Zur «Selbstaufhebung des Wahrheitswillens» vgl. Karl Jaspers, Nietzsche. Einführung in das Verständnis seines
Philosophierens, Berlin 1981, 211 ff.

37 Montinari an Colli am 9. 5. 1962. Archivio Mondadori, fondo Colli, b. 34,
fasc. 185.003. Zu Podach s. http://www.germananthropology.com/short-por-
trait/erich-podach/256. Eine Kritik an Podachs psychologisierender Nietzsche-Deutung bei Eckhard Heftrich, Die Grenzen der psychologischen Nietzsche-Erklärung, in: Revue Internationale de Philosophie, 18 (1964), 74–90.

38 Montinari an Colli am 26. 4. 1962. Archivio Mondadori, fondo Colli, b. 34,
fasc. 185.003.

39 Erich Podach an Colli am 22. 4. 1962. Archivio Mondadori, fondo Colli, b. 34,
fasc. 185.002. Montinari an Colli am 17. 8. 1963, zit. nach Campioni, Leggere
Nietzsche, 280. Ders. an Colli am 26. 4. 1962. Archivio Mondadori, fondo
Colli, b. 34, fasc. 185.003. Zu Podachs Buch Heftrich, Grenzen, 79.

40 Zur Gründung von Adelphi Banfi, Coraggio del pensiero, 261. Er sei wie «be-
täubt» und außerstande, die neue Lage zu realisieren, schreibt Colli, als im
August 1962 schließlich die definitive Zusage von Gallimard eintrifft, wodurch
die Finanzierung ihrer Edition zum ersten Mal gesichert ist. Colli an Montinari
am 20. 8. 1962. Archivio Mondadori, fondo Colli, b. 34, fasc. 185.002.

41 Erich Podach an Montinari am 29. 8. 1962. Archivio Scuola Normale, fondo
Montinari, cart. 6. Montinari an Colli am 26. 4. 1962. Archivio Mondadori,

fondo Colli, b. 34, fasc. 185.003. Montinari an Erich Podach am 27. 10. 1963. Archivio Mondadori, fondo Colli, b. 35, fasc. 190. Für Montinaris «wörtliche» Lektüre s. a. Wolfram Groddeck, Nietzsche lesen, in: Nietzscheforschung, 25 (2018), 31–39.

42 Campano zit. nach Anthony Grafton, Humanist Philologies: Texts, Antiquities, and Their Scholarly Transformations in the Early Modern West, in: World Philology, hg. v. Sheldon Pollock u. a., Cambridge, Mass. 2015, 164, vgl. 168. Zur langen Tradition kollationierender Textkritik s. a. Timpanaro, Lachmann, 2 f.

43 KSA 8, 68, 44. Zu Valla Grafton, Humanist Philologies, 171. Zu Du Tillet Jacob Soll, Empirical History and the Transformation of Political Criticism in France from Bodin to Bayle, in: Journal of the History of Ideas, 64 (2003), 298 ff. Zum Verhältnis von philologischer und historischer Kritik s. Hans Gerhard Senger, Die historisch-kritische Edition historisch-kritisch betrachtet, in: Buchstabe und Geist, 1–20.

44 KSA 3, 491. Zur Rolle des Protestantismus vgl. Grafton, Humanist Philologies, 161; Timpanaro, Lachmann, 13 f. Zur Bibelphilologie Koselleck, Kritik und Krise, 87 f.; Anthony Grafton, Prolegomena to Friedrich August Wolf, in: Journal of the Warburg and Courtauld Institutes, 44 (1981), 120. Über protestantische Schriftfixierung als «Falle» Eckhard Nordhofen, Die Tragik des Protestantismus, in: Merkur, Nr. 834 (2019), 71–79.

45 Ernst Cassirer, Die Philosophie der Aufklärung, Tübingen 1973, 277, 274. S. a. Anthony Grafton, The Footnote from De Thou to Ranke, in: History and Theory, 33 (1994), 53–76.

46 Pierre Bayle, Project for a Critical Dictionary, in: Ders., Political Writings, Cambridge 2000, 10 ff., 14.

47 KSA 12, 315, 140. KSA 6, 233. Vgl. Colli, Nach Nietzsche, 209: «Nietzsche hat alles gesagt und das Gegenteil von allem.»

48 KSA 2, 25, 223. Vgl. KSA 3, 614 ff. über den Gegensatz von akademischer und literarischer Intelligenz. Hendrik Birus, «Wir Philologen» … Überlegungen zu Nietzsches Begriff der Interpretation, in: Revue Internationale de Philosophie, 38 (1984), 373–95. Zur Übertragung der philologischen Methode in die Philosophie auch Benne, Nietzsche und die historisch-kritische Philologie, insb. 101.

49 Montinari an Colli am 22. 8. 1963, zit. nach Campioni, Leggere Nietzsche, 281. KSA 2, 25, 317. Vgl. Wolfgang Müller-Lauter, Ständige Herausforderung. Über Mazzino Montinaris Verhältnis zu Nietzsche, in: Nietzsche-Studien, 18 (1989), 37.

50 Montinari, Nel partito non mi piace fare l'intellettuale.

51   Zit. nach Luisa Mangoni, Europa sotteranea, in: Delio Cantimori, Politica e storia contemporanea, XLI. Anklänge an die historisch-kritische Virtuosität vieler protestantischer Häretiker in Cantimori, Häretiker der Spätrenaissance, passim. Zu seiner Vorliebe für Bayle s. Cesa, Il clima culturale, 38.

52   Zit. nach Mangoni, Europa sotteranea, XLI f. Zu Cantimoris Alkoholkonsum vgl. Adriano Prosperi, «Io ci provo, ma quello degli storici sta diventando un mestiere inutile», in: La Repubblica, 29. 6. 2015.

53   Zu Cantimoris Diagnosen vgl. Ciliberto, Intellettuali e fascismo, 20. Für die Biblioteca Nazionale als Cantimoris Zufluchtsort vgl. Cesare Cases an Delio Cantimori am 16. 1. 1957. Archivio Scuola Normale, fondo Cantimori, serie carteggio, fasc. «In der Bibliothek geht der übliche Trott weiter, und wir sind alle etwas müde», schreibt Cantimori am 26. 8. 1962 an Montinari (Archivio Scuola Normale, fondo Montinari, cart. 5). Zum Posthistoire vgl. Lutz Niethammer, Posthistoire. Ist die Geschichte zu Ende?, Reinbek 1989.

54   Delio Cantimori an Montinari am 25. und 14./15. 9. 1963. Archivio Scuola Normale, fondo Montinari, cart. 5. Cantimoris Identifikation als Handwerker zit. nach Mangoni, Europa sotteranea, XLII.

55   Montinari an Colli am 29. 9. 1967, zit. nach Campioni, Leggere Nietzsche, 436. Ders., Nel partito non mi piace fare l'intellettuale.

56   Gilles Deleuze an Montinari am 8. 11. 1963. Archivio Scuola Normale, fondo Montinari, cart. 8.

5. *Warten auf Foucault*
Cerisy-la-Salle 1972

1   KSA 6, 301. Zur prästabilierten Harmonie zwischen Nietzsche und seinen französischen Lesern vgl. Mazzino Montinari, Nietzsche in Cosmopolis. Französisch-deutsche Wechselbeziehungen in der Décadence, in: FAZ, 19. 7. 1986; ders., Aufgaben der Nietzsche-Forschung heute: Nietzsches Auseinandersetzung mit der französischen Literatur des 19. Jahrhunderts, in: Nietzsche heute. Die Rezeption seines Werks nach 1968, hg. v. Sigrid Bauschinger u. a., Bern 1988, 137–48. Auch Werner Hamacher, Echolos, in: Nietzsche aus Frankreich, hg. v. dems., Hamburg 2007, 7 ff.

2   Vgl. Le Rider, Nietzsche en France, 153 ff. Zu Deleuze François Dosse, Gilles Deleuze – Félix Guattari. Biographien, Wien 2017, 154.

3   Colli an Montinari am 20. 5. 1964. Archivio Mondadori, fondo Colli, b. 34, fasc. 185.002. Karl Löwith, Rezension von Erich Podach, Nietzsches Werke des Zusammenbruchs und Ein Blick in die Notizbücher Nietzsches, in: Ders.,

Nietzsche, 534. Colli an Montinari am 1. 5. 1964. Archivio Mondadori, fondo Colli, b. 34, fasc. 185.002. Collis Annahme einer konzertierten Aktion in Montinari an Colli am 10. 5. 1964. Ebd., b. 34, fasc. 185.004. Zu Boehms Editionsplänen s. Montinari an Colli am 26. 4. 1964, zit. nach Campioni, Leggere Nietzsche, 309 f.; Rudolf Boehm, Le problème du «Wille zur Macht», œuvre posthume de Nietzsche. À propos d'une nouvelle édition, in: Revue Philosophique de Louvain, Troisième série, 61 (1963), 402–34. Zur Royaumont-Reise generell Giuliano Campioni, «Die Kunst, gut zu lesen». Mazzino Montinari und das Handwerk des Philologen, in: Nietzsche-Studien, 18 (1989), XLII ff.

4   Montinari an Colli am 10. 5. 1964. Archivio Mondadori, fondo Colli, b. 34, fasc. 185.004. Colli an Montinari am 20. 5. 1964. Ebd., b. 34, fasc. 185.002.

5   Colli und Montinari, État des textes de Nietzsche, 127, 136. Nietzsches Empfehlung in KSA 6, 233.

6   Mann, Nietzsche's Philosophie, 871. Kaufmann, Nietzsche, 84. Die «Selbstüberwindung», die «Sublimierung» von Trieben steht, Kaufmann zufolge, im Zentrum von Nietzsches praktischer Philosophie. Auch seine eigene Nietzsche-Interpretation lässt sich als sublimierend bezeichnen. Zur metaphysisch-metaphorischen Verschiebung vgl. Kurt Flasch, Und er war doch ein Zerstörer der Vernunft, in: FAZ, 21. 2. 2003.

7   Gilles Deleuze, Nietzsche. Ein Lesebuch, Berlin 1979, 43. Vgl. ders., Schlußfolgerungen über den Willen zur Macht, 180 f. Pierre Klossowski, Oubli et anamnèse dans l'expèrience vècue de l'èternel retour du Même, in: Nietzsche. Cahiers de Royaumont, 227–44. Foucault, Nietzsche, Freud, Marx, 734.

8   Deleuze, Schlußfolgerungen über den Willen zur Macht, 181. Colli an Montinari am 17. 3. 1968. Archivio Scuola Normale, fondo Montinari, cart. 13. Ders. an Montinari am 1. 12. 1965. Archivio Mondadori, fondo Colli, b. 34, fasc. 186.001. Montinari an Colli am 3. 3. 1967, zit. nach Campioni, Leggere Nietzsche, 403.

9   Deleuze, Nomaden-Denken, 372. Vgl. Henning Ritter, Stille Penelopearbeit. Nietzsche ist ein anderer geworden, in: FAZ, 21. 4. 1993.

10 Die Nachfrage zit. nach Foucault, Nietzsche, Freud, Marx, 743. Vgl. Wilhelm Dilthey, Das Wesen der Philosophie, Hamburg 1984. Zur Hermeneutik Hans Ulrich Gumbrecht, Das Nicht-Hermeneutische. Skizze einer Genealogie, in: Ders., Präsenz, Frankfurt a. M. 2009, 190–209; Nibras Chehayed, Nietzsche and Gadamer on Truth and Interpretation, in: The New Centennial Review, 19 (2019), 251–72. Zu Jacob Taubes' Erwartungen an die Hermeneutik s. ders., Einleitende Worte zum Hermeneutischen Colloquium mit Herrn Professor Hans Georg Gadamer am 28. 11. 1966, Typoskript. Zentrum für Literatur- und Kulturforschung Berlin, Nachlass Jacob Taubes.

11 Wahl zit. nach Foucault, Nietzsche, Freud, Marx, 739. Herbert Schnädelbach, Morbus hermeneuticus. Thesen über eine philosophische Krankheit, in: Ders., Vernunft und Geschichte. Vorträge und Abhandlungen, Frankfurt a. M. 1987, 279–84. Die «Systeme der Diskursvervielfachung» bei Friedrich Kittler, Ein Verwaiser, in: Anschlüsse. Versuche nach Michel Foucault, hg. v. Gesa Dane u. a., Tübingen 1985, 142. Vgl. Michel Foucault, Die Ordnung der Dinge. Eine Archäologie der Humanwissenschaften, Frankfurt a. M. 1995, 363 f.; Hendrik Birus, Wir Philologen, 374 ff. Jacob Taubes an Jürgen Habermas am 17. 2. 1967. Zentrum für Literatur- und Kulturforschung Berlin, Nachlass Jacob Taubes. Susan Sontag, Gegen Interpretation, in: Dies., Kunst und Antikunst. 24 literarische Analysen, München 1980, 16.

12 Colli, Distanz und Pathos, 12. Sontag, Interpretation, 11 f., 13. Auch in Sontags Bild von der «Massenvergewaltigung» kann man übrigens ein Echo ihrer Nietzsche-Lektüre erkennen. In einer *seiner* Tiraden gegen die Zügellosigkeit der Interpreten schreibt Nietzsche in *Menschliches, Allzumenschliches*: «Die schlechtesten Leser sind die, welche wie plündernde Soldaten verfahren: sie nehmen sich Einiges, was sie brauchen können, heraus, beschmutzen und verwirren das Uebrige und lästern auf das Ganze.» (KSA 2, 436)

13 So Colli rückblickend an Claude Gallimard am 19. 8. 1975. Archivio Mondadori, fondo Colli, b. 29, fasc. 069.

14 Montinari an Colli am 14. 3. 1964, zit. nach Campioni, Leggere Nietzsche, 296. Colli an Anna Maria Musso-Colli am 14. 9. 1962 und 1. 9. 1964. Archivio Mondadori, fondo Colli, b. 04, fasc. 024 und 026.

15 Ders. an Anna Maria Musso-Colli am 9. 9. 1964. Ebd., b. 04, fasc. 026. Montinari an Colli am 27. 9. und 26. 10. 1964. Ebd., b. 34, fasc. 185.004. Colli an Montinari am 27. 10. und 7. 11. 1964. Ebd., b. 34, fasc. 185.002.

16 Montinari an Colli am 26. 10. und 23. 12. 1964 und 11. 5. 1965. Archivio Mondadori, fondo Colli, b. 34, fasc. 185.004 und 186.002. Colli an Montinari am 17. 5. 1965. Ebd., b. 34, fasc. 186.001; Vgl. ders. an Montinari am 18. 5. 1965. Ebd.

17 Montinari an Colli am 23. 10. 1962. Ebd., b. 34, fasc. 185.003. Ders. an Colli am 13. 4. 1964, zit. nach Campioni, Leggere Nietzsche, 304. Walter Boehlich an Karl Löwith am 19. 1. 1965. Archivio Mondadori, fondo Colli, b. 31, fasc. 104. Siegfried Unseld an Luciano Foà am 20. 1. 1965. Ebd., b. 30, fasc. 086. Zur Atmosphäre der Verhandlungen vgl. ders. an Colli am 27. 8. 1964. Ebd. Colli an Karl Löwith am 6. 2. 1965. Ebd., b. 31, fasc. 104.

18 Montinari an Colli am 28. 1. 1965. Ebd., b. 34, fasc. 186.002. Löwith zit. nach Montinari an Colli am 14. 10. 1965, zit. nach Campioni, Leggere Nietzsche,

376. Vgl. ders. an Colli am 5. 1. und 14. 1. 1966. Archivio Mondadori, fondo Colli, b. 34, fasc. 186.003.

19 Ders. an Colli am 13. 6. 1965. Ebd., b. 34, fasc. 186.002. Ders. an Colli am 2. 8. 1965, zit. nach Campioni, Leggere Nietzsche, 373. Zu den Verhandlungen vgl. Montinari an Colli am 11. 5. und 13. 6. 1965. Archivio Mondadori, fondo Colli, b. 34, fasc. 186.002. Auch Cases, Großherzog, 24.

20 Vgl. ebd., 23 f.; Karl-Heinz Hahn, Nachruf auf Professor Dr. Mazzino Montinari, in: Goethe-Jahrbuch, 104 (1987), 389.

21 Montinari an «Dino» am 28. 11. 1969. Archivio Scuola Normale, fondo Montinari, cart. 36. Vgl. ders. an Colli am 15. 1. 1968. Ebd., cart. 13. Wolfgang Harich, Rezension von Georg Lukács, Die Zerstörung der Vernunft, in: Deutsche Zeitschrift für Philosophie, 3 (1955), 135. Zur Rezeptionsgeschichte in der DDR vgl. Riedel, Nietzsche in Weimar, 208 ff. S. a. Jürgen Staszak, Beobachtungen an der Wirkungsweise des Lukácsschen Literaturkonzepts, in: Weimarer Beiträge, 31 (1985), 573–79.

22 Vgl. Matthias Steinbach, «Also sprach Sarah Tustra». Nietzsches sozialistische Irrfahrten, Halle 2020, 227 f.

23 Vgl. ders., Der Donnerer hinter der Mauer.

24 «Bericht des GI ‹Gießhübler› (Tonbandaufnahme) v. 19. 1. 1966». Stasi-Unterlagen-Archiv, BArch, MfS Erfurt, 542/78, A.

25 Ebd., 50. Vgl. Steinbach, Also sprach Sarah Tustra, 162.

26 «Vorschlag zur Anwerbung», 16. 12. 1963. Stasi-Unterlagen-Archiv, BArch, MfS Erfurt, 542/78, A, 4, 6. Vgl. «Bericht» von GI «Schaller», 12. 3. 1963. Ebd., BArch, MfS Erfurt, 542/78, I, 22; «Bericht über durchgeführte Werbung», 10. 4. 1964. Ebd., 58–60.

27 «Treffbericht», 12. 11. 1970. Ebd., BArch, MfS Erfurt, 542/78, II, 10.

28 Montinari an Delio Cantimori am 9. 7. 1966. Archivio Scuola Normale, fondo Cantimori, serie carteggio, fasc. Mazzino Montinari. Zum Ungenügen an den älteren Apparaten vgl. Mazzino Montinari, Glanz und Elend der philologischen Arbeit, in: Deutsche Akademie für Sprache und Dichtung. Jahrbuch 1985, Heidelberg 1986, 57.

29 KSA 6, 326. KSA 3, 614. Montinari an Colli am 25. 6. 1966, zit. nach Campioni, Die Kunst, gut zu lesen, XLII. Wagner zit. nach Mazzino Montinari, Nietzsche und Wagner vor hundert Jahren, in: Ders., Nietzsche lesen, 45, vgl. 52. Zu Montinaris Quellenforschung vgl. Campioni, Die Kunst, gut zu lesen, XLII–XLIX.

30 Zit. nach ebd., XLVII. Montinari an Colli am 14. 12. 1964. Archivio Mondadori, fondo Colli, B. 34, fasc. 185.004. Ders. an Colli am 10. 9. 1967, zit. nach

Campioni, Leggere Nietzsche, 434. Ders. an Delio Cantimori am 4. 11. 1963, zit. nach Campioni, Der Karren unserer Arbeit, 75.

31 Zit. nach Campioni, Die Kunst, gut zu lesen, XLIX, XLVII. Montinari, Aufgaben der Nietzsche-Forschung heute, 137 f. Zur Erweiterung des Vorstufen-Begriffes vgl. Henning Ritter, Tanz ohne Ketten.

32 Colli an Montinari am 7. 2. 1968, 16. 11. 1965, 24.9., 5. 10. und 13. 11. 1967. Archivio Scuola Normale, fondo Montinari, cart. 13, 18. Wolfgang Müller-Lauter, Philosophieprofessor an der Kirchlichen Hochschule Berlin, ist als De-Gruyter-Berater eng in die *Kritische Gesamtausgabe* involviert. Erste akademische Pläne erwähnt Montinari schon in einem Brief an Colli vom 23. 9. 1962. Archivio Mondadori, fondo Colli, b. 34, fasc. 185.003.

33 Colli an Montinari am 25. 6. 1967. Archivio Scuola Normale, fondo Montinari, cart. 18. Schon vor Erscheinen: Michel Foucault et Gilles Deleuze veulent rendre à Nietzsche son vrai visage, in: Le Figaro, 15. 9. 1966. Zum Erscheinungstermin dann L'èclat de rire de Nietzsche (Entretien avec Gilles Deleuze), in: Le Nouvel Observateur, 5. 4. 1967; La publication des Œuvres complètes de Nietzsche (Entretien avec Michel Foucault), in: Le Monde, 24. 5. 1967. Im ersten Band: Michel Foucault und Gilles Deleuze, Allgemeine Einführung, in: Michel Foucault, Dits et Écrits, Bd. 1, 723–26.

34 Foucault, Die Ordnung der Dinge, 322, 369, 363. Michel Foucault et Gilles Deleuze veulent rendre à Nietzsche son vrai visage. Gallimards Desinteresse in Colli an Montinari am 1. 12. 1965. Archivio Mondadori, fondo Colli, b. 34, fasc. 186.001.

35 Foucault, La publication des Œuvres complètes de Nietzsche. Jacques Derrida, Grammatologie, Frankfurt a. M. 1974, 35. Vgl. ders., Ellipse, in: Ders., Die Schrift und die Differenz, Frankfurt a. M. 1972, 443. Maurice Blanchot, Nietzsche und die fragmentarische Schrift, in: Nietzsche aus Frankreich, hg. v. Werner Hamacher, 92. Gilles Deleuze, Nietzsche und das Bild des Denkens, in: Ders., Die einsame Insel, 203. Philippe Lacoue-Labarthe, Der Umweg, in: Nietzsche aus Frankreich, hg. v. Hamacher, 129 f. Rüdiger Schmidt, Die verratenen Gedanken. Wie Nietzsche erst gefälscht und dann rekonstruiert wurde, in: SZ, 24./25. 11. 2001. Zur «Philologisierung» Nietzsches in Frankreich vgl. Wegmann, Was heißt einen «klassischen» Text lesen?, 420. Zur Unfähigkeit, Bücher zu beenden, als Symptom des Denkens im 20. Jahrhundert Jacob Taubes, 311.

36 Colli an Montinari am 12. 3. 1967. Archivio Scuola Normale, fondo Montinari, cart. 18. Jean Beaufret, Les inédits de Nietzsche, in: Le Monde, 7. 6. 1967. Giorgio Colli u. a., Principes des éditeurs, in: Friedrich Nietzsche, Le gai savoir. Fragments posthumes 1881–1882, Paris 1967, 294. Jean-Michel Palmier, La

réédition d'«Humain, trop humain», in: Le Monde, 7. 7. 1969. Zum Lapsus im Nachwort vgl. Colli an Claude Gallimard am 19. 8. 1975. Archivio Mondadori, fondo Colli, b. 29, fasc. 069. Zu Beaufrets Rolle Lutz Hachmeister, Heideggers Testament. Der Philosoph, der Spiegel und die SS, Berlin 2015, 79.

37 Zur schwierigen Zusammenarbeit Colli an Montinari am 11. 1. 1966. Archivio Mondadori, fondo Colli, b. 34, fasc. 186.001. Ders. an Claude Gallimard am 19. 8. 1975. Ebd., b. 29, fasc. 069. Dionys Mascolo an Montinari am 7. 10. 1969. Archivio Scuola Normale, fondo Montinari, cart. 19. Ders. an Colli am 1. 4. 1968. Archivio Mondadori, fondo Colli, b. 29, fasc. 069. S. a. ders. an Colli am 16. 10. 1975. Ebd.

38 Montinari an Helmut Holtzhauer am 10. 10. 1962. Archivio Mondadori, fondo Colli, b. 34, fasc. 185 003.

39 Foucault, Was ist ein Autor?, 240.

40 Ebd., 238, 259 f.

41 Julia Kristeva, Bachtin, das Wort, der Dialog und der Roman, in: Literaturwissenschaft und Linguistik. Ergebnisse und Perspektiven, hg. v. Jens Ihwe, Frankfurt a. M. 1972, 348. Roland Barthes, Der Tod des Autors, in: Ders., Das Rauschen der Sprache. Kritische Essays IV, Frankfurt a. M. 2006, 61, 63.

42 KSA 1, 880. Der «Krickelkrakel» in Nietzsche an Heinrich Köselitz im August 1881, zit. nach Pannwitz, Nietzsche-Philologie, 1082. Die erwähnte Übersetzung ist Friedrich Nietzsche, Rhétorique et language. Textes traduits, présentés et annotés par Philippe Lacoue-Labarthe et Jean-Luc Nancy, in: Poétique, 5 (1971), 99–130. Vgl. Lacoue-Labarthe, Umweg, 128 f., 140; Sarah Kofman, Le/les «concepts» de culture dans les «Intempestives» ou la double dissimulation, in: Nietzsche aujourd'hui? Bd. 2: Passion, hg. v. Centre culturel international de Cerisy-la-Salle, Paris 1973, 146; Ritter, Penelopearbeit.

43 Gerhard Neumann, Werk oder Schrift? Vorüberlegungen zur Edition von Kafkas «Bericht für eine Akademie», in: Edition und Interpretation, hg. v. Louis Hay und Winfried Woesler, Bern 1982, 163. Montinari an Colli am 18. 5. 1967, zit. nach Campioni, Leggere Nietzsche, 420. Montinari an Sigrid Oloff-Montinari am 1. 7. 1971. Archivio Scuola Normale, fondo Montinari, cart. 20. Ders. an Colli am 7. 5. 1967, zit. nach Campioni, Leggere Nietzsche, 417. Ders. an Colli am 28. 10. 1968. Archivio Scuola Normale, fondo Montinari, cart. 13. Für Beispiele seiner Zarathustra-Entzifferungen s. ders., Zum Verhältnis Lektüre – Nachlaß – Werk bei Nietzsche, in: editio, 1 (1987), 245–49. Berichte aus Berlin u. a. in Montinari an Colli am 15. 8. 1967. Archivio Scuola Normale, fondo Montinari, cart. 13 und ders. an Sigrid Oloff-Montinari am 26. 6. 1971. Ebd., cart. 20.

44 KSA 6, 268. Montinari an Colli am 4. 6. und 25. 7. 1969. Archivio Scuola Nor-

male, fondo Montinari, cart. 13. Aus der Rekonstruktion von Nietzsches Bibliothek inkl. Annotationen und Eselsohren wurde später tatsächlich ein langjähriges Forschungsprojekt; vgl. Giuliani Campioni u. a. (Hg.), Nietzsches persönliche Bibliothek, Berlin 2003. Dazu Ulrich Raulff, Das Labyrinth des Lesens und das Eselsohr der Philologie, in: SZ, 4. 10. 2003.

45 Montinari an Colli am 10. 9. 1967, zit. nach Campioni, Leggere Nietzsche, 434. Colli an Montinari am 7. 8. 1969. Archivio Scuola Normale, fondo Montinari, cart. 18. Montinari an Colli am 28. 8. 1969 und 4. 6. 1970. Ebd. Zu Collis Ausstieg vgl. Montinari an Colli am 13. 12. 1967, zit. nach Campioni, Leggere Nietzsche, 446, und Colli an Montinari am 31. 3. 1969. Archivio Scuola Normale, fondo Montinari, cart. 18. S. a. Montinari, Erinnerung an Giorgio Colli, 171.

46 Ders. an Colli am 28. 8. 1969. Archivio Scuola Normale, fondo Montinari, cart. 13. «Mündlicher Bericht des GI ‹Gießhübler› vom 16. 1. 1970». Stasi-Unterlagen-Archiv, BArch, MfS Erfurt, 542/78, A, 95. «Mündlicher Bericht des IMS ‹Gießhübler› vom 11. 11. 1970». Ebd., II, 11. Für die Vorbereitung der Rückkehr s. u. a. die Korrespondenz in Archivio Scuola Normale, fondo Montinari, cart. 36.

47 Colli an Claude Gallimard am 19. 8. 1975. Archivio Mondadori, fondo Colli, b. 29, fasc. 069. Montinari an Colli am 29. 9. 1967, zit. nach Campioni, Leggere Nietzsche, 437.

48 Lyotard, Bemerkungen über die Wiederkehr und das Kapital, 32. Deleuze, Nomaden-Denken, 377, 366, 369, 373, 379. Barthes, Der Tod des Autors, 59 f. Deleuze, Nietzsche und das Bild des Denkens, 198, vgl. 203.

49 Alle Zitate aus Jacques Derrida, Sporen. Die Stile Nietzsches, in: Nietzsche aus Frankreich, hg. v. Werner Hamacher, 183–224. Vgl. (Hervorhebungen von J. D.) Ulrich J. Beil, «Anführungszeichen». Anmerkungen zur Literaturtheorie von Jacques Derrida und Paul de Man, in: Pandaemonium Germanicum, 6 (2002), 17–46.

50 Roos, Règles pour une lecture philologique, 291, 89, 94, 85. Die Einschätzung von Maurice de Gandillac, Le colloque de Cerisy-la-Salle, in: Nietzsche-Studien, 4 (1975), 328.

51 Alle Zitate aus Roos, Règles pour une lecture philologique, 321 ff. Zur Philologie als Disziplinierungs-Wissenschaft vgl. Neumann, Werk oder Schrift?, 166; Cerquiglini, In Praise of the Variant, 50.

52 Foucault, Räderwerke des Überwachens und Strafens, 47. Zum wildernden Leser vgl. Philipp Felsch, Der Leser als Partisan, in: Zeitschrift für Ideengeschichte, 6 (2012), 35–49.

6. Burn After Reading
Berlin 1985

1 Sigrid Oloff-Montinari, «Begründung meines Antrages zur Übersiedlung nach Italien», 27. 1. 1970. Archivio Scuola Normale, fondo Montinari, cart. 36.

2 Vgl. Judt, Postwar, 473. Zum Vergleich der italienischen mit der bundesrepublikanischen Linken vgl. Seibt, Freigängerbriefe, 7.

3 Mazzino Montinari, «Intervento al dibattito sulla Germania», Typoskript, November 1977. Archivio Scuola Normale, fondo Montinari, cart. 39. Zu seiner akademischen Laufbahn in Italien Campioni, Die Kunst, gut zu lesen, XIXff. Zu seinem Politikverständnis Montinari, Nel partito non mi piace fare l'intellettuale. Zum historischen Kompromiss Judt, Postwar, 495 f.

4 Montinari, Delio Cantimori e Nietzsche, 105. Claudio Magris, «Ich bin die Einsamkeit als Mensch». Nietzsche und die neue Linke, in: SZ, 3./4. 1. 1981. Zu Esposti vgl. Alberto Moravia an Montinari, o. D. Archivio Scuola Normale, fondo Montinari, cart. 19. Zur Nietzsche-Rezeption linker und rechter Terroristen Alessandro Orsini, Anatomy of the Red Brigades. The Religious Mind-Set of Modern Terrorists, Ithaca 2011, 268 f. Von der «Nietzscheanisierung der Linken» spricht Alan Bloom, The Closing of the American Mind, New York 1987, 217 ff.

5 KSA 6, 27.

6 Montinari, Delio Cantimori e Nietzsche, 105. In einer privaten Notiz schreibt Montinari 1978: «Der aktuelle Erfolg Nietzsches ist ein alles in allem negativ zu beurteilendes Phänomen. Er fügt sich in eine allgemeine Desorientierung ein, die ein akutes Stadium erreicht hat. Die Desorientierten glauben, daß Nietzsche Antworten für sie habe, aber das ist nicht wahr.» (Zit. nach Campioni, Die Kunst, gut zu lesen, XX.).

7 Colli als «Wiederentdecker» in Colloquio con l'italiano che riscopre Federico, in: Corriere della Sera, 23. 7. 1974. Colli an Montinari am 17. 9. 1968. Archivio Scuola Normale, fondo Montinari, cart. 18. Zu Collis Freude Sofri, Dal morbillo a Nietzsche, 120. Die Dokumentation Marco Colli, Modi di vivere – Giorgio Colli: Una conoscenza per cambiare la vita, Italien 1980. Zur Niederschrift von Nach Nietzsche vgl. Colli, Ragione errabonda, 601.

8 Ebd. Kurz nach dem Nietzsche-Buch entsteht, ähnlich exoterisch: Die Geburt der Philosophie, Frankfurt a. M. 1990. Zu Collis Lebensende Antonio Gnoli, Giorgio Colli, il profeta di Nietzsche, in: La Repubblica, 23. 10. 1991. «Französischer Hochmut: Bataille – Foucault – Klossowski. Verwirrung und Krankheit des Intellekts und des Charakters», notiert Colli 1972 (Ragione errabonda, 503).

9 Seine Verstörung in Anneliese Clauss an Montinari am 8.2.1979. Goethe-
und Schiller-Archiv, Nachlass Montinari (177), Kasten 30.1. Zu den Ansprüchen der Herausgeber s. N. N., Ein neuer Hölderlin? Verlag Roter Stern stellt
den ersten Band seiner Hölderlin-Ausgabe vor, in: Frankfurter Rundschau,
8.8.1975.

10 Alle Zitate aus Michel Leiner, D. E. Sattler, KD Wolff, Vorwort, in: Friedrich
Hölderlin, Sämtliche Werke. Frankfurter Ausgabe. Einleitung, Frankfurt a. M.
1975, 9–19 und D. E. Sattler, Friedrich Hölderlin, «Frankfurter Ausgabe».
Editionsprinzipien und Editionsmodell, in: Hölderlin-Jahrbuch, 19/20 (1975–
77), 112–30. Cerquiglini zit. nach Grésillon, Literarische Handschriften, 222,
vgl. 226. Die Diagnose der Selbstbehauptung nach einer mdl. Auskunft von
Wolfram Groddeck.

11 Rolf Michaelis, Roter Stern über Hölderlin, in: Die Zeit, 8.8.1975. Sattler,
Editionsprinzipien und Editionsmodell, 112, 123, 125. Zu den Hölderlin-
Kapazitäten Volker Hage, Ein neuer Hölderlin oder: Abschied von der Endgültigkeit, in: FAZ, 8.8.1975. Den Erfolg beim Publikum erwähnt Wackwitz,
Text als Mythos, 140. S. a. Wolfram Groddeck, Fünf Jahrzehnte Editionsphilologie. Erinnerungen aus Forschung und Lehre, in: Text. Kritische Beiträge, 16
(2020), 2–8.

12 Sattler, Editionsprinzipien und Editionsmodell, 116 f., 124. Zur Rückkehr des
Autors vgl. Michel Contat, La question d'auteur au regard des manuscrits,
in: L'auteur et le manuscrit, hg. v. dems., Paris 1991, 7–34; Neumann, Werk
oder Schrift?.

13 KSA 3, 616. Nietzsche an Erwin Rohde, Mitte Juli 1882, in: KSB 6, 226. KSA
12, 450. Vgl. Hans Blumenberg, Für wen einer schreibt, in: SZ, 23./24.8.1997.

14 D. E. Sattler an René Stockmar am 18.4.2002. friedrich hoelderlin. histo-
risch-kritische ausgabe. arbeitsstelle bremen. http://www.hoelderlin.de.
Luciano Zagari, Ricordo berlinese di Mazzino Montinari, in: Impegno, hg. v.
Mirri, 111. Michaelis, Roter Stern über Hölderlin. Zu Montinaris Skepsis
gegenüber der textgenetischen Methode auch Ritter, Tanz ohne Ketten;
Groddeck, Fünf Jahrzehnte Editionsphilologie, 3 f.

15 Zur Taschenbuchausgabe vgl. die Korrespondenz im Goethe- und Schiller-
Archiv, Nachlass Montinari (177), Kasten 30.8. Ivo Frenzel, Die gescheiterte
Hoffnung. Die Kritische Gesamtausgabe der Werke Friedrich Nietzsches und
das Ende eines Mythos, in: SZ, 14./15.2.1976. Friedrich Kabermann, Unter
Glocke und Sturzglas, in: Merkur, Nr. 354 (1977), 1112–18. Sepp Schelz, Fragen und Denken am Abgrund. Literarische Symptome einer Wiederkunft,
in: Deutsches Allgemeines Sonntagsblatt, 1.3.1981. Magris, Ich bin die Einsamkeit als Mensch. Ein Nietzsche für Grüne und Alternative? Jakob Aug-

stein zur Philosophie vom Übermenschen, in: Der Spiegel, 7. 6. 1981, 157, 160, 165 f.

16 Willy Hochkeppel, Nietzsche – unzeitgemäßer denn je. Über seine mögliche Wiederkehr, in: Die Zeit, 11. 9. 1981. Vgl. N. N., In Weimar entziffert, in: Der Spiegel, 13. 8. 1967, 98. Frenzel, Die gescheiterte Hoffnung.

17 So auch Ulrich Raulff, Klickeradoms. Nietzsche liegt in Stücken, in: SZ, 24./25. 11. 2001. Zur Hegel-Ausgabe von Suhrkamp vgl. Jürgen Kaube, Hegels Welt, Berlin 2020, 591. Vgl. Ben Mercer, The Paperback Revolution. Mass-circulation Books and the Cultural Origins of 1968 in Western Europe, in: Journal of the History of Ideas, 72 (2011), 613–36.

18 Das «intellektuelle Tagebuch» bei Mazzino Montinari, Friedrich Nietzsche. Eine Einführung, Berlin 1991, 100. Kaufmann zit. nach N. N., A book for thinking, 501. Ritter, Tanz ohne Ketten. Von einer «Staubwolke» spricht Foucault, La publication des Œuvres complètes de Nietzsche. Zur Opposition von Werk und Text vgl. a. Reinhard Mehring, Heideggers «große Politik». Die semantische Revolution der Gesamtausgabe, Tübingen 2016, 244.

19 Henning Ritter, Nietzsche für Philologen? Zu einer Tagung über seine philosophischen Anfänge, in: FAZ, 25. 3. 1992. Ders., Penelopearbeit. Glenn Most, Friedrich Nietzsche zwischen Philosophie und Philologie, Universität Heidelberg: Ruperto Carola, 2 (1994), 17.

20 Montinari an Anna Maria Musso-Colli am 11. 3. 1981. Archivio Scuola Normale, fondo Montinari, cart. 18. Ders., Erinnerung an Giorgio Colli, 170. Zur Ausweitung des Werkbegriffs vgl. ders., Aufgaben der Nietzsche-Forschung heute, 137 f. Montinaris Antwort auf den französischen Nietzsche besteht auch darin zu zeigen, wie stark Nietzsche seinerseits von französischen Autoren beeinflusst worden war. S. Kap. 5, Anm. 1.

21 Heinz Malorny, Tendenzen der Nietzsche-Rezeption in der BRD, in: Deutsche Zeitschrift für Philosophie, 27 (1979), 1493, 1500. Die Stasi zit. nach Riedel, Nietzsche in Weimar, 251, 254. Zu Hagers Kurswechsel Jürgen Große, Ernstfall Nietzsche. Debatten vor und nach 1989, Bielefeld 2010, 23 f. Zur Rolle der Stasi auch Steinbach, Also sprach Sarah Tustra, 220. Zu den Anfängen der Nietzsche-Renaissance in der DDR generell Über Zugänge zu Nietzsche. Renate Reschke im Gespräch mit Rüdiger Schmidt-Grépály, in: Zur Rückkehr des Autors. Gespräche über das Werk Friedrich Nietzsches, hg. v. Rüdiger Schmidt-Grépály, Göttingen 2013, 63–93.

22 Friedrich Nietzsche, Ecce homo. Faksimileausgabe der Transkription, Leipzig 1885. Cases, Großherzog, 26. Nach mdl. Auskunft von Bettina Wahrig-Schmidt verhielt sich Montinari der DDR gegenüber bis zuletzt loyal. Vgl. Campioni, Die Kunst, gut zu lesen.

23 Wolfgang Harich an Willi Stoph am 22. 12. 1985, in: Ders., Friedrich Nietzsche, 496 f. Die Episode nach Steinbach, Also sprach Sarah Tustra, 186 ff.
Vgl. a. Über Zugänge zu Nietzsche. Renate Reschke im Gespräch, 70 f.

24 Wolfgang Harich an Klaus Höpke am 25. 1. 1986 und an Kurt Hager am
30. 1. 1986. Ders., Nietzsche und seine Brüder. Ders. an den Kulturbund am
16. 10. 1987. Alle Dokumente in: Ders., Friedrich Nietzsche, 503, 508–15,
201, 541.

25 Heinz Pepperle, Revision des marxistischen Nietzsche-Bildes?, in: Sinn und
Form, 38 (1986), 935, 938. Bei dem erwähnten Aufsatz handelt es sich um
Montinari, Nietzsche zwischen Alfred Baeumler und Georg Lukács, 191. Zur
Einschätzung der Nietzsche-Debatte Große, Ernstfall Nietzsche, 12 ff., 24, 73.

26 Wolfgang Harich, Revision des marxistischen Nietzschebildes?, in: Ders.,
Friedrich Nietzsche, 556, 560, 563. Dass Nietzsche «schlimmer» als Hitler
gewesen sei, sagt Harich in «Hager war mein Hauptfeind». Wolfgang Harich
antwortet seinem Kritiker, in: taz, 22. 2. 1990. Vgl. Große, Ernstfall Nietzsche, 36, 55.

27 Harich, Nietzsche und seine Brüder, 207 f. Harichs Sicht auf die Ereignisse in
ebd., 218 f., 253, 256. Zur Verantwortung Hagers vgl. ebd., 255 sowie Wolfgang Harich an Christoph Links am 2. 7. 1990 und an Wilfried Träder am
5. 7. 1990, in: Ders., Friedrich Nietzsche, 708, 711. Manfred Buhr, Meinungen zu einem Streit. Es geht um das Phänomen Nietzsche!, in: Sinn und
Form, 40 (1988), 200–209. Vgl. Steinbach, Also sprach Sarah Tustra, 208 f.

28 Vgl. Harich, Nietzsche und seine Brüder, 201, 251, 257. Dazu Riedel, Nietzsche in Weimar, 295.

29 Chiarini, Il comunista che amava Nietzsche. Marino Freschi, Montinari: Nietz-
sche e martello, in: Il Mattino, 9. 12. 1986. Marianello Marianelli, L'ultimo
patriarca della grande filologia, in: La Nazione, 6. 1. 1987. Frank Schirrmacher,
Lust auf Leben. Zum Tode von Mazzino Montinari, in: FAZ, 26. 11. 1986.
N. N., Mazzino Montinari, in: Der Spiegel, 1. 12. 1986. Montinaris Tod nach
Cases, Großherzog, 20.

30 Schirrmacher, Lust auf Leben. Zum Stand des Unternehmens bei Montinaris
Tod rückblickend Barbara von Reibnitz, Die Handschrift lesen. Der Nachlass
des späten Nietzsche in neuer Edition, in: NZZ, 30. 10. 2002.

31 Wolfram Groddeck, Einleitung, in: Friedrich Nietzsche, «Dionysos-Dithyramben». Textgenetische Edition der Vorstufen und Reinschriften, Bd. 1,
Berlin 1991, IX. Ders., Die Überwindung der Editions-Metaphysik. Zur geplanten Neuedition von Nietzsches spätem Nachlass, in: NZZ, 15./16. 10. 1994.
Vgl. ders., «Vorstufe» und «Fragment». Zur Problematik einer traditionellen
textkritischen Unterscheidung in der Nietzsche-Philologie, in: Textkonstitu-

tion bei mündlicher und schriftlicher Überlieferung, hg. v. Martin Stern, Berlin 1991, 165–75. Zum Kurswechsel der Herausgeber auch von Reibnitz, Die Handschrift lesen; Raulff, Klickeradoms.

32 Ebd. Hubert Thüring, Tertium datum: Der «Nachlass» zwischen Leben und Werk. Zur Neuausgabe der handschriftlichen Dokumente des «späten Nietzsche», in: IASL online, 25. 5. 2003. Auch Gustav Seibt, Wie in neuen Werkausgaben mit Nietzsche, Marx und Burckhardt umgegangen wird, in: Die Zeit, 19. 10. 2000. Zu den Paradoxien der Buchstäblichkeit Heinz Sieburg, Die Buchstäblichkeit der Buchstaben, in: Buchstäblichkeit. Theorie, Geschichte, Übersetzung, hg. v. Achim Geisenhanslueke, Bielefeld 2020, 11–28.

33 Beat Röllin und René Stockmar, Nietzsche lesen mit KGW IX. Zum Beispiel Arbeitsheft W II 1, Seite 1, in: Text/Kritik. Nietzsche und Adorno, hg. v. Martin Endres u. a., Berlin 2017, 3. Von einem «blassen Enkel» der älteren Nietzsche-Philologie spricht Groddeck, Vorstufe und Fragment, 169. Ein Buch für alle und keinen. Nietzsche wird nicht mehr sein, der er war. Ein Gespräch mit Rüdiger Schmidt, in: SZ, 24./25. 11. 2001. S. a. Lütkehaus, Ich schreibe wie ein Schwein.

34 Jörg Lau, Der Jargon der Uneigentlichkeit, in: Merkur, Nr. 594/95 (1998), 944. Zum *close reading* zuletzt und mit zahlreichen Literaturverweisen Anna-Lisa Dieter, Close Reading, in: Enzyklopädie der Genauigkeit, hg. v. Markus Krajewski u. a., Konstanz 2021, 50–61. Franco Moretti, The Slaughterhouse of Literature, in: Modern Language Quarterly, 61 (2000), 208. Vgl. Hans Ulrich Gumbrecht, Was ist aus der Dekonstruktion geworden?, in: NZZ, 6. 12. 2015.

35 Domenico Losurdo, Nietzsche, der aristokratische Rebell. Intellektuelle Biografie und kritische Bilanz, Bd. 2, Hamburg 2009, 824, 994, 996, 1002 f. Das Verfahren der *Kritischen Gesamtausgabe* als «ausgezeichnete Methode, wesentliche Dinge hinter unwesentlichen zu verbergen», auch bei Hans-Georg Gadamer, Das Drama Zarathustras, in: Nietzsche-Studien, 15 (1986), 4.

36 Karl Marx, Der achtzehnte Brumaire des Louis Bonaparte, in: Ders. und Friedrich Engels, Studienausgabe, Bd. 4, Frankfurt a. M. 1990, 33. Alle Zitate aus Nietzsche, Autor, Reformator. Peter Sloterdijk im Gespräch mit Rüdiger Schmidt-Grépály, in: Zur Rückkehr des Autors. Gespräche über das Werk Friedrich Nietzsches, hg. v. Rüdiger Schmidt-Grépály, Göttingen 2013, 27–62. Zur Rückkehr nach 1889 vgl. Über Zugänge zu Nietzsche. Renate Reschke im Gespräch, 88 f. Montinaris Sinn für Vergeblichkeit in ders., Glanz und Elend der philologischen Arbeit, 57.

Literaturverzeichnis

Archive

Bundesarchiv
Stasi-Unterlagen-Archiv Berlin-Mitte
Karl-Liebknecht-Straße 31/33
10178 Berlin

Centro Archivistico della Scuola Normale Superiore
Piazza dei Cavalieri 7
56126 Pisa

Fondazione Arnoldo e Alberto Mondadori
Via Riccione 8
20156 Milano

Leibniz-Zentrum für Literatur- und Kulturforschung
Nachlass Jacob Taubes
Schützenstraße 18
10117 Berlin

Filme

Marco Colli, Modi di vivere – Giorgio Colli: una conoscenza per cambiare la vita, Dokumentation, Italien 1980.
Regina Schilling, Kulenkampffs Schuhe, Dokumentarfilm, Deutschland 2018.

Theodor W. Adorno, Bibliographische Grillen, in: Ders., Gesammelte Schriften, Bd. 20, Frankfurt a. M. 2003, 345–57.

Maike Albath, Der Geist von Turin. Pavese, Ginzburg, Einaudi und die Wiedergeburt Italiens nach 1943, Berlin 2010.

Lou Andreas-Salomé, Friedrich Nietzsche in seinen Werken, Wien 1894.

Jan Andres, «Hellas ewig unsre liebe». Erlesenes und erlebtes Griechenland bei Rudolf Fahrner, in: Hellas verstehen. Deutsch-griechischer Kulturtransfer im 20. Jahrhundert, hg. v. Chryssoula Kambas und Marilisa Mitsou, München 2010, 73–94.

Sergio d'Angelo, Der Roman des Romans, in: Osteuropa, 18 (1968), 489–501.

Luigi Anzalone und Giuliano Minichiello, Lo specchio di Dionisio. Saggi su Giorgio Colli, Bari 1984.

Hannah Arendt, Wahrheit und Politik, in: Dies., Wahrheit und Lüge in der Politik, München 2013, 44–92.

Steven E. Aschheim, Nietzsche und die Deutschen. Karriere eines Kults, Stuttgart 1996.

Ein Nietzsche für Grüne und Alternative? Jakob Augstein zur Philosophie vom Übermenschen, in: Der Spiegel, 7. 6. 1981, 156–84.

Max L. Baeumer, Dionysos und das Dionysische in der antiken und deutschen Literatur, Darmstadt 2006.

Alberto Banfi, Giorgio Colli: Il coraggio del pensiero (profilo biografico), in: Kleos. Estemporaneo di studi e testi sulla fortuna dell'antico, 9 (2004), 221–71.

Roland Barthes, SZ, Frankfurt a. M. 1987.

Roland Barthes, Am Nullpunkt der Literatur, Frankfurt a. M. 2006.

Roland Barthes, Der Tod des Autors, in: Ders., Das Rauschen der Sprache. Kritische Essays IV, Frankfurt a. M. 2006, 57–63.

Pierre Bayle, Project for a Critical Dictionary, in: Ders., Political Writings, Cambridge 2000, 1–16.

Jean Beaufret, Les inédits de Nietzsche, in: Le Monde, 7. 6. 1967.

Ulrich J. Beil, «Anführungszeichen». Anmerkungen zur Literaturtheorie von Jacques Derrida und Paul de Man, in: Pandaemonium Germanicum, 6 (2002), 17–46.

Walter Benjamin, Das Kunstwerk im Zeitalter seiner technischen Reproduzierbarkeit, Frankfurt a. M. 1963.

Christian Benne, Nietzsche und die historisch-kritische Philologie, Berlin 2005.

Gerd Bergfleth, Nietzsche redivivus, in: Georges Bataille, Wiedergutmachung an

Nietzsche. Das Nietzsche-Memorandum und andere Texte, München 1999, 299–396.

Ernst Bertram, Nietzsche. Versuch einer Mythologie, Bonn 1965.

Linda Bimbi, Parlerò di Mazzino, in: L'impegno di una generazione. Il gruppo di Lucca dal liceo Machiavelli alla Normale nel clima del dopoguerra, hg. v. Mario Mirri, Milano 2014, 55–58.

Hendrik Birus, «Wir Philologen» ... Überlegungen zu Nietzsches Begriff der Interpretation, in: Revue Internationale de Philosophie, 38 (1984), 373–95.

Maurice Blanchot, Nietzsche und die fragmentarische Schrift, in: Nietzsche aus Frankreich, hg. v. Werner Hamacher, Hamburg 2007, 71–98.

Ernst Bloch, Italien und die Porosität, in: Ders., Literarische Aufsätze, Frankfurt a. M. 1985, 508–15.

Alan Bloom, The Closing of the American Mind, New York 1987.

Hans Blumenberg, Für wen einer schreibt, in: SZ, 23./24. 8. 1997.

Hans Blumenberg, Das finale Dilemma des Lesers, in: Ders., Lebensthemen. Aus dem Nachlaß, Stuttgart 1998, 29–33.

Rudolf Boehm, Le problème du «Wille zur Macht», œuvre posthume de Nietzsche. À propos d'une nouvelle édition, in: Revue Philosophique de Louvain, Troisième série, 61 (1963), 402–34.

Rudolf Borchardt, Anabasis. Aufzeichnungen, Dokumente, Erinnerungen 1943–1945, München 2003.

Manfred Buhr, Meinungen zu einem Streit. Es geht um das Phänomen Nietzsche!, in: Sinn und Form, 40 (1988), 200–209.

Eliza M. Butler, The Tyranny of Greece over Germany, Cambridge, Mass. 1935.

Joseph A. Buttigieg, Introduction, in: Antonio Gramsci, Prison Notebooks, Bd. 1, New York 1992, 1–64.

Italo Calvino, Nota 1960, in: Ders., I nostri antenati, Milano 1996, 411–22.

Giuliano Campioni, Mazzino Montinari in den Jahren von 1943 bis 1963, in: Nietzsche-Studien, 17 (1988), XV–LX.

Giuliano Campioni, «Die Kunst, gut zu lesen». Mazzino Montinari und das Handwerk des Philologen, in: Nietzsche-Studien, 18 (1989), XV–LXXIV.

Giuliano Campioni, Leggere Nietzsche. Alle origini dell'edizione Colli-Montinari, Pisa 1992.

Giuliano Campioni, «Der Karren unserer Arbeit ...». Sechzehn Briefe von Mazzino Montinari an Delio Cantimori, in: Nietzsche-Studien, 36 (2007), 48–79.

Giuliano Campioni, Da Lucca a Weimar: Mazzino Montinari e Nietzsche, in: L'impegno di una generazione. Il gruppo di Lucca dal liceo Machiavelli alla Normale nel clima del dopoguerra, hg. v. Mario Mirri, Milano 2014, 151–65.

Giuliano Campioni u. a. (Hg.), Nietzsches persönliche Bibliothek, Berlin 2003.

Hubert Cancik und Hildegard Cancik-Lindemaier, «Das Gymnasium in der Knechtschaft des Staates». Zu Entstehung, Situation und Thema von Friedrich Nietzsches «Wir Philologen», in: Disciplining Classics – Altertumswissenschaften als Beruf, hg. v. Glenn Most, Göttingen 2002, 97–113.

Delio Cantimori, Italienische Häretiker der Spätrenaissance, Basel 1949.

Delio Cantimori, Interpretazioni tedesche di Marx nel periodo 1929–1945, in: Ders., Studi di storia, Torino 1959, 139–237.

Delio Cantimori, Conversando di storia, Bari 1967.

Delio Cantimori, Recensione di Hugo Fischer, Nietzsche Apostata, in: Ders., Politica e storia contemporanea. Scritti (1927–1949), Torino 1991, 154–59.

Cesare Cases, Der Mythos der deutschen Kultur in Italien, in: Wissenschaftskolleg zu Berlin. Jahrbuch 1987/88, Berlin 1989, 175–90.

Cesare Cases, Der Großherzog von Weimar. Erinnerung an Mazzino Montinari, in: Nietzsche-Studien, 18 (1989), 20–26.

Cesare Cases, Gli incontri romani con Mazzino e Codino, in: L'impegno di una generazione. Il gruppo di Lucca dal liceo Machiavelli alla Normale nel clima del dopoguerra, hg. v. Mario Mirri, Milano 2014, 67–69.

Ernst Cassirer, Die Philosophie der Aufklärung, Tübingen 1973.

Bernard Cerquiglini, In Praise of the Variant. A Critical History of Philology, Baltimore 1999.

Stella Cervasio, Il fascino di Nietzsche. Gli scritti di un filosofo che diventò profeta, in: La Repubblica, 8. 7. 2009.

Claudio Cesa, Il clima culturale, in: L'impegno di una generazione. Il gruppo di Lucca dal liceo Machiavelli alla Normale nel clima del dopoguerra, hg. v. Mario Mirri, Milano 2014, 33–43.

Nibras Chehayed, Nietzsche and Gadamer on Truth and Interpretation, in: The New Centennial Review, 19 (2019), 251–72.

Paolo Chiarini, Il comunista che amava Nietzsche, in: Rinascità, 13. 12. 1986.

Michele Ciliberto, Intellettuali e fascismo. Saggio su Delio Cantimori, Bari 1977.

Eric Cochrane und John Tedeschi, Delio Cantimori: Historian, in: The Journal of Modern History, 39 (1967), 438–45.

Giorgio Colli, Recensione di K. A. Goetz, Nietzsche als Ausnahme, in: Rivista di filosofia, 16 (1950), 227–31.

Giorgio Colli, Filosofia dell'espressione, Milano 1969.

Giorgio Colli, La Raggione errabonda. Quaderni postumi, Milano 1982.

Giorgio Colli, Per una enciclopedia di autori classici, Milano 1983.

Giorgio Colli, Nach Nietzsche, Frankfurt a. M. 1983.

Giorgio Colli, Die Geburt der Philosophie, Frankfurt a. M. 1990.

Giorgio Colli, Distanz und Pathos. Einleitungen zu Nietzsches Werken, Hamburg 1993.

Giorgio Colli, Filosofi sovrumani, Milano 2009.

Giorgio Colli, Apollineo e dionisiaco, Milano 2010.

Giorgio Colli und Mazzino Montinari, État des textes de Nietzsche, in: Nietzsche. Cahiers de Royaumont, Nr. 6, Paris 1967, 127–40.

Giorgio Colli u. a., Principes des éditeurs, in: Friedrich Nietzsche, Le gai savoir. Fragments posthumes 1881–1882, Paris 1967, 294.

Chiara Colli Staude, Friedrich Nietzsche, Giorgio Colli und die Griechen. Philologie und Philosophie zwischen Unzeitgemäßheit und Leben, Würzburg 2019.

Colloquio con l'italiano che riscopre Federico, in: Corriere della Sera, 23. 7. 1974.

Michel Contat, La question d'auteur au regard des manuscrits, in: L'auteur et le manuscrit, hg. v. dems., Paris 1991, 7–34.

Benedetto Croce, Antihistorismus, in: Historische Zeitschrift, 143 (1931), 457–66.

Régis Debray, Socialism: A Life-Cycle, in: New Left Review, 46 (2007), 5–28.

Renatus Deckert, Eisenregale, vom Feuer verformt, in: SZ, 11. 2. 2020.

L'èclat de rire de Nietzsche (Entretien avec Gilles Deleuze), in: Le Nouvel Observateur, 5. 4. 1967.

Gilles Deleuze, Nietzsche. Ein Lesebuch, Berlin 1979.

Gilles Deleuze, Schlußfolgerungen über den Willen zur Macht und die ewige Wiederkunft, in: Ders., Die einsame Insel. Texte und Gespräche von 1953 bis 1974, Frankfurt a. M. 2003, 171–85.

Gilles Deleuze, Nietzsche und das Bild des Denkens, in: Ebd., 195–205.

Gilles Deleuze, Nomaden-Denken, in: Ebd., 366–80.

Alfred Denker u. a. (Hg.), Heidegger und Nietzsche, Freiburg/München 2005.

Jacques Derrida, Ellipse, in: Ders., Die Schrift und die Differenz, Frankfurt a. M. 1972, 443–50.

Jacques Derrida, Grammatologie, Frankfurt a. M. 1974.

Jacques Derrida, Einige Statements und Binsenweisheiten über Neologismen, New-Ismen, Post-Ismen und andere kleine Seismen, Berlin 1997.

Jacques Derrida, Sporen. Die Stile Nietzsches, in: Nietzsche aus Frankreich, hg. v. Werner Hamacher, Hamburg 2007, 183–224.

Anna-Lisa Dieter, Close Reading, in: Enzyklopädie der Genauigkeit, hg. v. Markus Krajewski u. a., Konstanz 2021, 50–61.

Wilhelm Dilthey, Das Wesen der Philosophie, Hamburg 1984.

Wilhelm Dilthey, Archive für Literatur, in: Ders., Zur Geistesgeschichte des 19. Jahrhunderts, Göttingen 1991, 1–16.

Nikolas Dörr, Die Rote Gefahr. Der italienische Eurokommunismus als sicherheitspolitische Herausforderung für die USA und Westdeutschland 1969–1979, Köln 2017.

Mirco Dondi, La lunga liberazione. Giustizia e violenza nel dopoguerra italiano, Roma 2008.

François Dosse, Geschichte des Strukturalismus, Bd. 1, Frankfurt a. M. 1996.

François Dosse, Gilles Deleuze – Félix Guattari. Biographien, Wien 2017.

Nicola D'Elia, Delio Cantimori e la cultura politica tedesca (1927–1940), Roma, 2007.

Amos Elon, In einem heimgesuchten Land. Reise eines israelischen Journalisten in beide deutsche Staaten, München 1966.

Michel Espagne, De l'archive au texte. Recherches d'histoire génétique, Paris 1998.

Domenico Fazio, Nietzsche in Italien. Ein historischer Abriß der Nietzsche-Rezeption in Italien anhand der Übersetzungen seiner Schriften (1872–1940), in: Nietzsche-Studien, 22 (1993), 304–19.

Domenico Fazio, Nietzsche und der Faschismus. Eine Politik des Nietzsche-Archivs für Italien, in: Widersprüche. Zur frühen Nietzsche-Rezeption, hg. v. Andreas Schirmer und Rüdiger Schmidt, Weimar 2000, 221–33.

Renzo de Felice, Mussolini l'alleato. La guerra civile, Torino 1997.

Philipp Felsch, Der Leser als Partisan, in: Zeitschrift für Ideengeschichte, 6 (2012), 35–49.

Philipp Felsch, Der lange Sommer der Theorie. Geschichte einer Revolte, 1960–1990, München 2015.

Philipp Felsch und Frank Witzel, BRD Noir, Berlin 2016.

Alessandro Fersen, La memoria in Giorgio Colli, in: Giorgio Colli. Incontro di studio, hg. v. Sandro Barbera und Giuliano Campioni, Milano 1983, 29–33.

Hugo Fischer, Nietzsche Apostata oder die Philosophie des Ärgernisses, Erfurt 1933.

Kurt Flasch, Und er war doch ein Zerstörer der Vernunft, in: FAZ, 21. 2. 2003.

Carla Forti, Dopoguerra in provincia. Microstorie pisane e lucchesi (1944–1948), Milano 2007.

La publication des Œuvres complètes de Nietzsche (Entretien avec Michel Foucault), in: Le Monde, 24. 5. 1967.

Michel Foucault, Räderwerke des Überwachens und Strafens, in: Ders., Mikrophysik der Macht, Berlin 1976, 31–47.

Michel Foucault, Die Ordnung der Dinge. Eine Archäologie der Humanwissenschaften, Frankfurt a. M. 1995.

Michel Foucault, In Verteidigung der Gesellschaft. Vorlesungen am Collège de France (1975–76), Frankfurt a. M. 1999.

Michel Foucault, Nietzsche, Freud, Marx, in: Ders., Schriften. Dits et Écrits, Bd. 1, Frankfurt a. M. 2001, 727–43.

Michel Foucault, Was ist ein Autor?, in: Ders., Schriften zur Literatur, Frankfurt a. M. 2003, 234–70.

Michel Foucault et Gilles Deleuze veulent rendre à Nietzsche son vrai visage, in: Le Figaro, 15. 9. 1966.

Michel Foucault und Gilles Deleuze, Allgemeine Einführung, in: Michel Foucault, Schriften. Dits et Écrits, Bd. 1, Frankfurt a. M. 2001, 723–26.

Azio de Franciscis, Pankows Kulturoffensive in Rom, in: Die Zeit, 11. 4. 1957.

Ivo Frenzel, Die gescheiterte Hoffnung. Die Kritische Gesamtausgabe der Werke Friedrich Nietzsches und das Ende eines Mythos, in: SZ, 14./15. 2. 1976.

Marino Freschi, Montinari: Nietzsche e martello, in: Il Mattino, 9. 12. 1986.

Jürgen Frese, Intellektuellen-Assoziationen, in: Kreise, Gruppen, Bünde. Zur Soziologie moderner Intellektuellenassoziationen, hg. v. Richard Faber und Christine Holste, Würzburg 2000, 441–62.

Hans-Georg Gadamer, Das Drama Zarathustras, in: Nietzsche-Studien, 15 (1986), 1–15.

Maurice de Gandillac, Le colloque de Cerisy-la-Salle, in: Nietzsche-Studien, 4 (1975), 324–33.

Eugenio Garin, Storicismo, in: Alfabeto Treccani. https://www.treccani.it/catalogo/ebook/alfabeto_treccani/filosofia_e_religioni/Storic ismo.html.

Giuseppe Garritano, Il clima politico, in: L'impegno di una generazione. Il gruppo di Lucca dal liceo Machiavelli alla Normale nel clima del dopoguerra, hg. v. Mario Mirri, Milano 2014, 45–49.

Karl Eugen Gass, Pisaner Tagebuch, Heidelberg 1961.

Valentino Gerratana, Le inquietudine di Mazzino, in: L'impegno di una generazione. Il gruppo di Lucca dal liceo Machiavelli alla Normale nel clima del dopoguerra, hg. v. Mario Mirri, Milano 2014, 71–73.

Carlo Ginzburg, Der Käse und die Würmer, Berlin 1990.

Licia Giusti, Mazzino, Giorgio e Fausto, in: L'impegno di una generazione. Il gruppo di Lucca dal liceo Machiavelli alla Normale nel clima del dopoguerra, hg. v. Mario Mirri, Milano 2014, 75–77.

Antonio Gnoli, Giorgio Colli, il profeta di Nietzsche, in: La Repubblica, 23. 10. 1991.

Antonio Gnoli, Gli angeli di Nietzsche, in: La Repubblica, 28. 4. 1992.

Antonio Gnoli, Il libro segreto di Cantimori, in: La Repubblica, 27. 5. 2004.

Anthony Grafton, Prolegomena to Friedrich August Wolf, in: Journal of the Warburg and Courtauld Institutes, 44 (1981), 101–29.

Anthony Grafton, The Footnote from De Thou to Ranke, in: History and Theory, 33 (1994), 53–76.

Anthony Grafton, Humanist Philologies: Texts, Antiquities, and Their Scholarly

267

Transformations in the Early Modern West, in: World Philology, hg. v. Sheldon Pollock u. a., Cambridge, Mass. 2015, 154–77.

Antonio Gramsci, Gefängnishefte, Bd. 4, Hamburg 1992.

Almuth Grésillon, Literarische Handschriften. Einführung in die «critique génétique», Bern 1999.

Wolfram Groddeck, Einleitung, in: Friedrich Nietzsche, «Dionysos-Dithyramben». Textgenetische Edition der Vorstufen und Reinschriften, Bd. 1, Berlin 1991, VII–XVI.

Wolfram Groddeck, «Vorstufe» und «Fragment». Zur Problematik einer traditionellen textkritischen Unterscheidung in der Nietzsche-Philologie, in: Textkonstitution bei mündlicher und schriftlicher Überlieferung, hg. v. Martin Stern, Berlin 1991, 165–75.

Wolfram Groddeck, Die Überwindung der Editions-Metaphysik. Zur geplanten Neuedition von Nietzsches spätem Nachlass, in: NZZ, 15./16. 10. 1994.

Wolfram Groddeck, Nietzsche lesen, in: Nietzscheforschung, 25 (2018), 31–39.

Wolfram Groddeck, Fünf Jahrzehnte Editionsphilologie. Erinnerungen aus Forschung und Lehre, in: Text. Kritische Beiträge, 16 (2020), 2–8.

Jürgen Große, Ernstfall Nietzsche. Debatten vor und nach 1989, Bielefeld 2010.

Hans Ulrich Gumbrecht, Die Macht der Philologie. Über einen verborgenen Impuls im wissenschaftlichen Umgang mit Texten, Frankfurt a. M. 2003.

Hans Ulrich Gumbrecht, Das Nicht-Hermeneutische. Skizze einer Genealogie, in: Ders., Präsenz, Frankfurt a. M. 2009, 190–209.

Hans Ulrich Gumbrecht, Was ist aus der Dekonstruktion geworden?, in: NZZ, 6. 12. 2015.

Stephen Gundle, Between Hollywood and Moscow. The Italian Communists and the Challenge of Mass Culture, 1943–1991, Durham 2000.

Jürgen Habermas, Nachwort, in: Friedrich Nietzsche, Erkenntnistheoretische Schriften, Frankfurt a. M. 1968, 237–61.

Lutz Hachmeister, Heideggers Testament. Der Philosoph, der Spiegel und die SS, Berlin 2015.

Volker Hage, Ein neuer Hölderlin oder: Abschied von der Endgültigkeit, in: FAZ, 8. 8. 1975.

Karl-Heinz Hahn, Nachruf auf Professor Dr. Mazzino Montinari, in: Goethe-Jahrbuch, 104 (1987), 388–90.

Karl-Heinz Hahn, Das Nietzsche-Archiv, in: Nietzsche-Studien, 18 (1989), 1–19.

Werner Hamacher, Echolos, in: Nietzsche aus Frankreich, hg. v. dems., Hamburg 2007, 7–18.

Michael Hampe, Erkenntnis und Praxis. Zur Philosophie des Pragmatismus, Frankfurt a. M. 2006.

Michael Hardt und Toni Negri, Empire, Frankfurt a. M. 2002.

Wolfgang Harich, Rezension von Georg Lukács, Die Zerstörung der Vernunft, in: Deutsche Zeitschrift für Philosophie, 3 (1955), 133–45.

«Hager war mein Hauptfeind». Wolfgang Harich antwortet seinem Kritiker, in: taz, 22. 2. 1990.

Wolfgang Harich, Nietzsche und seine Brüder. Eine Streitschrift in sieben Dialogen, in: Ders., Friedrich Nietzsche. Der Wegbereiter des Faschismus, Baden-Baden 2019, 57–264.

Wolfgang Harich, Revision des marxistischen Nietzschebildes?, in: Ebd., 542–82.

Eckhard Heftrich, Die Grenzen der psychologischen Nietzsche-Erklärung, in: Revue Internationale de Philosophie, 18 (1964), 74–90.

Eckhard Heftrich, Zu den Ausgaben der Werke und Briefe von Friedrich Nietzsche, in: Buchstabe und Geist. Zur Überlieferung und Edition philosophischer Texte, hg. v. Walter Jaeschke u. a., Hamburg 1987, 117–36.

Martin Heidegger, Nietzsche, Bd. 1, Pfullingen 1961.

Klaus Heitmann, Das Deutschland der Adenauer-Zeit – von italienischen Autoren gesehen, in: Italien in Deutschland – Deutschland in Italien. Die deutsch-italienischen Wechselbeziehungen in der Belletristik des 20. Jahrhunderts, hg. v. Anna Comi und Alexandra Pontzen, Berlin 1999, 81–130.

Ulrich Herbert, Geschichte Deutschlands im 20. Jahrhundert, München 2014.

Eric Hobsbawm, Wie man die Welt verändert. Über Marx und den Marxismus, München 2012.

Willy Hochkeppel, Nietzsche – unzeitgemäßer denn je. Über seine mögliche Wiederkehr, in: Die Zeit, 11. 9. 1981.

David M. Hoffmann, Zur Geschichte des Nietzsche-Archivs. Chronik, Studien und Dokumente, Berlin 1991.

Helmut Holtzhauer, Weimarer Tagesnotizen 1958–1973, Hamburg 2017.

Claire Isoz und Giuliana Lanata, Ricordo di Pietro Giorgetti, in: L'impegno di una generazione. Il gruppo di Lucca dal liceo Machiavelli alla Normale nel clima del dopoguerra, hg. v. Mario Mirri, Milano 2014, 79–83.

Karl Jaspers, Nietzsche. Einführung in das Verständnis seines Philosophierens, Berlin 1981.

Walter Jens, Zarter Zeichner des großen Mittags, in: Texte und Zeichen, 3 (1957), 304–309.

Tony Judt, Postwar. A History of Europe since 1945, London 2010.

Friedrich Kabermann, Unter Glocke und Sturzglas, in: Merkur, Nr. 354 (1977), 1112–18.

Thomas Karlauf, Stefan George. Die Entdeckung des Charisma, München 2007.

Jürgen Kaube, Hegels Welt, Berlin 2020.

Walter Kaufmann, German Thought Today, in: The Kenyon Review, 19 (1957), 15–30.

Walter Kaufmann, Nietzsche. Philosopher, Psychologist, Antichrist, Princeton ³1968.

Walter Kaufmann, Nietzsche. Philosoph, Psychologe, Antichrist, Darmstadt 1982.

Albert Kesselring, Soldat bis zum letzten Tag, Bonn 1953.

Friedrich Kittler, Ein Verwaiser, in: Anschlüsse. Versuche nach Michel Foucault, hg. v. Gesa Dane u. a., Tübingen 1985, 141–46.

Lutz Klinkhammer, Zwischen Bündnis und Besatzung. Das nationalsozialistische Deutschland und die Republik von Salò 1943–1945, Tübingen 1993.

Pierre Klossowski, Oubli et anamnêse dans l'expérience vécue de l'éternel retour du Même, in: Nietzsche. Cahiers de Royaumont, Nr. 6, Paris 1967, 227–44.

Sarah Kofman, Le/les «concepts» de culture dans les «Intempestives» ou la double dissimulation, in: Nietzsche aujourd'hui?, Bd. 2: Passion, hg. v. Centre culturel international de Cerisy-la-Salle, Paris 1973, 119–52.

Reinhart Koselleck, Kritik und Krise. Eine Studie zur Pathogenese der bürgerlichen Welt, Frankfurt a. M. 1992.

Julia Kristeva, Bachtin, das Wort, der Dialog und der Roman, in: Literaturwissenschaft und Linguistik. Ergebnisse und Perspektiven, hg. v. Jens Ihwe, Frankfurt a. M. 1972, 345–75.

Karl Lachmann, Ausgaben classischer Werke darf jeder nachdrucken. Eine Warnung für Herausgeber, Berlin 1841.

Karl Lachmann, Kleinere Schriften zur deutschen Philologie, Berlin 1876.

Philippe Lacoue-Labarthe, Der Umweg, in: Nietzsche aus Frankreich, hg. v. Werner Hamacher, Hamburg 2007, 125–64.

Giuliana Lanata, L'«Enciclopedia» di Giogio Colli, in: Giorgio Colli. Incontro di studio, hg. v. Sandro Barbera und Giuliano Campioni, Milano 1983, 34–40.

Manfred Landfester, Griechen und Deutsche: Der Mythos einer «Wahlverwandtschaft», in: Mythos und Nation. Studien zur Entwicklung des kollektiven Bewußtseins in der Neuzeit, Bd. 3, hg. v. Helmut Berding, Frankfurt a. M. 1996, 198–219.

Jörg Lau, Der Jargon der Uneigentlichkeit, in: Merkur, Nr. 594/95 (1998), 944–55.

Michel Leiner, D. E. Sattler, KD Wolff, Vorwort, in: Friedrich Hölderlin, Sämtliche Werke. Frankfurter Ausgabe. Einleitung, Frankfurt a. M. 1975, 9–19.

Wolf Lepenies, Gottfried Benn – Der Artist im Posthistoire, in: Literarische Profile. Deutsche Dichter von Grimmelshausen bis Brecht, hg. v. Walter Hinderer, Königstein 1982, 326–37.

Wolf Lepenies, Kultur und Politik. Deutsche Geschichten, München 2006.

Il «libro bianco» di una vendetta nera, in: Belfagor, 3 (1948), 722–27; 4 (1949), 94–112.

Rudolf Lill, Geschichte Italiens in der Neuzeit, Darmstadt 1988.

Karl Löwith, Nietzsches Versuch zur Wiedergewinnung der Welt, in: 90 Jahre philosophische Nietzsche-Rezeption, hg. v. Alfredo Guzzoni, Königstein 1979, 89–102.

Karl Löwith, Von Hegel zu Nietzsche. Der revolutionäre Bruch im Denken des 19. Jahrhunderts, Hamburg 1986.

Karl Löwith, Rezension von Karl Schlechta, Der Fall Nietzsche, in: Ders., Sämtliche Schriften, Bd. 6: Nietzsche, Stuttgart 1987, 518–23.

Karl Löwith, Rezension von Friedrich Nietzsche, Werke in drei Bänden, in: Ebd., 510–17.

Karl Löwith, Rezension von Erich Podach, Nietzsches Werke des Zusammenbruchs und Ein Blick in die Notizbücher Nietzsches, in: Ebd., 526–34.

Karl Löwith, Mein Leben in Deutschland vor und nach 1933, Frankfurt a. M. 1989.

Domenico Losurdo, Der Marxismus Antonio Gramscis. Von der Utopie zum «kritischen Kommunismus», Hamburg 2000.

Domenico Losurdo, Nietzsche, der aristokratische Rebell. Intellektuelle Biografie und kritische Bilanz, 2 Bde., Hamburg 2009.

Ludger Lütkehaus, «Ich schreibe wie ein Schwein». Die neue Nietzsche-Gesamtausgabe lässt den großen Stilisten aussehen wie einen Kritzler, in: Die Zeit, 5. 1. 2006.

Georg Lukács, Die Zerstörung der Vernunft, Bd. 2: Irrationalismus und Imperialismus, Darmstadt 1974.

Jean-François Lyotard, Bemerkungen über die Wiederkehr und das Kapital, in: Ders., Intensitäten, Berlin 1978, 15–34.

Claudio Magris, «Ich bin die Einsamkeit als Mensch». Nietzsche und die neue Linke, in: SZ, 3./4. 1. 1981.

Heinz Malorny, Tendenzen der Nietzsche-Rezeption in der BRD, in: Deutsche Zeitschrift für Philosophie, 27 (1979), 1493–1500.

Luisa Mangoni, Europa sotteranea, in: Delio Cantimori, Politica e storia contemporanea. Scritti (1927–1949), Torino 1991, XIII–XLII.

Thomas Mann, Nietzsche's Philosophie im Lichte unserer Erfahrung, in: Ders., Leiden und Größe der Meister, Frankfurt a. M. 1982, 838–75.

Marianello Marianelli, L'ultimo patriarca della grande filologia, in: La Nazione, 6. 1. 1987.

Urs Marti, «Der große Pöbel- und Sklavenaufstand». Nietzsches Auseinandersetzung mit Revolution und Demokratie, Stuttgart 1993.

Karl Marx, Der achtzehnte Brumaire des Louis Bonaparte, in: Ders. und Friedrich Engels, Studienausgabe, Bd. 4, Frankfurt a. M. 1990, 33–119.

Reinhard Mehring, Heideggers «große Politik». Die semantische Revolution der Gesamtausgabe, Tübingen 2016.

Daniele Menozzi und Francesco Torchiani (Hg.), Delio Cantimori (1904–1966). Libri, documenti e immagini dai fondi della Scuola Normale Superiore, Pisa 2016.

François de Menthon, Plädoyer in der Sitzung vom 17. 1. 1946, in: Der Prozess gegen die Hauptkriegsverbrecher vor dem Internationalen Militärgerichtshof, Bd. 5, hg. v. Internationalen Militärgerichtshof Nürnberg, München 1984, 415–80.

Ben Mercer, The Paperback Revolution. Mass-circulation Books and the Cultural Origins of 1968 in Western Europe, in: Journal of the History of Ideas, 72 (2011), 613–36.

Rolf Michaelis, Roter Stern über Hölderlin, in: Die Zeit, 8. 8. 1975.

Karl Markus Michel, Versuch, die «Ästhetische Theorie» zu verstehen, in: Materialien zur ästhetischen Theorie. Th. W. Adornos Konstruktion der Moderne, Frankfurt a. M. 1979, 41–107.

Mario Mirri, Postfazione, in: L'impegno di una generazione. Il gruppo di Lucca dal liceo Machiavelli alla Normale nel clima del dopoguerra, hg. v. dems., Milano 2014, 167–362.

Stephan Moebius, Die Zauberlehrlinge. Soziologiegeschichte des Collège de Sociologie (1937–39), Konstanz 2006.

Federica Montevecchi, Giorgio Colli. Biografia intellettuale, Torino 2004.

Mazzino Montinari, Lettere dalla Germania, in: Nuovo Corriere, 6. und 7. 5. 1950.

Mazzino Montinari, Otto lettere inedite di Thomas Mann, in: Il Contemporaneo, 31. 12. 1955.

Mazzino Montinari, Lavò la faccia al Superuomo, in: L'Espresso, 21. 1. 1979.

Mazzino Montinari, Presenza della filosofia. Il significato dell'opera di Giorgio Colli, in: Rinascità, 16. 2. 1979.

Mazzino Montinari, Die neue kritische Gesamtausgabe von Nietzsches Werken, in: Literaturmagazin 12: Nietzsche, Reinbek 1980, 317–28.

Mazzino Montinari, Equivoci marxisti, in: Ders., Nietzsche, Roma 1981, 90–103.

Mazzino Montinari, Delio Cantimori e Nietzsche, in: Ebd., 104–22.

Mazzino Montinari, Nietzsche lesen, in: Ders., Nietzsche lesen, Berlin 1982, 1–9.

Mazzino Montinari, Nietzsche und Wagner vor hundert Jahren, in: Ebd., 38–55.

Mazzino Montinari, Nietzsches Nachlaß von 1885 bis 1888 oder Textkritik und Wille zur Macht, in: Ebd., 92–119.

Mazzino Montinari, Nietzsche zwischen Alfred Baeumler und Georg Lukács, in: Ebd., 169–206.

Mazzino Montinari, Nel partito non mi piace fare l'intellettuale, in: il manifesto, 11. 2. 1983.

Mazzino Montinari, Glanz und Elend der philologischen Arbeit, in: Deutsche Akademie für Sprache und Dichtung. Jahrbuch 1985, Heidelberg 1986, 56 f.

Mazzino Montinari, Nietzsche in Cosmopolis. Französisch-deutsche Wechselbeziehungen in der Décadence, in: FAZ, 19. 7. 1986.

Mazzino Montinari, L'onorevole arte di leggere Nietzsche, in: Belfagor, 41 (1986) 3, 335–40.

Mazzino Montinari, Zum Verhältnis Lektüre – Nachlaß – Werk bei Nietzsche, in: editio, 1 (1987), 245–49.

Mazzino Montinari, Aufgaben der Nietzsche-Forschung heute: Nietzsches Auseinandersetzung mit der französischen Literatur des 19. Jahrhunderts, in: Nietzsche heute. Die Rezeption seines Werks nach 1968, hg. v. Sigrid Bauschinger u. a., Bern 1988, 137–48.

Mazzino Montinari, Vorwort, in: Friedrich Nietzsche, Sämtliche Werke. Kritische Studienausgabe, hg. v. Giorgio Colli und Mazzino Montinari, Bd. 14, München/Berlin ²1988, 7–17.

Mazzino Montinari, Friedrich Nietzsche. Eine Einführung, Berlin 1991.

Mazzino Montinari, Erinnerung an Giorgio Colli, in: Giorgio Colli, Distanz und Pathos. Einleitungen zu Nietzsches Werken, Hamburg 1993, 165–73.

Gino Moretti, Ricordo di Giorgio Colli, in: Giorgio Colli e l'enigma greco, hg. v. Giuseppe Auteri, Catania 2000, 44–47.

Franco Moretti, The Slaughterhouse of Literature, in: Modern Language Quarterly, 61 (2000), 207–27.

M. E. Moss, Mussolini's Fascist Philosopher. Giovanni Gentile reconsidered, New York 2004.

Glenn Most, Friedrich Nietzsche zwischen Philosophie und Philologie, Universität Heidelberg: Ruperto Carola, 2 (1994), 12–17.

Wolfgang Müller-Lauter, Ständige Herausforderung. Über Mazzino Montinaris Verhältnis zu Nietzsche, in: Nietzsche-Studien, 18 (1989), 32–82.

Michael Multhammer, Benjamin von Stuckrad-Barres Bekenntnisse, in: Merkur, Nr. 811 (2016), 67–71.

Anna Maria Musso-Colli, Ricordo di Giorgio Colli, in: Saggi su Nietzsche, hg. v. G. Penzo, Brescia 1980, 11–14.

Benito Mussolini, Storia di un anno, Milano 1944.

N. N., Wiedervereinigung in Rom, in: Der Spiegel, 17. 4. 1957, 23 f.

N. N., In Weimar entziffert, in: Der Spiegel, 13. 8. 1967, 97 f.

N. N., A book for thinking, in: The Times Literary Supplement, 15. 5. 1969.

N. N., Ein neuer Hölderlin? Verlag Roter Stern stellt den ersten Band seiner Hölderlin-Ausgabe vor, in: Frankfurter Rundschau, 8. 8. 1975.

N. N., Mazzino Montinari, in: Der Spiegel, 1. 12. 1986.

Gerhard Neumann, Werk oder Schrift? Vorüberlegungen zur Edition von Kafkas «Bericht für eine Akademie», in: Edition und Interpretation, hg. v. Louis Hay und Winfried Woesler, Bern 1982, 154–73.

Gerhard Neumann, Selbstversuch, Freiburg i. Br. 2018.

Lutz Niethammer, Posthistoire. Ist die Geschichte zu Ende?, Reinbek 1989.

Friedrich Nietzsche, Rhétorique et language. Textes traduits, présentés et annotés par Philippe Lacoue-Labarthe et Jean-Luc Nancy, in: Poétique, 5 (1971), 99–130.

Friedrich Nietzsche, Ecce homo. Faksimileausgabe der Transkription, Leipzig 1985.

Friedrich Nietzsche, Sämtliche Werke. Kritische Studienausgabe, hg. v. Giorgio Colli und Mazzino Montinari, München/Berlin ²1988. (KSA)

Friedrich Nietzsche, Sämtliche Briefe. Kritische Studienausgabe, hg. v. Giorgio Colli und Mazzino Montinari, München/Berlin ²2003. (KSB)

Ernst Nolte, Der Faschismus in seiner Epoche, München 1963.

Ernst Nolte, Nietzsche und der Nietzscheanismus, Frankfurt a. M. 1990.

Eckhard Nordhofen, Die Tragik des Protestantismus, in: Merkur, Nr. 834 (2019), 71–79.

Ute Oelmann, Norbert von Hellingrath, in: Hölderlin-Handbuch. Leben – Werk – Wirkung, hg. v. Johann Kreuzer, Stuttgart 2011, 422–25.

Alessandro Orsini, Anatomy of the Red Brigades. The Religious Mind-Set of Modern Terrorists, Ithaca 2011.

Henning Ottmann, Anti-Lukács. Eine Kritik der Nietzsche-Kritik von Georg Lukács, in: Nietzsche-Studien, 13 (1984), 570–86.

Jean-Michel Palmier, La réédition d'«Humain, trop humain», in: Le Monde, 7. 7. 1969.

Rudolf Pannwitz, Nietzsche-Philologie?, in: Merkur, Nr. 117 (1957), 1073–87.

Valentino Parlato, Angelo, Mazzino e Fausto, in: L'impegno di una generazione. Il gruppo di Lucca dal liceo Machiavelli alla Normale nel clima del dopoguerra, hg. v. Mario Mirri, Milano 2014, 91–93.

Antonio La Penna, Incontri pisani degli anni quaranta, in: Critica Marxista, 24 (1986) 6, 151–62.

Heinz Pepperle, Revision des marxistischen Nietzsche-Bildes?, in: Sinn und Form, 38 (1986), 934–69.

Platon, Symposion, Stuttgart 2006.

Helmut Plessner, Die verspätete Nation, Frankfurt a. M. 1974, 103.

Erich Podach, Friedrich Nietzsches Werke des Zusammenbruchs, Heidelberg 1961.

Erich Podach, Ein Blick in Notizbücher Nietzsches, Heidelberg 1963.

Charis Pöthig, Italien und die DDR. Die politischen, ökonomischen und kulturellen Beziehungen 1949–1980, Frankfurt a. M. 2000.

Adriano Prosperi, Delio Cantimori, maestro di tolleranza, in: il manifesto, 30. 3. 2005.

Adriano Prosperi, «Io ci provo, ma quello degli storici sta diventando un mestiere inutile», in: La Repubblica, 29. 6. 2015.

Robert Pursche, Philologie als Barrikadenkampf. Rolf Friedmann und die Arbeit für Walter Benjamins Nachleben, in: Mittelweg 36. Zeitschrift des Hamburger Instituts für Sozialforschung, 30 (2021) 3, 12–40.

Ulrich Raulff, Klickeradoms. Nietzsche liegt in Stücken, in: SZ, 24./25. 11. 2001.

Ulrich Raulff, Das Labyrinth des Lesens und das Eselsohr der Philologie, in: SZ, 4. 10. 2003.

Barbara von Reibnitz, Die Handschrift lesen. Der Nachlass des späten Nietzsche in neuer Edition, in: NZZ, 30. 10. 2002.

Herbert W. Reichert, The Present Status of Nietzsche: Nietzsche Literature in the Post-War Era, in: Monatshefte, 51 (1959), 103–20.

Über Zugänge zu Nietzsche. Renate Reschke im Gespräch mit Rüdiger Schmidt-Grépály, in: Zur Rückkehr des Autors. Gespräche über das Werk Friedrich Nietzsches, hg. v. Rüdiger Schmidt-Grépály, Göttingen 2013, 63–93.

Jacques Le Rider, Nietzsche en France. De la fin du XIXe siècle au temps présent, Paris 1999.

Manfred Riedel, Nietzsche in Weimar. Ein deutsches Drama, Leipzig 1997.

Eugenio Di Rienzo, Delio Cantimori e la cultura politica del Novecento, Firenze 2009.

Enno von Rintelen, Mussolini als Bundesgenosse. Erinnerungen des deutschen Militärattachés in Rom, 1936–1943, Tübingen 1951.

Henning Ritter, Tanz ohne Ketten. Zu Mazzino Montinaris unvollendetem Nietzsche-Kommentar, in: FAZ, 3. 12. 1986.

Henning Ritter, Nietzsche für Philologen? Zu einer Tagung über seine philosophischen Anfänge, in: FAZ, 25. 3. 1992.

Henning Ritter, Stille Penelopearbeit. Nietzsche ist ein anderer geworden, in: FAZ, 21. 4. 1993.

Henning Ritter, Es gibt ihn nicht mehr, den gefährlichen Nietzsche, in: FAZ, 19. 3. 2002.

Henning Ritter, Notizhefte, Berlin 2010.

Beat Röllin und René Stockmar, Nietzsche lesen mit KGW IX. Zum Beispiel Arbeitsheft W II 1, Seite 1, in: Text/Kritik. Nietzsche und Adorno, hg. v. Martin Endres u. a., Berlin 2017, 1–38.

Hans-Gert Roloff, Karl Lachmann, seine Methode und die Folgen, in: Geschichte der Editionsverfahren vom Altertum bis zur Gegenwart im Überblick, hg. v. dems., Berlin 2003, 63–81.

Richard Roos, Les derniérs écrits de Nietzsche et leur publication, in: Revue Philosophique, Nr. 146 (1956), 262–87.

Richard Roos, Règles pour une lecture philologique de Nietzsche, in: Nietzsche aujourd'hui?, Bd. 2: Passion, hg. v. Centre culturel international de Cerisy-la-Salle, Paris 1973, 283–324.

Rossana Rossanda, Vergebliche Reise oder Politik als Education sentimentale, Frankfurt a. M. 1985.

Luigi Russo, Antonio Gramsci e l'educazione democratica in Italia, in: Belfagor, 2 (1947), 395–411.

Rosarita Russo, Die Anfänge der Nietzsche-Rezeption in Italien, in: Widersprüche. Zur frühen Nietzsche-Rezeption, hg. v. Andreas Schirmer und Rüdiger Schmidt, Weimar 2000, 234–44.

Edgar Salin, Der Fall Nietzsche, in: Merkur, Nr. 112 (1957), 573–87.

Jean-Paul Sartre, Palmiro Togliatti, in: Ders., Plädoyer für die Intellektuellen. Interviews, Artikel, Reden, 1950–1973, Reinbek 1995, 40–51.

D. E. Sattler, Friedrich Hölderlin, «Frankfurter Ausgabe». Editionsprinzipien und Editionsmodell, in: Hölderlin-Jahrbuch, 19/20 (1975–77), 112–30.

Sepp Schelz, Fragen und Denken am Abgrund. Literarische Symptome einer Wiederkunft, in: Deutsches Allgemeines Sonntagsblatt, 1. 3. 1981.

Wolfgang Schieder, Mythos Mussolini. Deutsche in Audienz beim Duce, München 2013.

Pierangelo Schiera, Carl Schmitt und Delio Cantimori, in: Complexio Oppositorum. Über Carl Schmitt, hg. v. Helmut Quaritsch, Berlin 1988, 529–35.

Frank Schirrmacher, Nietzsches Wiederkehr, in: FAZ, 19. 9. 1986.

Frank Schirrmacher, Lust auf Leben. Zum Tode von Mazzino Montinari, in: FAZ, 26. 11. 1986.

Karl Schlechta, Philologischer Nachbericht, in: Friedrich Nietzsche, Werke in drei Bänden, Bd. 3, München 1956, 1383–1432.

Karl Schlechta, Der Fall Nietzsche, München 1959.

Rüdiger Schmidt, Die verratenen Gedanken. Wie Nietzsche erst gefälscht und dann rekonstruiert wurde, in: SZ, 24./25. 11. 2001.

Ein Buch für alle und keinen. Nietzsche wird nicht mehr sein, der er war. Ein Gespräch mit Rüdiger Schmidt, in: SZ, 24./25. 11. 2001.

Herbert Schnädelbach, Morbus hermeneuticus. Thesen über eine philosophische

Krankheit, in: Ders., Vernunft und Geschichte. Vorträge und Abhandlungen, Frankfurt a. M. 1987, 279–84.

Marc-Oliver Schuster, Rudolf Pannwitz' kulturphilosophische Verwendung des Begriffs «postmodern», in: Archiv für Begriffsgeschichte, 47 (2005), 191–213.

Anne Jacobson Schutte, Carlo Ginzburg, in: The Journal of Modern History, 48 (1976), 296–315.

Anne Jacobson Schutte, Periodization of Sixteenth-Century Italian Religious History: The Post-Cantimori Paradigm Shift, in: The Journal of Modern History, 61 (1989), 269–84.

Leonardo Sciascia, Die Affäre Moro, Frankfurt a. M. 1989.

Gustav Seibt, Freigängerbriefe, in: Adriano Sofri, Nahaufnahmen, Berlin 1999, 7–10.

Gustav Seibt, Wie in neuen Werkausgaben mit Nietzsche, Marx und Burckhardt umgegangen wird, in: Die Zeit, 19. 10. 2000.

Silvana Seidel Menchi, «Ein Neues Leben»: Contributo allo studio di Delio Cantimori, in: Studi Storici, 34 (1993), 777–86.

Hans Gerhard Senger, Die historisch-kritische Edition historisch-kritisch betrachtet, in: Buchstabe und Geist. Zur Überlieferung und Edition philosophischer Texte, hg. v. Walter Jaeschke u. a., Hamburg 1987, 1–20.

Ernesto Sestan, Cantimori e i Giacobini, in: Annali della Scuola Normale Superiore di Pisa. Lettere, Storia e Filosofia, Serie II, 37 (1968), 233–40.

Heinz Sieburg, Die Buchstäblichkeit der Buchstaben, in: Buchstäblichkeit. Theorie, Geschichte, Übersetzung, hg. v. Achim Geisenhanslueke, Bielefeld 2020, 11–28.

Ulrich Sieg, Die Macht des Willens. Elisabeth Förster-Nietzsche und ihre Welt, München 2019.

Kai Sina und Carlos Spoerhase, Nachlassbewusstsein. Zur literaturwissenschaftlichen Erforschung seiner Entstehung und Entwicklung, in: Zeitschrift für Germanistik, Neue Folge, 23 (2013), 607–23.

Michele Sisto, Gli intellettuali italiani e la Germania socialista. Un percorso attraverso gli scritti di Cesare Cases, in: Riflessioni sulla DDR. Prospettive internazionali e interdisciplinari vent'anni dopo, hg. v. Magda Martini und Thomas Schaarschmidt, Bologna 2011, 97–121.

Peter Sloterdijk, Der Denker auf der Bühne. Nietzsches Materialismus, Frankfurt a. M. 1986.

Nietzsche, Autor, Reformator. Peter Sloterdijk im Gespräch mit Rüdiger Schmidt-Grépály, in: Zur Rückkehr des Autors. Gespräche über das Werk Friedrich Nietzsches, hg. v. Rüdiger Schmidt-Grépály, Göttingen 2013, 27–62.

Adriano Sofri, Federico il pendolare, in: Panorama, 22. 2. 1987, 139–43.

Adriano Sofri, Dal morbillo a Nietzsche, in: Panorama, 31. 7. 1988, 120 f.

Adriano Sofri, Genosse Hiob. Über Antonio Gramsci, in: Ders., Nahaufnahmen, Berlin 1999, 14–17.

Jacob Soll, Empirical History and the Transformation of Political Criticism in France from Bodin to Bayle, in: Journal of the History of Ideas, 64 (2003), 297–316.

Andreas Urs Sommer, Nietzsche und die Folgen, Stuttgart 2017.

Susan Sontag, Gegen Interpretation, in: Dies., Kunst und Antikunst. 24 literarische Analysen, München 1980, 9–18.

Jürgen Staszak, Beobachtungen an der Wirkungsweise des Lukácsschen Literaturkonzepts, in: Weimarer Beiträge, 31 (1985), 573–79.

Lea Stefanelli, Il ricordo di una «principiante», in: L'impegno di una generazione. Il gruppo di Lucca dal liceo Machiavelli alla Normale nel clima del dopoguerra, hg. v. Mario Mirri, Milano 2014, 21–24.

Matthias Steinbach, «Der Donnerer hinter der Mauer». Nietzsche-Lesarten und -Orte in der DDR, in: «Ins Nichts mit ihm!» Ins Nichts mit ihm? Zur Rezeption Friedrich Nietzsches in der DDR, Helle Panke, Philosophische Gespräche, 43 (2016), 5–20.

Matthias Steinbach, «Also sprach Sarah Tustra». Nietzsches sozialistische Irrfahrten, Halle 2020.

Thomas Steinfeld, Der leidenschaftliche Buchhalter. Philologie als Lebensform, München 2004.

Wolfgang Stephan, Der Zugriff der sowjetischen Militäradministration auf Nietzsches Nachlass 1946 und seine Retter, in: Nietzsche-Studien, 27 (1998), 527–34.

Jacob Taubes, in: Denken, das an der Zeit ist, hg. v. Florian Rötzer, Frankfurt a. M. 1987, 305–19.

Uwe Tellkamp, Der Turm. Geschichte aus einem versunkenen Land, Frankfurt a. M. 2008.

Jens Thiel, Monumentalisch – antiquarisch – kritisch? Archiv und Edition als Institutionen der Distanzierung: Der Fall des Nietzsche-Herausgebers Karl Schlechta, in: «Einige werden posthum geboren»: Friedrich Nietzsches Wirkungen, hg. v. Renate Reschke u. a., Berlin 2012, 475–88.

Erika Thomalla, Anwälte des Autors. Zur Geschichte der Herausgeberschaft im 18. und 19. Jahrhundert, Göttingen 2020.

Hubert Thüring, Tertium datum: Der «Nachlass» zwischen Leben und Werk. Zur Neuausgabe der handschriftlichen Dokumente des «späten Nietzsche», in: IASL online, 25. 5. 2003.

Sebastiano Timpanaro, Die Entstehung der Lachmannschen Methode, Hamburg 1971.

Palmiro Togliatti, Utopisti e riformatori sociali, in: Ders., La politica nel pensiero e nell'azione. Scritti e discorsi 1917–1964, Milano 2014, 1263–75.

James Turner, Philology. The Forgotten Origins of the Modern Humanities, Princeton 2014.

Paul Veyne, Histoire et Historiens, in: Annales, 27 (1972), 668 f.

Albertina Vittoria, La commissione culturale del Pci dal 1948 al 1956, in: Studi Storici, 31 (1990), 135–70.

Eric Voegelin, Nietzsche, die Krise und der Krieg, in: Sinn und Form, 58 (2006), 149–74.

Stephan Wackwitz, Text als Mythos. Zur Frankfurter Hölderlin-Ausgabe und ihrer Rezeption, in: Merkur, Nr. 492 (1990), 134–43.

Birgit Wägenbaur, Norbert von Hellingrath und Karl Wolfskehl. Eine biographische Skizze, in: Norbert von Hellingrath und die Ästhetik der europäischen Moderne, hg. v. J. Brokoff u. a., Göttingen 2013, 161–89.

Nikolaus Wegmann, Was heißt einen «klassischen» Text lesen? Philologische Selbstreflexion zwischen Wissenschaft und Bildung, in: Wissensgeschichte der Germanistik im 19. Jahrhundert, hg. v. Jürgen Fohrmann und Wilhelm Voßkamp, Stuttgart 1994, 334–450.

Ulrich von Wilamowitz-Moellendorff, Zukunftsphilologie! Eine Erwidrung auf Friedrich Nietzsches «Geburt der Tragödie», Berlin 1872.

Stefan Willer, Erbfälle. Theorie und Praxis kultureller Übertragung in der Moderne, Paderborn 2014.

Hans Wysling und Yvonne Schmidlin (Hg.), Thomas Mann. Ein Leben in Bildern, Zürich 1994.

Luciano Zagari, Ricordo berlinese di Mazzino Montinari, in: L'impegno di una generazione. Il gruppo di Lucca dal liceo Machiavelli alla Normale nel clima del dopoguerra, hg. v. Mario Mirri, Milano 2014, 107–11.

Bildnachweis

«§ [138] Vergangenheit und Gegenwart. Übergang vom Bewegungskrieg (und vom Frontalangriff) zum Stellungskrieg auch in der Politik. Dies scheint mir das wichtigste von der Nachkriegszeit gestellte Problem politischer Theorie und das am schwersten richtig zu lösende. Es hängt mit den von Bronstein aufgeworfenen Fragen zusammen, der auf die eine oder andere Weise als der Theoretiker des Frontalangriffs zu einer Zeit, in der dieser nur zur Niederlage führt, angesehen werden kann. Nur indirekt hängt dieser Übergang in der politischen Wissenschaft mit dem auf militärischem Feld eingetretenen zusammen, obgleich es gewiß einen Zusammenhang gibt, und einen wesentlichen. Der Stellungskrieg fordert enorme Opfer unermeßlicher Bevölkerungsmassen; deshalb bedarf es einer unerhörten Konzentration der Hegemonie und folglich einer ‹interventionistischeren› Regierungsform, die offener zum Angriff gegen die Opponenten übergeht und fortwährend die ‹Unmöglichkeit› inneren Zerfalls organisiert: Kontrollen aller Art, politische, administrative usw., Stärkung der hegemonialen ‹Stellungen› der herrschenden Gruppe usw. All das deutet darauf hin, daß man in eine Kulminationsphase der politisch-historischen Situation eingetreten ist, denn in der Politik ist der ‹Stellungskrieg›, einmal gewonnen, endgültig entscheidend. In der Politik dauert also der Bewegungskrieg an, solange es sich darum handelt, nicht entscheidende Stellungen zu erobern, und folglich nicht alle Ressourcen der Hegemonie und des Staates mobilisierbar sind, aber wenn aus diesem oder jenem Grund diese Stellungen ihren Wert verloren haben und nur die entscheidenden von Bedeutung sind, dann geht es über in den verdichteten, schwierigen Belagerungskrieg, in dem außerordentliche Qualitäten der Geduld und des Erfindungsgeistes erforderlich sind. In der Politik ist die Belagerung wechselseitig, allem Anschein zum Trotz, und die bloße Tatsache, daß der Herrschende all seine Ressourcen aufbieten muß, zeigt, wie er mit dem Gegner rechnet.» (Antonio Gramsci, Gefängnishefte, Bd. 4, Hamburg 1999, 816.)

S. 65:　　Centro Archivistico della Scuola Normale Superiore, fondo Delio Cantimori, raccolta fotografica

S. 79:　　Centro Archivistico della Scuola Normale Superiore, fondo Delio Cantimori, raccolta fotografica

S. 93:　　Der Spiegel, 17. 4. 1957, S. 23

S. 96/97:　　Friedrich Nietzsche, Schopenhauer come educatore, Turin: Boringhieri 1958, Titelseiten

S. 101:　　privat © Chiara Colli Staude

S. 122/123:　　Goethe- und Schiller-Archiv, Nachlass Mazzino Montinari (177), Kasten 4, Heft 6, S. 5 und 7

S. 133:　　Giorgio Colli an Anna Maria Musso-Colli am 24. 8. 1964, Fondazione Arnoldo e Alberto Mondadori, Milano, fondo Giorgio Colli, b. 04, fasc. 026

S. 137:　　Goethe- und Schiller-Archiv, Nachlass Mazzino Montinari (177), Kasten 27, Heft 3, S. 1

S. 143:　　Mazzino Montinari an Delio Cantimori am 15. 8. 1962, Centro Archivistico della Scuola Normale Superiore, fondo Delio Cantimori, serie carteggio, fasc. Mazzino Montinari

S. 158/159:　　Friedrich Nietzsche, Notizbuch N V 7, 171 f., © http://www.nietzschesource.org

S. 169:　　privat © Margherita Montinari

S. 183:　　Goethe- und Schiller-Archiv, Nachlass Mazzino Montinari (177), Kasten 24, Heft 84, S. 1

S. 194/195:　　Friedrich Nietzsche, Werke, Abt. 9: Der handschriftliche Nachlaß ab Frühjahr 1885 in differenzierter Transkription, Bd. 2: Notizheft N VII 2, Berlin: De Gruyter 2001, S. 193 f.

S. 200:　　privat © Chiara Colli Staude

Personenregister

283